2012
河北经济发展研究报告

Hebei Economic Development Research Report

郭洪波　主编

河北人民出版社

图书在版编目（CIP）数据

2012河北经济发展研究报告/郭洪波主编．—石家庄：河北人民出版社，2013.6

ISBN 978-7-202-07618-7

Ⅰ.①2… Ⅱ.①郭… Ⅲ.①区域经济发展—研究报告—河北省—2012 Ⅳ.①F127.22

中国版本图书馆CIP数据核字（2013）第096429号

书　　名　2012河北经济发展研究报告
主　　编　郭洪波

责任编辑　唐　丽　段　鲲
美术编辑　于艳红
责任校对　余尚敏

出版发行　河北人民出版社（石家庄市友谊北大街330号）
印　　刷　河北省统计局文印中心
开　　本　787毫米×1092毫米　1/16
印　　张　25.25
字　　数　298 000
版　　次　2013年6月第1版　　2013年6月第1次印刷
印　　数　1—1 000
书　　号　ISBN 978-7-202-07618-7/F·649
定　　价　50.00元

编委会与编辑部

编 委 会

编 辑 部

前　言

2012年是全面贯彻落实省第八次党代会精神的第一年，是实施“十二五”规划承上启下的关键一年。综观全年，世界经济复苏的不稳定性不确定性上升，国内经济增速缓慢回落与物价高位运行相互交织，党政领导科学决策对统计分析研究提出的要求更多更高。面对错综复杂的国内外经济形势，客观反映评价、准确预警预判难度加大，河北省统计局依托信息和专业队伍资源优势，撰写了大量宏观经济形势分析、重点课题和专题研究报告，许多成果为省委、省政府、有关部门科学决策和宏观调控提供了参考依据。我们从中撷取了一部分汇编成本书，意在为广大读者提供一个了解全省经济社会发展脉络的平台。

一年来，省统计局紧紧围绕全省重大发展战略部署和中心工作，统计分析研究力求体现时代特色和年度特点。一是围绕稳中求进的工作总基调和稳增长、控物价、调结构、抓创新、惠民生、促和谐工作着力点，及时反映宏观经济运行的新情况、新变化和新特点，辑入了一批经济运行进度分析报告。二是围绕服务重点区域建设和发展，成立省市两级统计部门组成的课题组，开发了《打造发展引擎　铸就强省之路》——加快我省沿海地区发展系列分析，反映《河北沿海地区发展规划》落实情况，同时辑入了《燕山——太行山连片特困地区贫困现状及扶贫对策》等篇目。三是围绕全面建成小康社会宏伟目标，开展了河北省全面建设小康社会进程统计监测分析。四是围绕加快推进新型城镇化、县域经济发展等重点工作开展统计监测，撰写了一批统计报告。

全书共分经济形势、专题研究、社情民意调查、监测评价和统计资料五个部分。第一部分是经济形势，主要是 2012 年河北省经济形势分析，突出反映经济运行的特点，深入剖析存在的主要问题及原因，并对走势进行预测预警，有针对性地提出措施建议。第二部分是专题研究，主要是围绕经济社会发展重点和热点问题开展的专题研究。第三部分是社情民意调查，主要是围绕改善民生以及社会公众普遍关注的社会热点问题，反映民意诉求。第四部分是监测评价，主要是对重点领域进行监测。第五部分是统计资料，反映 2012 年各季度全省主要经济指标数据。

本书收录的文章基本保留了原有风貌，所涉及到的一些数据有的是当时的初步统计数据，与正式数据可能有出入。希望本书能为各级党政领导科学决策提供参考，为经济工作者和广大读者朋友了解经济发展、探究经济规律提供帮助。书中不妥之处，敬请指正，以便我们更好地改进分析研究工作，更好地为各级领导和社会公众提供服务。

郭洪波

2013 年 4 月

目　录

经济形势

专题研究

社情民意调查

监测评价

统计资料

经济形势

元月份全省经济运行情况简析

元月份，全省经济平稳运行，消费品市场繁荣活跃，财政收支保持增长，进出口和利用外资下降，物价涨幅扩大。应关注国内外环境变化，强化经济运行调节，落实好省委、省政府各项工作部署，确保实现一季度良好开局。

一、经济运行的主要特点

消费品市场繁荣活跃。元月份正值春节，全省统一开展了“消费促进月”活动，激发了居民消费热情，粮油食品、肉蛋奶、服装、烟酒、蔬菜等与节日消费相关的商品销量大幅增加，家电、汽车、电脑、手机等消费升级类产品旺销，文化、旅游消费持续增加。

进出口出现下降。全省进出口总值38.5亿美元，同比下降20.9%。其中，出口总值21.6亿美元，下降4.2%；进口总值16.9亿美元，下降35.3%。从出口市场看，对美国、韩国、日本等传统市场保持增长，分别增长5.9%、6.9%和4.1%；对东盟、印度、巴西、阿联酋、沙特等新兴市场增长较快，分别增长42.3%、21.9%、98.3%、19.1%和77.3%。从主要出口商品看，钢材出口4.3亿美元，增长63.4%；机电产品、高新技术产品、服装及衣着附件分别出口7.6亿美元、2.4亿美元和2.1亿美元，下降14.0%、41.7%和28.3%。

利用外资下降。实际利用外资2.34亿美元，同比下降13.9%，其中外商直接投资2.32亿美元，下降12.7%。主要是受春节假期因素影响，如剔除这一因素，实际利用外资和外商直接投资分别增长6.4%和7.9%。主要特点：一是到位外资主要来自香港。来自香港的外商直接投资2.0亿美元，同比增长79.7%，占全省外商直接投资的比重为86.1%，同比提高44.3个百分点。二是第一、三产业利用外资比重大幅提高。一、三产业分别到位外资2038万美元和7513万美元，合计占全省外商直接投资的41.1%，同比提高13.9个百分点。新批外商投资企业合同项目7个，同比增加1个；合同外资额1.1亿美元，同比下降44.5%。

财政收支保持增长。全部财政收入完成390.8亿元，同比增长9.8%。其中地方公共财政预算收入240.4亿元，增长10.0%。地方公共财政预算支出157.9亿元，增长8.6%，其中社会保障和就业、城乡社区事务支出分别增长16.3%和53.8%。

金融存贷款增加额同比一增一减。1月末，金融机构存款余额29726.9亿元，比年初增加161.3亿元，同比多增87.1亿元；各项贷款余额18404.6亿元，比年初增加253.1亿元，同比少增81.3亿元。其中短期贷款同比多增114.1亿元，中长期贷款同比少增179.6亿元。

居民消费价格涨幅扩大。1月份，居民消费价格同比上涨5.2%，涨幅同比扩大1.0个百分点。八大类商品和服务价格“七升一降”，食品和衣着类价格涨幅较大。受“双节”需求增加以及气候等因素影响，食品类价格同比上涨10.4%，涨幅同比扩大1.2个百分点，是影响居民消费价格上涨的主要因素；衣着类价格由上年同期下降4.0%转为上涨7.8%。工业生产者出厂价格同比下降1.1%，工业生产者购进价格同比上涨1.6%。

二、应关注的问题

当前，应密切关注国际形势对出口的影响。元月份出口出现下降，主要是受春节假期因素影响，今年元月份正值春节，比上年同期少4个工作日，剔除春节假期因素影响后，出口增长18.2%，但增幅明显回落，同比回落 19.9 个百分点。其中对欧盟出口 3.8 亿美元，由上年同期增长 41.2%转为下降 38.3%，占全省出口总值的 17.8%，同比回落 9.8 个百分点。欧债危机向深层次演变，国际贸易增速回落，对我省出口的影响还需进一步观察。

三、调控建议

为实现一季度经济发展良好开局，应密切关注经济运行环境的变化，强化经济运行调节，狠抓各项既定政策措施的落实，及时化解经济运行中存在的问题。

第一，加强运行调节，确保经济平稳较快增长。落实好各项强农惠农政策，加大资金投入，支持春耕生产，保护好农民种粮的积极性，确保农业稳定。加强重点工业行业和重点企业生产调度，有效解决企业生产经营困难，支持企业加快内部资源整合，提高产品市场竞争力。加快发展现代物流、文化、旅游、金融保险和信息服务等现代服务业，拓展服务业发展空间。

第二，加强跟踪服务，稳住对外开放规模。加强对出口企业的支持、服务和指导帮助，搭建好对外开放平台，鼓励企业走出去，在巩固传统国际市场的同时，积极开拓新兴市场。加大招商引资力度，强化项目跟踪，提高办理效率，缩短项目审批周期，促进已签署协议早落实、项目早开工、资金早到位。

第三，加强市场监管，确保物价稳定。认真落实鲜活农产品绿色通道免费通行政策，加大农超对接力度，加强粮、油、肉、蛋、奶、菜等与群众生活密切相关商品的监管，规范市场秩序，减少流通环节费用。加大公共服务项目价格监测力度，保障低收入群体的生活。严厉打击哄抬物价、囤积居奇等不法行为，保持物价稳定。

撰稿：靳占恒

经济下行压力加大 强化调控确保稳定

——前两个月全省经济形势分析及调控建议

今年以来，国内外环境复杂严峻，欧洲主权债务危机进一步发酵，世界经济复苏进程减缓，我国经济下行压力加大，我省经济主要指标增速减缓，前两个月除投资保持较快增长、金融运行平稳外，工业、消费、出口、利用外资和财政收入等指标增速均出现减缓。当前，应高度关注经济下行压力加大、企业生产经营困难、对外经贸下滑等问题，按照“稳中求进”的要求，采取有效措施，避免经济出现大的波动，确保实现一季度良好开局。

一、经济运行主要特点

前两个月，全省经济运行呈现“一快一稳五回落”的特点。

工业生产效益增速回落。全省规模以上工业完成增加值1386.3亿元，比上年同期增长12.5%，增速高于全国1.1个百分点，同比回落3.6个百分点；实现利润总额178.8亿元，同比下降20.6%。工业生产增速减缓主要表现为“五个回落”：一是六成以上行业增速回落。在统计的40个行业大类中，有25个行业增速同比回落，占62.5%。二是重工业增速回落。重工业增加值增长11.2%，回落5.6个百分点；轻工业增长19.0%，加快5.9个百分点。三是大中型企业增速回落。大中型工业企业完成增加值976.8亿元，增长8.8%，增速同比回落2.2个百分点，低于全省工业3.7个百分点。四是多数经济类型企业增速回落。除集体企业增长23.8%，同比加快8.2个百分点外，国有及国有控股企业增长6.6%，回落2.7个百分点；股份制企业增长11.2%，回落6.8个百分点；外商及港澳台商投资企业增长10.2%，回落0.7个百分点。五是高耗能行业增速回落。六大高耗能行业完成增加值758.6亿元，增长10.4%，增速同比回落2.1个百分点，低于全省规模以上工业2.1个百分点。

固定资产投资平稳较快增长。全省固定资产投资完成498.3亿元，增长25.6%，增速比2011年提高1.5个百分点，高于全国4.1个百分点，投资结构继续改善，主要表现为“三快三高”。一是亿元以上项目增长较快。亿元以上项目1066个，同比增加249个，增长30.5%；完成投资270.2亿元，增长15.7%。其中亿元以上新开工项目29个，完成投资15.5亿元，增长2.8倍。二是工业投资增长较快，完成投资215.7亿元，增长25%，同比加快17.4个百分点。三是高新技术产业投资较快增长，完成投资51.3亿元，增长39.5%，占全省投资的10.3%，同比提高1个百分点。四是工业技术改造投资比重提高，完成投资112.4亿元，增长66.1%；占全省工业投资比重为52.1%，同比提高12.9个百分点。五是民间投资比重提高，完成投资367.1亿元，增长29.8%，占全省投资的73.7%，同比提高2.4个百分点。六是重点区域投资比重提高，沿海区域11个县（市、区）完成投资36.1亿元，增长41.4%，高于全省15.8个百分点，占全省投资的7.2%，同比提高0.8个百分点；环首都绿色经济圈14个县（市、区）完成投资32亿元，增长31.8%，高于全省6.2个百分点，占6.4%，提高0.3个百分点。

消费品市场增速回落。全省限额以上企业（单位）消费品零售额409.1亿元，增长18.6%，增速同比回落7.6个百分点，比2011年回落8.0个百分点，高于全国3.7个百分点。一是城镇零售额增速回落。城镇零售额401.6亿元，增长18.5%，同比回落

7.9个百分点；乡村零售额7.5亿元，增长21.0%，加快4.9个百分点。二是多数商品零售额增速回落。在统计的20类主要商品中，15类商品零售额增速回落，其中汽车类、服装鞋帽针纺织品类、粮油食品饮料烟酒类、石油及制品类、家用电器和音像器材类零售额分别增长19.1%、12.4%、22.2%、20.1%和7.3%，同比分别回落0.5、16.1、8.7、16.0和21.0个百分点。

对外经贸增速回落。进出口总值76.1亿美元，由上年同期增长49.2%转为下降3.8%。其中，出口总值40.1亿美元，增长8.0%，增速同比回落18.8个百分点；进口总值36.0亿美元，由上年同期增长77.4%转为下降14.3%。全省实际利用外资4.5亿美元，同比下降22.3%。其中外商直接投资4.4亿美元，下降5.9%。新批合同15个，同比减少2个，合同外资额2.3亿美元，下降59.7%。

财政收入增速回落。全部财政收入完成614.5亿元，增长9.3%，其中公共财政预算收入完成360.1亿元，增长8.9%，增速同比分别回落39.3和48.3个百分点。

金融运行总体平稳。2月末，金融机构各项存款余额30275.1亿元，比年初增加709.5亿元，同比少增6.9亿元；各项贷款余额18658.7亿元，比年初增加507.2亿元，同比少增49.7亿元。

价格涨幅回落。前两个月，居民消费价格同比上涨4.2%，涨幅同比回落0.4个百分点，比2011年回落1.5个百分点。其中2月份同比上涨3.3%，比1月份回落1.9个百分点。八大类商品和服务价格“七升一降”，其中食品类价格涨幅回落较大，前两个月同比上涨7.2%，同比回落3.3个百分点，是影响居民消费价格回落的主要因素。工业生产者出厂价格由上年同期上涨10.8%转为下降2.0%；工业生产者购进价格同比上涨0.7%，涨幅同比回落12.3个百分点。

二、主要问题及警示

（一）多数主要指标增速回落，经济下行压力加大

前两个月，我省经济增速回落的态势与全国趋势是一致的，但回落幅度大于全国，经济下行的风险加大。一是多数主要指标增速呈现下滑态势。工业、消费品零售额、出口、财政收入等主要经济指标增速回落，进出口和利用外资下降，这种情况是近年来少有的（除金融危机时的2009年外）。二是体现经济活跃程度的指标增速回落。发电量增长5.1%，同比回落11.3个百分点；全社会用电量增长6.6%，其中工业用电量增长4.7%，分别回落4.2和5.5个百分点；公路货运量增长15.8%，回落1.8个百分点，港口吞吐量1月份增长3.5%，回落24.3个百分点，表明经济增长乏力。三是主要指标增速回落幅度大于全国。工业增加值增速回落幅度大于全国0.9个百分点，限额以上企业（单位）消费品零售额大于全国1.8个百分点，出口大于全国4.4个百分点，全部财政收入和公共财政预算收入分别大于全国16.4和26.9个百分点。

我省经济增速减缓，是多种因素共同作用的结果，国际环境复杂程度高于预期，国家加大结构调整力度促使经济软着陆，经济增速回落符合调控预期，但我省回落幅度大于全国平均水平，经济下行压力增大。如果回落态势得不到有效遏制，就难以实现“稳中求进”，应把困难估计得更足一些，把措施考虑得更周全一些，增强宏观调控的主动性和预见性，未雨绸缪，防患未然，确保实现一季度良好开局。

（二）工业经济增速回落幅度较大，企业生产经营困难

前两个月工业生产增长12.5%，增速同比、比2011年均回落3.6个百分点，比2009－2011年同期平均水平低2.1个百分点。特别是装备制造业、石化、建材三个主要行业增加值增速回落较

大，分别增长10.6%、7.6%和12.1%，同比回落18、4.6和17个百分点。同时，工业实现利润由上年同期增长42.4%转为下降20.6%。主要受黑色金属冶炼和压延加工、电气机械和器材制造、石油加工及炼焦、黑色金属采选、非金属矿物制品、煤炭开采和选洗等行业影响，这6个行业利润减少额占全省利润减少额的92.0%。企业生产经营面临的困难较多，影响因素较多，主要有：一是国内市场需求不足。汽车、动车组、铁路客车生产不景气，订单减少，企业开工不足。汽车制造，铁路、船舶、航空航天和其他运输设备制造增加值增速同比回落32.7个百分点，影响全省工业增速回落1.1个百分点。二是国外市场需求明显减弱。工业品出口交货值为219.9亿元，增长27.2%，增速同比回落8.4个百分点，在有出口交货值的31个行业大类中15个行业增速回落，3个行业仅个位数增长，9个行业同比下降。三是政策影响。受房地产调控政策等因素影响，钢铁、建材等行业生产低迷，非金属矿物制品业增加值增速回落16.5个百分点，影响全省工业增速回落0.6个百分点。大部分钢铁企业处于亏损状态，一些大型企业生产规模大幅压缩。四是价格影响。工业生产者出厂价格出现下降，且低于购进价格2.7个百分点，部分上游原材料价格仍处于高位，“价格倒挂”影响企业生产积极性。工业是整体经济的主导，保持工业经济稳定增长，避免大的波动对整体经济“稳中求进”至关重要。

（三）进出口和利用外资下滑，欧债危机影响进一步加深

前两个月，全省出口增长8.0%，同比回落18.8个百分点。从区域看，主要受欧盟出口增速回落影响。我省对欧盟出口增速从2011年5月份开始持续回落，2012年前两个月下降幅度达31.1%；出口额占全省出口的18.1%，同比降低10.3个百分点。从贸易方式看，主要是受加工贸易下降影响。加工贸易出口5.3亿美元，由上年同期增长22.3%转为下降17.1%。从出口商品看，

大宗商品除钢材保持较快增长外，机电产品、高新技术产品、服装及衣着附件分别下降0.8%、24.1%和17.0%。上述情况表明外需不足的态势更加明显。

利用外资下降。前两个月，全省实际利用外资自2009年9月份以来累计增速首次出现下降。主要受外部环境总体趋紧影响，国际金融危机仍在深化和蔓延，特别是欧洲债务危机影响了欧洲的对外投资。从到位外资看，来自欧盟的外商直接投资0.3亿美元，在上年同期下降36.6%的基础上下降1.6%。从合同外资看，2011年11月以来，全省合同外资已经连续4个月当月下降，今年前2个月下降59.7%，其中欧盟合同外资下降8.1%。合同外资是实际到位外资的基础，到位外资下降是前期合同外资下滑的体现。据测算，一季度实际利用外资实现增长，3月份需要到位外资4.8亿美元以上，如果没有大项目外资到位，扭转下降态势难度较大。

三、调控建议

实现一季度经济良好开局，应围绕“稳增长、控物价、调结构、抓创新、惠民生、促和谐”着力点，采取针对性措施，及时解决经济运行中存在的突出问题，确保经济平稳较快发展。

第一，加强运行调节，确保工业平稳较快增长。加强重点行业和大中型企业的分类指导，针对企业面临的成本上升、资金紧张、市场竞争激烈等问题，协调解决生产要素供需矛盾。鼓励企业加强技术创新，增强产品市场竞争力。加快工业项目建设进度，帮助企业解决建设过程中遇到的问题，争取尽早达产达效。加大对小、微型企业支持力度，完善财政、金融、税收各项政策，鼓励有市场、效益好的企业开足马力生产。

第二，提高农产品供给保障能力，为实现经济社会平稳较快发展提供基础保证。毫不放松地抓好粮食生产，抓好农田管理，依靠科技着力提高单产和质量。进一步加大农业支持保护力度，完善和落实粮食最低收购价、大宗农产品临时收储、生猪市场调控等政策，探索建立主要蔬菜品种价格稳定机制，保持农产品价格合理水平，保护好农民生产积极性。推进现代农业示范区建设和优势特色农产品生产基地建设，更好发挥示范引领带动作用。

第三，强力推进结构调整，培育新的增长点。经济的适度回落有利于结构调整，目前应抓住结构调整转型机遇，发挥好投资导向作用，积极谋划一批促进产业结构优化升级的特色项目；大力发展高新技术产业和战略性新兴产业，改造提升传统优势产业，促进企业优化整合，培育河北品牌，提高龙头企业辐射带动作用；加快环首都、沿海和冀中南重点区域发展步伐，在政策、资金等方面给予支持，努力打造新的经济增长点。

第四，加快转变对外贸易方式，努力提高规模和水平。加强出口基地建设，依托产业集聚区、经济技术开发区、高新技术开发区，培育一批出口型基地。加快构建国际贸易平台和国际营销网络，鼓励出口企业加快品牌建设。提升加工贸易，鼓励加工贸易转型升级，提高科技含量和附加值。支持国内企业“走出去”，建立稳定的境外能源资源供应渠道。创新利用外资方式，鼓励企业到境外上市，抓好签约项目的跟踪服务，缩短审批周期，促进资金早到位、项目早开工。

撰稿：靳占恒

经济实现稳中开局　下行压力仍然存在

——一季度全省经济形势分析及二季度走势展望

今年以来，面对错综复杂的国内外形势，在省委、省政府的正确领导下，全省各地各部门坚持稳中求进总基调，着力“稳增长、控物价、调结构、抓创新、惠民生、促和谐”，积极应对经济运行中出现的新情况新问题，全省经济实现稳中开局，但增速回落应予以高度关注。要实现上半年“双过半”，应认真贯彻落实全国两会和省第八次党代会、省两会精神，加强经济运行调节，促进经济更好更快更大发展。

一、经济运行特点与判断

一季度，全省经济运行呈现同比回落、月度回升、总体稳中开局的特点。

（一）经济实现稳中开局，农业生产形势向好，二三产业支撑偏弱

一季度，全省生产总值4920.0亿元，比上年同期增长9.7%，增速同比回落1.5个百分点，高于全国平均水平1.6个百分点。其中，第一产业增加值534.6亿元，增长4.1%，与上年同期持平；第二产业增加值2869.3亿元，增长11.9%，回落1.4个百分点；第三产业增加值1516.1亿元，增长7.6%，回落2.1个百分点。

农业生产形势向好。积极落实强农惠农政策，农民生产积极性得到提升，冬小麦实际播种面积为3606.6万亩，比上年增加17.9万亩，增长0.5%。冬小麦长势好于常年，一、二类苗占90%，为

实现夏粮丰收奠定了良好基础。蔬菜播种面积和产量实现双增长。一季度，全省蔬菜播种面积234.0千公顷，增长3.2%；总产量840.9万吨，增长3.9%。24个蔬菜产业示范县生产规模进一步扩大，播种面积和产量分别占全省的13.3%和15.0%，同比提高0.2和0.1个百分点。畜牧业生产形势继续好转。猪牛羊禽肉产量120.3万吨，同比增长4.7%，其中猪肉产量73.9万吨，增长2.9%。生猪存栏1669.9万头，增长6.0%；生猪出栏974.7万头，增长2.5%；牛奶产量107.0万吨，增长1.5%。农业生产形势向好为整体经济发展打下坚实基础。

工业生产平稳增长。工业生产增速同比回落、月度回升、位次前移，总体基本平稳。一季度，全省规模以上工业完成增加值2340.4亿元，增长13.5%，高于全国1.9个百分点，增速同比回落1.8个百分点。主要表现：从轻重工业看，重工业增速回落。重工业完成增加值1884.0亿元，增长12.2%，增速同比回落3.6个百分点；轻工业完成增加值456.4亿元，增长19.5%，加快6.3个百分点，快于重工业7.3个百分点。从经济类型看，除集体企业生产增速加快外，其他经济类型均回落。国有及国有控股企业增加值增长6.9%，同比回落2.9个百分点；集体企业增长21.2%，加快4.4个百分点；股份制企业增长13.1%，回落3.5个百分点；外商及港澳台商投资企业增长8.3%，回落2.8个百分点。从企业规模看，大中型企业增速持续回落。增加值增长9.6%，同比回落2.3个百分点，比全省工业低3.9个百分点。从行业看，多数行业回落。在统计的40个行业大类中有23个行业增速同比回落。其中电气机械和器材制造业，非金属矿物制品业，石油加工、炼焦和核燃料加工业分别增长3.1%、9.1%和7.8%，同比回落18.5、19.7和8.4个百分点，合计影响全省工业生产增速回落1.7个百分点。七个主要行业“四升三落”。钢铁、纺织服装、医药、食品等4个行业增加值增速同比提高4.2、7.6、1.5和8.1个百分点；装备制造、石化、建材等3个行业增加值增速同比回落11.7、4.4和19.5个百分点。高耗能行业生产增速回落。六大高耗能行业增加值增长10.3%，同比回落2.1个百分点。

从今年工业生产月度走势看，呈现速度回升、位次前移的态势，一季度规模以上工业增加值增速比前两个月回升1.0个百分点，其中3月份增长14.8%，同比加快0.6个百分点，比前两个月加快2.3个百分点；增速居全国位次由上年同期的第20位提升到今年一季度的第16位。主要是装备制造、石化、医药、纺织服装等主要行业增速加快支撑，特别是装备制造业增加值增长20.0%，比前两个月加快9.4个百分点。

服务业增速回落。一季度，服务业增加值同比回落2.1个百分点，其中交通运输仓储和邮政业增长8.0%，同比回落1.3个百分点；批发和零售业增长10.1%，回落1.0个百分点；住宿和餐饮业增长7.2%，加快0.8个百分点；金融业增长16.0%，加快7.4个百分点；房地产业增长5.7%，回落3.7个百分点。

（二）投资拉动较强，消费、出口有所减弱，利用外资较快增长

固定资产投资平稳较快增长。一季度，全省固定资产投资完成2186.8亿元，增长23.2%，增速比前两个月回落2.4个百分点，同比回落3.5个百分点，高于全国2.3个百分点，总体保持平稳较快增长态势。主要特点：一是大项目增加较多。亿元以上在建项目2228个，同比增加457个，增长25.8%；完成投资1250.9亿元，增长51.5%，占全省固定资产投资的57.2%，同比提高10.7个百分点。其中亿元以上新开工项目178个，完成投资155.7亿元，增长2.1倍。二是工业投资快速增长。工业完成投资1023.1亿元，增长34.8%，同比加快23.8个百分点，比前两个月加快9.8个百分点；占全省投资的46.8%，同比提高4.0个百分点。三是城市基础设施和民间投资增长较快。城市基础设施完成投资376.7亿元，增长23.4%，占全省投资的17.2%。民间投资完成1653.0亿元，增长22.2%，占全省投资的75.6%。四是房地产开发投资下降。房地产开发投资413.0亿元，下降3.6%。

消费品市场平稳发展。一季度，社会消费品零售总额实现2090.0亿元，增长15.5%，增速同比回落0.9个百分点，高于全国0.7个百分点。其中，城镇零售额1612.8亿元，增长15.8%；乡村零售额477.2亿元，增长14.3%。大中型商业企业带动辐射作用明显增强。限额以上企业（单位）零售额598.6亿元，增长20.5%，占社会消费品零售总额的28.6%，同比提高2.0个百分点。主要消费品增长加快。在限额以上批发零售贸易业中，粮油、食品、饮料、烟酒类增长23.4%，家用电器和音像器材类增长10.6%，汽车类增长20.9%，分别比前两个月加快1.2、3.3和1.8个百分点。

进出口出现下降。一季度，全省进出口总值121.9亿美元，由上年同期增长47.3%转为下降1.4%。其中，进口总值53.2亿美元，由上年同期增长63.8%转为下降15.7%；出口总值68.7亿美元，增长13.6%，虽然增速同比回落19.9个百分点，但今年以来增速逐月加快，一季度比前两个月加快5.6个百分点，比1月份加快17.8个百分点。

实际利用外资较快增长。全省实际利用外资10.54亿美元，由前两个月下降转为增长14.2%，增速同比加快1.4个百分点。其中外商直接投资10.47亿美元，增长28.4%，加快17.8个百分点。主要是大项目和第二产业带动。合同外资额1000万美元以上到位外资9.29亿美元，增长36.8%，增速同比加快23.4个百分点，占全部外商直接投资的88.8%，同比提高5.5个百分点。第二产业外商直接投资8.68亿美元，增长72.6%，占全省外商直接投资的82.9%，同比提高20.9个百分点。

（三）增量继续调优，节能降耗开局良好，调结构转方式取得成效

投资结构调整优化。主要表现为工业技改投资、装备制造业和高新技术产业投资快速增长、比重提高。加强传统产业改造升级，工业技术改造投资完成530.0亿元，增长84.4%；占工业投资的51.8%，同比提高13.9个百分点。其中亿元以上技改项目655个，完成投资349.0亿元，增长1.8倍。加大重点产业投入力度，工业七个主要行业中五个行业增速快于全省投资，分别是装备制造、石化、医药、食品和纺织服装业，增速在25.0%－50.1%之间，其中装备制造业投资增长50.1%，占全省投资的15.6%，同比提高2.8个百分点，为工业七个主要行业中增速最快、比重最高的行业。加快培育战略性新兴产业，高新技术产业投资完成234.0亿元，增长75.1%；占全省投资的10.7%，同比提高3.2个百分点。

节能降耗起步较好。单位工业增加值能耗大幅下降。前两个月，全省规模以上工业单位增加值能耗同比下降9.98%，降幅同比扩大6.0个百分点，比2011年全年扩大3.3个百分点。在统计的40个工业行业中有36个行业下降，占九成以上，其中25个行业降幅超过全省平均水平。六大高耗能行业单位工业增加值能耗下降7.94%，同比扩大6.8个百分点，比2011年全年扩大1.3个百分点，除石油加工炼焦和核燃料加工业同比上升外，其余五个行业均不同程度下降。

（四）物价涨幅同比回落，金融运行平稳，经济环境有所改善

物价涨幅同比回落。一季度，居民消费价格同比上涨4.2%，涨幅同比回落0.6个百分点，比2011年回落1.5个百分点，与前两个月持平。八大类商品和服务价格“七升一降”，其中食品类价

格涨幅回落较大，同比上涨6.9%，涨幅同比回落4.2个百分点，是影响居民消费价格回落的主要因素。工业生产者出厂价格由上年同期上涨10.7%转为下降2.1%，降幅比前两个月扩大0.1个百分点；工业生产者购进价格同比上涨0.1%，涨幅同比回落13.0个百分点，比前两个月缩小0.6个百分点。

金融运行平稳。3月末，金融机构各项存款余额31412.2亿元，比年初增加1846.5亿元，同比多增239.2亿元；各项贷款余额18932.4亿元，比年初增加780.8亿元，同比少增41.8亿元。

（五）财政和城乡居民收入较快增长，就业形势基本稳定，民生进一步改善

财政收支较快增长。全部财政收入和公共财政预算收入分别完成970.1亿元和570.8亿元，增长13.6%和15.5%，增速比前两个月分别加快4.3和6.6个百分点。其中3月份全部财政收入和公共财政预算收入分别增长22.1%和28.8%。公共财政预算支出774.3亿元，增长41.8%，增速同比加快17.2个百分点。其中教育、社会保障和就业、医疗卫生、交通运输支出分别增长43.3%、51.4%、1.1倍和1.3倍，同比加快26.2、17.6、106和56.2个百分点。

城乡居民收入增长较快。一季度，城镇居民人均可支配收入5208.7元，增长13.8%，增速同比加快5.1个百分点；农民人均现金收入2426元，增长18.2%，增速快于城镇居民4.4个百分点。

就业形势基本稳定。截止3月底，全省城镇新增就业21.1万人，下岗失业人员再就业7.0万人，就业困难对象再就业2.5万人，分别完成全年目标任务的30.1%、31.8%和31.3%。全省城镇登记失业率为3.71%，同比回落0.11个百分点，控制在4.5%调控目标之内。就业形势平稳表明经济运行总体稳健。

综合分析，一季度在全国经济增速减缓的新形势下，我省经济也出现减缓，但主要指标增速快于全国，并高于我省9%左右的年度调控目标，同时，3月份大部分指标增速比前两个月有所回升，呈现出积极向好态势，总的看，全省经济实现了稳中开局，经济发展的基本面是好的。但经济增速回落幅度较大也是近年来少有的，表明经济运行的环境更趋复杂，下行压力依然存在，应予以高度关注。

二、主要问题与看法

当前，在经济生活中面临着深层次矛盾和困难的同时，又出现了一些新情况和新问题，制约着经济平稳较快发展。

（一）经济增速减缓，下行压力加大

一季度，我省经济增速出现了较大幅度回落，全省生产总值已回落到9.7%的一位数增长，这是2010年以来同期最低增速，并且工业、投资、消费品零售额、进出口、财政收入等主要经济指标增速同比均出现回落。同时，体现经济活跃程度的指标增速回落。发电量增长4.8%，同比回落14.3个百分点；全社会用电量增长6.5%，其中工业用电量增长4.7%，同比分别回落4.3和6.5个百分点；货运量增长13.2%，回落5.0个百分点；港口货物吞吐量增长6.3%，回落19.6个百分点。表明当前经济增长乏力。影响经济增速减缓的主要因素，从产业看，主要是二、三产业特别是工业增速回落，一季度，第二产业增速回落1.4个百分点，其中规模以上工业增加值增速同比回落1.8个百分点；第三产业增速回落2.1个百分点。

一季度我省经济增速减缓，是多种因素共同作用的结果，当前形势的复杂性是近年来少有的，支撑增长与导致下行因素相互交织抗衡，使经济增长处于平稳与下行的关结点，应尽快遏制经济增速

进一步减缓，努力实现稳中求进。

（二）部分企业生产经营困难，财政增收难度加大

今年以来，在经济增速回落的同时，效益也出现下滑。一季度，全省规模以上工业实现利润330.6亿元，同比下降11.7%。亏损企业2078家，同比增加342家，增长16.2%；亏损企业亏损额106.3亿元，增长95.1%。虽然工业利润同比降幅比前两个月有所缩小，但工业企业生产经营依然较为困难。企业效益下滑也影响财政收入增速回落。一季度全部财政收入和公共财政预算收入增速同比回落24.6和29.1个百分点，其中税收收入仅增长9.3%，回落27.9个百分点。制约工业企业效益下滑的主要因素：一是国内外市场需求不足，企业销售不旺。一季度，全省规模以上工业主营业务收入增长10.7%，同比回落23.5个百分点；工业出口交货值增长11.3%，同比回落13.9个百分点。二是企业生产成本增加，利润率降低。前两个月工业企业主营业务成本占主营业务收入的比重为89.0%，同比提高0.6个百分点，高于全国4.3个百分点；主营业务收入利润率仅为3.4%，回落1.3个百分点，低于全国1.7个百分点。三是工业生产者出厂价格下降，价格“倒挂”。一季度全省工业生产者出厂价格同比下降2.1%，而全国增长0.1%，与工业生产者购进价格“倒挂”2.2个百分点，大于全国1.3个百分点，压缩了企业利润空间。

我省工业多数行业附加值偏低、利润率低，速度效益型特征明显，利润增长主要靠速度和规模的扩张，目前工业生产增速回落，已经对企业效益和财政增收产生冲击，如果增速持续回落，将进一步影响经济运行质量。

（三）对外经贸形势严峻，欧债危机影响仍在持续

一方面，进出口下降，出口回落幅度较大。一季度，全省进出口总值同比下降1.4%，其中出口增长13.6%，同比回落19.9个

百分点。主要受对欧盟出口增速回落影响。我省对欧盟出口增速从2011年5月份开始持续回落，今年一季度下降幅度达21.8%；出口额占全省出口的18.8%，同比降低8.5个百分点。从出口商品看，大宗商品除钢材、机电产品分别增长45.2%和10.0%外，高新技术产品、服装及衣着附件分别下降12.6%和6.6%。出口形势虽比前两个月有所好转，但外需仍然不足。

另一方面，合同外资持续下降，外商投资后劲不足。一季度，全省新批外商投资企业合同项目29个，下降9.4%，连续五个月出现下降；合同外资额6.3亿美元，下降32.6%，其中，投资总额500万美元以上项目合同外资下降30.7%，合同外资额1000万美元以上项目合同外资下降34.1%。

欧债危机影响仍在持续，进出口和合同外资下滑，表明国际市场需求不足，这将进一步传导到国内市场，影响经济发展，应大力开拓国外市场，尽快扭转对外经贸下滑的态势。

三、二季度走势展望

展望二季度，面临的国际环境仍很复杂，国内新情况新问题增多，有利因素和不利因素相互交织，不稳定不确定性因素依然较多。

从国际环境分析，当前国际形势依然复杂严峻，虽然国际货币基金组织4月17日调高了对世界经济增长的预期，预测2012年全球经济增速为3.5%，比今年1月份的预测值上调0.2个百分点，其中主要发展中经济体的经济增速仍将大幅快于主要发达经济体；美国经济增长2.1%，上调0.3个百分点；欧元区经济下降0.3%，上调0.2个百分点。但全球经济增长的重大风险并未完全消除，世界经济步履蹒跚。同时，国际贸易保护主义抬头，今年以来美国和欧盟国家针对我国实施“双反”调查，对我国出口和整体经济造成不利影响，外部环境压力增大。

从国内环境分析，我国经济增速回落，既有国际环境变化导致市场需求减弱的影响，也是加速调整转型主动调控的结果，这种主动调控有利于结构调整和发展方式转变，有利于可持续发展。3月份中国制造业采购经理指数（PMI）比上月提升2.1个百分点，一季度企业家信心指数为123，比去年四季度回升2.1个百分点，这些都表明生产信心有所恢复，经济在企稳回升。但我国经济下行压力与物价上涨压力并存等新情况、新问题将制约经济发展。

从我省发展内在动力分析，今年是全面贯彻落实省第八次党代会精神的第一年，河北正处于深化改革开放、加快转变经济发展方式的攻坚时期，加快推进落实京津冀区域经济一体化、环首都绿色经济圈发展、河北沿海地区和冀中南地区发展，将是我省建设经济强省、和谐河北新的强大动力。从工农业生产和三大需求情况看，既存在有利条件，也有不利因素。农业方面，冬小麦长势好于常年，如没有大的自然灾害，夏粮有望丰收，蔬菜生产稳定发展，畜牧业生产形势继续好转，农业生产将保持稳定发展态势。工业方面，汽车制造等装备制造业出现好转趋势，二季度有望继续呈现较快增长态势；2011年工业投资较多，随着项目的投产达效，有望形成新的增长点。但外需市场减弱、房地产调控政策、石油价格高位等因素对电气机械、钢铁、建材和石油加工等行业生产增速产生影响。预计二季度工业将延续平稳增长态势，增速有望比一季度有所加快。投资方面，2012年是“十二五”规划实施的关键一年，一些重大项目在陆续开工，保障房建设在稳步推进，民间资本比较活跃，但土地仍是制约项目建设的主要因素，国家房地产调控政策效应逐步显现，将影响固定资产投资增长。预计投资将保持平稳较快增长态势。消费方面，近年来城乡居民收入较快增长，社会保障体系稳步推进，将促进消费保持平稳增长。出口方面，世界经济正在向好的方面转化，未来出口增速可能会延续3月份回升态势，但仍面临欧债危机等国际复杂环境的影响，保持出口快速增长难度较大。

综合分析，预计二季度全省经济可望继续呈现平稳运行态势，可能会略好于一季度。

四、对策建议

当前，面临的形势仍很复杂，应密切关注国际环境、国家调控政策和经济走势的变化，认真贯彻落实省第八次党代会和全省经济工作会议的决策部署，把握稳中求进总基调，大力实施“一产抓特色，二产抓提升，三产抓拓展”经济发展战略，抓住国内主动调控的有利时机，加快调结构转方式步伐，促进全省经济更好更快更大发展。

第一，加强经济运行调节，遏制经济增速下滑。加强麦田管理，做好病虫害防控，促进夏粮丰收。落实各项强农惠农政策，加大对设施农业和规模生产的支持力度，促进特色农业发展。加大农产品流通渠道的建设和拓展，确保农业增产农民增收。密切跟踪监测工业经济形势变化以及重点行业、重点企业发展态势，抓好重点大型企业的调度、指导和困难行业企业帮扶。制定钢铁、建材、装备制造业等重点产业扶持政策和办法，积极搭建产销对接平台。加强对小微企业信贷投放和融资，缓解企业资金压力。加强企业生产管理和内部管理，开源挖潜，降低生产成本，促进提效增收。发展生产性服务业，做大做强做精生活性服务业，积极发展高端服务业，提升服务业对经济增长的贡献率。

第二，扩大投资和消费，增强经济发展后劲。在优化提升传统产业、培育发展战略性新兴产业等方面谋划特色项目，控制高耗能、高污染行业投入。加强与央企的联系与对接，保障大项目、好项目用地，盘活闲置土地，提高土地集约利用率。全力推进在建和已开工项目建设，尽快形成生产能力。拓宽项目投融资渠道，确保投资对经济增长有效拉动。建立扩大消费的长效机制，培育信用消费、服务消费、低碳消费等新的消费增长点。整顿和规范市场秩序，营造公平合理的竞争环境，增强居民消费信心。

第三，加大结构调整力度，增创新的经济增长点。大力发展特色农业，推进现代农业示范区建设和优势特色农产品生产基地建设，更好发挥示范引领带动作用，提高农业现代化和产业化水平。大力提升工业，加快发展高新技术产业和战略性新兴产业，努力形成高端产业聚集区，加快传统优势产业改造升级，促进钢铁工业转型升级，继续发展装备制造业，培育壮大新能源、新材料、电子信息、生物医药等战略性新兴产业，培育新的增长点。大力拓展服务业，加快现代物流、文化、金融保险和信息服务等现代服务业发展，提高服务业在国民经济中的比重。举全省之力构筑区域经济发展新格局，着力抓好沿海地区发展规划的落实，全力推进曹妃甸新区和渤海新区两大增长极建设，大力度推动港口、产业和城市互动发展。

第四，加快对外开放步伐，努力提高规模和水平。加强出口基地建设，依托产业集聚区、经济技术开发区、高新技术开发区，培育一批出口型基地。加快构建国际贸易平台和国际营销网络，鼓励出口企业加快品牌建设。提升加工贸易，鼓励加工贸易转型升级，提高科技含量和附加值。支持国内企业“走出去”，建立稳定的境外能源资源供应渠道。创新利用外资方式，鼓励企业到境外上市，抓好签约项目的跟踪服务，缩短审批周期，促进资金早到位、项目早开工。

第五，努力改善民生，促进社会和谐稳定。强化促进就业政策措施的贯彻落实，进一步稳定和扩大就业，引导就业观念转变，保持就业形势基本稳定。多渠道增加城乡居民收入，提高低收入家庭社会保障水平，落实好企业工资指导线，提高职工工资。密切关注物价变化，巩固控物价成果，加强市场监管，稳定物价水平。加大对贫困地区扶贫开发力度，扎实推进新一轮扶贫攻坚战，使贫困人口尽快脱贫致富，促进城乡同步发展，实现社会和谐稳定。

撰稿：张志强　白　洁　靳占恒

经济增速有所减缓　强化调控抑制下行

——4月份全省经济形势分析

4月份，全省各地各部门在省委、省政府的正确领导下，认真贯彻落实国家宏观调控政策措施，积极应对错综复杂的国内外形势，整体经济延续了一季度平稳运行态势，但经济增速有所回落、内外需不足、企业生产经营困难等问题需高度关注。应突出把握稳中求进的工作总基调，加强经济运行调节，确保经济平稳较快发展。

一、经济运行的主要特点

4月份，全省经济运行呈现“六落、三稳”态势。

“六落”：

工业生产增速有所回落。4月份，全省规模以上工业完成增加值861.1亿元，同比增长12.4%，增速同比加快1个百分点，比3月份回落2.4个百分点。从轻重工业观察，重工业增速继续回落。重工业增加值增长11.2%，比3月份回落2.3个百分点；轻工业增加值增长18.4%，快于重工业7.2个百分点。从经济类型观察，占全省比重较大的股份制企业和外商及港澳台商投资企业分别增长11.8%和3.3%，比3月份分别回落3.7和4.8个百分点。从企业规模看，小型企业对工业增长的贡献突出。小型企业完成增加值278.9亿元，同比增长22%，高于全省工业增速9.6个百分点，对工业增长的贡献率为32.3%；大中型企业完成增加值572.5亿元，增长8.5%，低于全省增速3.9个百分点；微型企业增加值增长

6.6%，低于全省增速5.8个百分点。从行业观察，多数行业继续回落。在统计的40个行业大类中有23个行业增速比3月份回落，占57.5%。七个主要行业“五落两升”。钢铁、装备制造、食品、纺织和建材工业增速分别比3月份回落0.3、8.6、1.5、1.3和2.4个百分点；石化、医药工业分别加快1.9和4.8个百分点。六大高耗能行业增加值增长8.2%，比3月份回落2.5个百分点。

前4个月，规模以上工业完成增加值3201.5亿元，比上年同期增长13.2%，增速比一季度回落0.3个百分点。产销衔接较好，工业产品产销率为97.5%，同比持平。

消费品市场增速回落。4月份，全省限额以上企业（单位）消费品零售额实现186.2亿元，同比增长17.2%，增速比3月份回落6.9个百分点。从主要商品大类看，除机电产品及设备类、建筑及装潢材料类和其他类零售额下降外，其他各类均保持增长。1—4月份，全省限额以上企业（单位）消费品零售额实现784.8亿元，增长19.7%，比一季度回落0.8个百分点。其中，城镇零售额增长19.7%，乡村零售额增长18.5%，城镇增长速度快于乡村1.2个百分点。

出口增速回落。前4个月，进出口总值165.6亿美元，同比下降2.5%，降幅比一季度扩大1.1个百分点。其中，出口总值93.2亿美元，增长8.5%，增速比一季度回落5.1个百分点；进口总值72.4亿美元，下降13.7%，降幅比一季度缩小2个百分点。除对欧洲出口下降外，对其他洲出口均保持增长，增速在16.7%－41%之间。

实际利用外资由增转降。1—4月份，全省实际利用外资12.1亿美元，增速由一季度增长14.2%转为下降13.5%。其中，4月份实际利用外资总额为1.5亿美元，下降67.8%。从外资来源地看，在前四个主要来源地中，除欧盟外，香港、日本、美国对我省投资保持较快增长。来自香港的外商直接投资9.1亿美元，增长29.3%，占全省外商直接投资的75.7%，比重同比提高21个百分点；来自日本的投资4659万美元，增长18.6%，占3.9%，比重提高0.8个百分点；来自美国的投资4011万美元，增长1.3倍，占3.4%，比重提高2个百分点。从三次产业看，第一产业到位外资3253万美元，增长49.7%，占全省外商直接投资的2.7%，比重提高1个百分点；第二产业到位外资9.7亿美元，增长10.1%，占80.7%，比重提高12.3个百分点；第三产业到位外资2.0亿美元，下降48.2%，占16.6%，比重下降13.3个百分点。

财政收入增速回落。前4个月，全部财政收入完成1230亿元，公共财政预算收入完成727.1亿元，分别增长12.1%和15.3%，比一季度分别回落1.5和0.2个百分点。其中4月份全部财政收入和公共财政预算收入分别增长6.6%和14.3%。

物价涨幅同比回落。4月份，居民消费价格同比上涨3.4%，涨幅比3月份回落0.6个百分点。八大类商品和服务价格全面上涨，涨幅在0.4%—6.8%之间，其中食品类价格涨幅回落较大，同比上涨5.1%，涨幅同比回落6.3个百分点，是影响居民消费价格回落的主要因素。工业品价格降幅扩大。工业生产者出厂价格和工业生产者购进价格同比分别下降2.8%和2.5%，降幅比3月份扩大0.5和1.5个百分点。前4个月居民消费价格同比上涨4.0%，工业生产者出厂价格和购进价格同比分别下降2.3%和0.5%。

“三稳”：

固定资产投资平稳较快增长。前4个月，全省固定资产投资完成3769.2亿元，比上年同期增长22.2%，增速比一季度减缓1个百分点。投资结构继续改善。一是亿元以上项目增加较多。亿元以上在建项目2806个，比上年同期增加537个，增长23.7%，增速同比加快6.5百分点；完成投资2177.7亿元，增长47.8%，占全省固定资产投资的57.8%，同比提高10.3个百分点。亿元以上新开工项目388个，比上年同期增加120个，同比增长44.8%；完成投资329.2亿元，增长86.9%。其中4月份亿元以上新开工项目210个，54.3%的项目集中在制造业。二是工业投资规模扩大。工业完成投资1785.1亿元，比上年同期增长32.7%；占全省固定资产投资的47.4%，同比提高4个百分点。三是技术改造和高新技术产业投资比重提高。工业技术改造投资完成934.2亿元，比上年同期增长74.4%，占工业投资的比重为52.3%，同比提高12.5个百分点。高新技术产业投资完成393.2亿元，增长56.2%，占全省固定资产投资的10.4%，同比提高2.3个百分点。四是房地产开发投资下降。房地产开发投资645.3亿元，下降6.1%。

节能降耗实现平稳开局。能耗总量增速明显回落。一季度，全省全社会能耗总量同比增长4.05%，增速比2011年全年回落3.1个百分点。其中，工业能耗增长2.99%，回落4.6个百分点，是带动全省能耗总量增速回落的主要因素。全社会用电量增长6.49%，增速比2011年全年回落4.41个百分点。单位能耗水平大幅下降。单位GDP能耗同比下降5.19%，降幅超过了“十二五”时期年均下降3.66%的节能目标。其中，单位工业增加值能耗下降10.55%，降幅比2011年全年扩大3.9个百分点。

金融形势基本稳定。4月末，全省金融机构各项存款余额31181.4亿元，比年初增加1615.7亿元，同比少增44.7亿元；金融机构各项贷款余额19200.2亿元，比年初增加1048.6亿元，同比多增19.5亿元。

二、存在的主要问题

当前的主要问题是出现了严重的需求不足，表现为经济增速回落、效益下滑、下行压力加大，对这些问题应给予高度关注。

（一）主要经济指标增速减缓，下行压力加大

在经历了3月份主要经济指标增速比前2个月加快后，4月份主要经济指标增速又比3月份有所减缓。从工业生产看，4月份，工业增加值增长12.4%，比3月份回落2.4个百分点，主要是受钢铁、建材、电气机械、电力等行业生产经营困难，生产增速持续走低影响，4月份黑色金属冶炼和压延加工业、非金属矿物制品业增加值仅增长8.6%和5.1%，电气机械及器材制造、电力热力生产和供应业增加值分别下降6.2%和2.5%，这4个行业增加值占全省的39%，共影响全省工业增速回落1.5个百分点。同时，大中型企业增长乏力，支撑力度明显不足，4月份大中型企业增加值仅增长8.5%，比3月份回落2.4个百分点。从投资和消费看，前四个月固定资产投资增长22.2%，比一季度回落1个百分点，其中房地产投资下降6.1%，是影响固定资产投资增速回落的主要原因。限额以上企业消费品零售额增长19.7%，比一季度回落0.8个百分点，主要是受占限上零售额30.7%的汽车零售额增速回落影响，其中4月份汽车零售额同比仅增长0.2%。从体现经济活跃程度的指标看，前4个月，全社会用电量增长5.3%，同比回落4.6个百分点；货运量增长14.9%，回落4.5个百分点。多数指标增速回落，表明需求不足，经济增长乏力，当前形势的复杂性是近年来少有的，应尽快遏制经济增速进一步减缓态势，努力实现稳中求进。

（二）企业生产经营困难，财政增收难度进一步加大

受市场需求不足、生产成本增加、产品价格走低等因素影响，企业生产经营困难加大，经济效益出现下滑。前4个月，全省规模以上工业企业亏损面达到16.7%，同比扩大1.9个百分点；实现税金同比仅增长6.7%，实现利润下降9.1%，同比分别回落22.4

和37.3个百分点；亏损企业亏损额增长72.3%。由于企业生产经营困难，也导致了财政收入增速进一步回落。4月份，全部财政收入和公共财政预算收入分别增长6.6%和14.3%，比一季度分别回落7和1.2个百分点，其中4月份增值税（地方部分）仅增长0.7%，企业所得税下降8.8%，较一季度分别回落了9个和28.8个百分点，财政收入下行风险加大。

（三）对欧盟出口和利用外资形势严峻，降幅进一步扩大

今年以来，欧盟经济持续低迷，失业率升高，导致需求下降，已对我省出口和利用外资产生了明显影响。从出口看，我省对欧盟27国出口增速从去年5月份开始持续回落，前四个月下降幅度达20.7%，出口额占全省出口的19.4%，同比降低7.2个百分点。从利用外资看，来自欧盟的外商直接投资持续下降，且降幅进一步加深。前四个月，来自欧盟的外商直接投资4313万美元，下降63.2%，降幅比一季度加深43.8个百分点，占全省外商直接投资的比重由上年同期的9.1%下降到3.6%。由于欧盟是我省重要的出口市场和外资主要来源地，持续严峻的形势对全省出口和利用外资影响较大。

三、对策建议

面对当前的严峻形势，不仅要积极应对各种困难和挑战，更要抓住调结构转方式的大好机遇，把省第八次党代会和经济工作会议的各项决策部署进一步落到实处，针对当前存在的矛盾和问题，应着力扩需求、提效益、调结构，培育新的增长点，努力保持经济平稳较快发展。

第一，抓调控，稳定经济发展。继续加强夏粮生产管理，做好病虫害和自然灾害的防控工作，抓好油、肉、禽、蛋、奶等重要农产品的生产，减缓物价上涨压力，为经济发展创造良好的环境。多

措并举扭转工业生产增速回落的势头，重点抓“两头”，一头抓对全省工业影响大、生产经营困难的行业和企业，另一头抓有市场、效益好、发展快的行业和企业，做强大的，发展好的。充分发挥政府的服务职能作用，建立健全政策导向、市场开拓、融资服务、困难企业帮扶等长效机制，推动企业服务工作常态化。大力发展服务业，优化服务业发展环境，对服务业从税收优惠、资金支持、信息服务、人才引进、从业人员培训等多方面给予支持，提升服务业对经济增长的贡献率。

第二，扩需求，增强经济发展动力。稳定投资增长，加强与央企的联系与对接，抓好对发展转型起关键作用的大项目、好项目的谋划，保障项目用地。优化投资结构，继续加大技术改造投资力度，加大保障性安居工程建设，鼓励民间资本更多地投向新兴产业、基础设施和公共服务领域。建立扩大消费的长效机制，培育信用消费、服务消费、低碳消费等新的消费增长点。积极培育消费热点，推动文化、健身、培训、家政、养老等服务消费。整顿和规范市场秩序，强化食品、药品质量安全监管，维护消费者合法权益，增强居民消费信心。加快对外开放步伐，提高出口规模和水平。依托产业集聚区、经济技术开发区、高新技术开发区，培育一批出口型基地。加快构建国际贸易平台和国际营销网络，鼓励出口企业加快品牌建设。加强对出口企业在应对国际贸易摩擦、规避风险等方面的指导帮助。创新利用外资方式，鼓励企业到境外上市，抓好签约项目的跟踪服务，缩短审批周期，促进资金早到位、项目早开工。

第三，调结构，加速经济转型。大力发展特色农业，推进现代农业示范区建设和优势特色农产品生产基地建设，更好发挥示范引领带动作用，提高农业现代化和产业化水平。大力提升工业，加快发展高新技术产业和战略性新兴产业，努力形成高端产业聚集区，加快传统优势产业改造升级，促进钢铁工业转型升级，继续发展装备制造业，壮大新能源、新材料、电子信息、生物医药等战略性新兴产业，培育新的增长点。大力拓展服务业，加快现代物流、文化、金融保险和信息服务等现代服务业发展，提高服务业在国民经济中的比重。举全省之力构筑区域经济发展新格局，着力抓好沿海地区发展规划的落实，全力推进曹妃甸新区和渤海新区两大增长极建设，大力度推动港口、产业和城市互动发展。

第四，惠民生，促进社会和谐稳定。大力促进就业，进一步完善创业政策、打造创业平台，完善服务体系，加强职业教育和劳动技能培训，引导就业观念转变，助推自主创业，保持就业形势稳定。多渠道增加城乡居民收入，提高农产品附加值，加强农资价格管理，降低农业生产成本，落实好企业工资指导线，建立工资增长长效机制。完善社会保障体系建设，提高低收入家庭社会保障水平。密切关注物价变化，促进多种形式的产销衔接，降低流通成本，加强市场监管，维护市场价格的基本稳定。加大贫困地区扶贫开发力度，扎实推进新一轮扶贫攻坚战，促进城乡同步发展，实现社会和谐稳定。

撰稿：张志强　白　洁

经济运行变化积极　调控政策成效初显

——5月份全省经济形势分析及对策建议

5月份，全省整体经济平稳运行，工业、出口和财政收入增速比4月份加快，部分指标增速减缓幅度缩小，近期出台的宏观调控政策初显成效。需求不足、企业经营困难、财政收支矛盾突出等问题还需高度重视。应认真贯彻落实省委常委会精神，坚持稳中求进工作总基调，把稳增长放在更加突出位置，把调结构作为主攻目标，狠抓国家调控政策和省委、省政府决策部署的贯彻落实，抑制经济下行态势，促进经济平稳较快发展。

一、经济运行的主要特点

工业生产增速有所加快。5月份，全省规模以上工业完成增加值899.8亿元，比上年同月增长12.5%，增速比4月份加快0.1个百分点。从轻重工业观察，重工业增速加快。重工业增加值增长12.6%，比上月加快1.4个百分点；轻工业增加值增长11.9%，回落6.5个百分点。从经济类型观察，占全省比重较大的股份制企业和外商及港澳台商投资企业分别增长12.3%和5.7%，比4月份分别加快0.5和2.4个百分点。从行业观察，七个主要行业增速由上月“两加快五减缓”转为“三加快四减缓”。钢铁、装备制造和医药工业增加值分别增长17.0%、15.5%和21.2%，比4月份加快3.2、4.1和3.8个百分点。从企业规模观察，大中型企业增速加快，小型企业贡献突出。大中型企业完成增加值578.7亿元，增长9.3%，增速比4月份加快0.8个百分点；小型企业完成增加值

310.3亿元，增长19.3%，增速高于全省工业增速6.8个百分点，对全省工业增长的贡献率为49.6%。从内外销售观察，工业品出口增幅回升较大，工业品出口交货值增长22.7%，比4月份加快16.5个百分点。其中，黑色金属冶炼和压延加工、电气机械和器材制造、汽车制造等行业出口交货值增长较快，分别增长37.9%、34.4%和44.5%。

前5个月，规模以上工业完成增加值3985.7亿元，比上年同期增长13.1%，增速比全国快2.4个百分点，比前4个月回落0.1个百分点，回落幅度与前4个月比一季度相比缩小0.2个百分点，总体呈现回落幅度缩小、运行平稳的态势。产销衔接较好，工业产品产销率为97.5%，同比提高0.1个百分点。

固定资产投资增速减缓幅度缩小。前5个月，全省固定资产投资完成5672.3亿元，增长21.5%，增速比前4个月减缓0.7个百分点，减缓幅度与前4个月比一季度相比缩小0.3个百分点，呈现出回落幅度缩小、总体平稳较快增长、结构调整改善的态势。一是亿元以上项目增加较多。亿元以上在建项目3272个，同比增加528个；完成投资3217.5亿元，增长42.8%，占全省投资的56.7%，同比提高8.6个百分点，对全省投资增长的贡献率达97.3%。亿元以上新开工项目674个，同比增加117个；完成投资685.1亿元，增速由上年同期下降30%转为增长53.4%。二是工业投资和技术改造投资快速增长。工业完成投资2723.1亿元，增长30.1%，增速高于全省投资8.6个百分点，对全省投资增长的贡献率达63.6%。工业技术改造项目3619个，占工业施工项目的60.5%，技改投资完成1517.8亿元，增长67.9%，占工业投资的55.7%，同比提高12.6个百分点。三是装备制造业和高新技术产业投资比重提高。装备制造业完成投资926.5亿元，增长36.7%，占全省投资的16.3%，同比提高1.9个百分点；高新技术产业投资完成574.3亿元，增长42.7%，占10.1%，提高1.5个百分点。四是民间投资保持较快增长。民间投资完成4312.6亿元，增长22.5%，占全省的76%，同比提高0.8个百分点。

消费品市场增速减缓幅度缩小。5月份，全省限额以上企业（单位）消费品零售额实现193.5亿元，同比增长16.2%，增速比4月份回落1.0个百分点。影响消费品市场回落的主要因素：一是城镇市场增速回落。城镇零售额189.5亿元，增长16.1%，回落1.2个百分点；乡村零售额4.0亿元，增长21.5%，加快9.5个百分点，快于城镇5.4个百分点。二是部分主要商品销售下滑。在限额以上批发和零售业中，零售额超10亿元的石油及制品类，服装、鞋帽、针纺织品类，粮油、食品、饮料、烟酒类，家用电器和音像器材类零售额分别增长17.2%、29.6%、17.3%和1.5%，比4月份回落9.9、1.5、5.4和23.5个百分点。

前5个月，全省限额以上企业（单位）消费品零售额978.3亿元，增长19.1%，比前4个月回落0.6个百分点，回落幅度与前4个月比一季度相比缩小0.2个百分点，呈现回落幅度缩小的态势。

进出口增速加快。前5个月，进出口总值212.3亿美元，同比增长1.2%，累计增速为今年以来首次增长。其中，出口总值120.1亿美元，增长11.3%，增速比前4个月加快2.8个百分点；进口总值92.2亿美元，下降9.6%，降幅比前4个月缩小4.1个百分点。从出口市场观察，除对欧洲出口下降外，对其他洲出口均保持增长，增速在19.6%—40.5%之间。其中对亚洲出口52.1亿美元，增长19.6%，增速比前4个月加快2.9个百分点；对北美洲出口18.4亿美元，增长21.1%，加快1.8个百分点。从主要出口商品观察，机电产品出口43.6亿美元，增长11.8%，增速比前4个月加快3.9个百分点；钢材出口23.7亿美元，增长26.6%，加快 1.0 个百分点。

实际利用外资下降。前 5 个月，全省实际利用外资 16.1 亿美元，同比下降 15.5%，降幅比前 4 个月加深 2 个百分点。其中外商直接投资 15.7 亿美元，下降 2.7%，减缓 4 个百分点。外商直接投资呈现五个亮点：一是世界 500 强投资较快增长。世界 500 强投资 2.8 亿美元，增长 17.6%，占全省外商直接投资的 17.6%。二是外资向大项目聚集。合同外资 1000 万美元以上项目到位外资 13.7 亿美元，增长 4.2%，占全省外商直接投资的 87.3%。三是外商独资企业投资降幅减缓。独资企业到位外资 9.4 亿美元，下降 2.3%，降幅比前 4 个月减缓 18.7 个百分点。四是文化、体育和娱乐业投资快速增长，外商直接投资 0.8 亿美元，由前 4 个月下降 65.6%转为增长 56.1%，占全省外商直接投资的 5.1%。五是开发区投资较快增长。开发区投资 6.8 亿美元，增长 36.1%，占全省外商直接投资的 43.1%。

财政收入增速加快。5 月份，全部财政收入完成 311.6 亿元，增长 20.0%，地方公共财政预算收入 182.7 亿元，增长 21.8%，增速比 4 月份分别加快 13.4 和 7.5 个百分点。在地方公共财政预算收入中，国内增值税增长 14.2%，比 4 月份加快 13.5 个百分点；企业所得税由 4 月份下降 8.8%转为增长 23.5%。

前 5 个月，全部财政收入 1541.7 亿元，地方公共财政预算收入 909.8 亿元，分别增长 13.6%和 16.5%，比全国分别高 0.9 和 1.8 个百分点，增速比前 4 个月分别加快 1.5 和 1.2 个百分点，同比分别回落 21.8 和 26.2 个百分点。

金融存贷款新增额同比增加。5 月末，全省金融机构各项存款余额 31750.3 亿元，比年初增加 2184.7 亿元，同比多增 182.6 亿元；金融机构各项贷款余额 19489.0 亿元，比年初增加 1337.4 亿元，同比多增 157.5 亿元。

单位工业增加值能耗下降。前4个月，规模以上单位工业增加值能耗同比下降10.99%，降幅比前两个月和一季度分别扩大1.01和0.44个百分点。其中六大高耗能行业单位工业增加值能耗同比下降8.23%，降幅比一季度扩大0.45个百分点。

物价涨幅回落。5月份，居民消费价格同比上涨2.7%，涨幅比4月份回落0.7个百分点。八大类商品和服务价格全面上涨，涨幅在0.5%—5.9%之间，其中食品类价格涨幅回落较大，同比上涨3.5%，涨幅比4月份回落1.6个百分点，是影响居民消费价格回落的主要因素。工业品价格降幅扩大。工业生产者出厂价格和工业生产者购进价格同比分别下降4.0%和3.2%，降幅比4月份扩大1.2和0.7个百分点。前5个月居民消费价格同比上涨3.7%，工业生产者出厂价格和购进价格同比分别下降2.6%和1.1%。

综合分析，对当前经济形势的基本判断是：经济运行出现积极变化，5月份规模以上工业、出口和财政收入增速比上月加快，工业、投资和消费等主要指标累计增速减缓幅度缩小，表明近期出台的宏观调控政策初显成效。但国内外环境不确定因素仍比较多，特别是欧债危机走向对全球经济影响较大，今后一两个月经济能否继续回升，还需进一步观察。要确保实现双过半，还应加强调控，巩固好的势头。

二、存在的主要问题

当前的突出问题是需求不足、企业经营困难、财政收支矛盾突出，制约着全省经济平稳较快增长。

（一）内外需求不足，经济下行压力依然较大

从内需观察，投资和消费增速均呈继续减缓态势。前5个月，固定资产投资增长21.5%，比前4个月减缓0.7个百分点，比一季度减缓1.7个百分点，为2012年最低增速。其中房地产投资下

降4.3%，降幅比一季度扩大0.7个百分点，是影响投资增速减缓的主要因素。限额以上企业（单位）消费品零售额增长19.1%，比前4个月减缓0.6个百分点，比一季度减缓1.4个百分点。其中，占限上零售额31.7%的汽车类商品零售额增长14.5%，比前4个月减缓0.9个百分点，比一季度减缓6.4个百分点，是影响限额以上企业（单位）消费品零售额增速减缓的主要因素。从外需观察，受欧债危机等因素影响，出口增速也呈减缓态势。前5个月，出口总值增长11.3%，同比回落20.2个百分点，其中对欧洲出口下降11.8%，回落51.9个百分点。

由于需求不足，导致生产增速随之减缓。前5个月，规模以上工业增加值增长13.1%，比前4个月和一季度分别减缓0.1和0.4个百分点。前4个月全社会用电量仅增长5.3%，比一季度减缓1.2个百分点。当前的需求不足，是近年来少有的，对经济持续较快增长影响较大，应努力激活需求，尽快遏制经济增速减缓的态势，增强三大需求对经济增长的拉动力。

（二）企业生产经营困难，经济效益下滑

受市场需求不足、生产成本增加、产品出厂价格走低等因素影响，企业生产经营困难加大，经济效益出现下滑。主要表现：一是利税增速回落。前5个月，全省规模以上工业企业实现税金同比仅增长6.8%，实现利润下降7.2%，同比分别回落23.2和32.2个百分点。二是亏损面扩大。企业亏损面达到16.0%，同比扩大2.3个百分点，亏损企业亏损额增长64.1%。三是利润率降低。主营业务收入利润率仅为4.1%，同比降低0.8个百分点。四是生产成本加大。规模以上工业主营业务收入仅增长9.3%，比前4个月减缓0.4个百分点。生产成本占主管收入的比重上升，工业企业主营业务成本占主营业务收入的比重为89.1%，同比提高0.8个百分点。

我省工业多数行业附加值偏低、利润率低，速度效益型特征明显，利润增长主要靠速度和规模的扩张，工业生产增速回落，已经对企业效益产生冲击，如果增速持续回落，将进一步影响经济运行质量。

(三) 财政增收难度较大，收支矛盾突出

受经济增长趋缓、价格涨幅回落、企业利润下降、实施结构性减税等因素影响，财政增收难度较大。在前5个月公共财政预算收入中，税收收入仅增长11.2%。其中，增值税增长9.1%，营业税增长7.2%，企业所得税增长14.2%，同比分别回落11.2、26.4和34.9个百分点。在11个设区市中，有5个市的全部财政收入增长较慢，增速在2.3%－10.4%之间。同时，按照保民生、保运转、保重点的要求，落实国家和省有关增支政策，刚性支出需求较大。前5个月，公共安全支出增长19.2%、教育支出增长42.1%、医疗卫生支出增长23.1%。在财政收入增长不确定的情况下，财政收支矛盾突出。

三、对策建议

国内外形势错综复杂，不确定、不稳定因素较多，应认真贯彻落实省委常委会精神，坚持稳中求进的工作总基调，把稳增长放在更加突出位置，把调结构作为主攻目标，狠抓国家调控政策和省委、省政府决策部署的贯彻落实，抑制经济下行，巩固经济增速回落幅度缩小的态势。

第一，加强经济运行调节，巩固积极成效。抓好“三农”工作，实施强农惠农政策，巩固农业生产成果，确保农业基础稳固。加强麦田后期管理，有序组织收割，强化天气预测、柴油调运等服务保障，努力夺取夏粮丰收。发挥粮食核心区建设和蔬菜示范县带动作用，提高农业综合生产能力，促进农民增收。落实省政府办公厅关于支持工业发展提高经济效益的十条意见，加强对工业重点行业和大中型企业生产的调度和帮扶。拓宽投融资渠道，引导企业合理调节资金使用投向，降低生产成本。改善服务业发展环境，大力发展旅游经济、夜经济，壮大现代服务业。

第二，加快调结构转方式步伐，培育壮大新增长点。抓住经济放缓的时机，调结构、转方式。促进产业结构优化升级，积极发展新能源、电子信息、生物医药、新材料等新兴产业，抓好千项技改项目实施，加快钢铁、石化、建材、医药、纺织等传统产业改造提升步伐。发挥环京津、沿渤海区位优势，推动先进制造业等临港产业聚集发展，打造曹妃甸新区、渤海新区两大增长极。加强节能减排，控制能耗增量，淘汰落后产能，优化能耗存量。加强高耗能地区、行业和企业跟踪监测，遏制高耗能产能扩张，严控能耗增长势头。大力发展低耗、高效、循环经济，提高资源、能源利用水平。

第三，用足用好国家政策，努力扩大内需。抓住国家预调微调的机遇，进一步强化投资项目建设，推进“十二五”规划重大项目实施，启动一批规模大、质量高的重大项目。认真梳理在建续建项目，防止出现“半拉子”工程。优化投资结构，加快第三产业投资，加大传统产业技术改造升级和战略性新兴产业投资力度，培育经济增长新优势。鼓励民间投资参与铁路、市政、能源、电信、教育、医疗等领域建设。优化投资环境，落实与百家央企签署的投资合作协议，力促项目早开工。着力扩大消费需求，推动落实促进消费的政策措施。扩大节能产品惠民工程实施范围，支持新能源产品进入公共设施和家庭。推动文化、健身、培训、家政、养老等服务消费。

第四，加大对外开放力度，提升对外经济规模和水平。落实国家出口政策，加快出口结构转型升级，支持企业开拓市场。加快聚集区和开发区建设，搭建对外开放平台，加强与世界500强企业和央企战略合作，引导外资投向高端服务业、高新技术产业、环保节能产业等领域。支持企业技术创新，培育发展一批具有较强市场竞争力和产品竞争力的产业行业龙头。大力实施“走出去”战略。

第五，增加城乡居民收入，大力改善民生。全力推动省委省政府承诺的六件实事落实，实施利民惠民工程，保证医药卫生体制改革、保障性住房建设、农村安全饮水、生态环境治理、就业社保、教育支出需求。完善社会保障体系，稳定和扩大就业，做好农村劳动力转移就业，解决好高校毕业生、就业困难群体就业，保持就业形势基本稳定。努力增加城乡居民收入，建立收入与经济增长联动机制。扎实推进扶贫开发，帮助贫困地区、贫困人口脱贫致富。

撰稿：张志强　白　洁　靳占恒

经济发展稳中有进　下行压力仍然较大

——上半年全省经济形势分析及走势展望

今年以来，面对复杂严峻的国内外经济形势，全省各地各部门在省委、省政府的正确领导下，坚持稳中求进工作总基调，着力推进稳增长、控物价、调结构、抓创新、惠民生、促和谐的各项工作，把稳增长放在更加突出的位置，把调结构作为主攻目标，经济运行总体平稳，经济发展稳中有进，结构调整亮点呈现，主要指标实现“双过半”，取得成绩来之不易，但经济下行压力仍然较大。下半年，应认真贯彻落实省第八次党代会精神和省委、省政府决策部署，确保实现经济平稳较快发展和全年目标任务。

一、经济运行的主要特点

（一）经济总体运行平稳

上半年全省经济增长呈现缓中趋稳、总体平稳的运行态势，经济增速虽延续了2010年下半年以来逐季回落的态势，但回落幅度在缩小，一季度全省生产总值增长9.7%，比2011年回落1.6个百分点，上半年全省生产总值12219.2亿元，同比增长9.5%，增速比一季度回落0.2个百分点，回落幅度缩小1.4个百分点，表明国家和省出台的宏观调控政策初见成效。从三次产业看，第一产业增加值1236.6亿元，增长4.2%，比一季度提高0.1个百分点；第二产业增加值6868.9亿元，增长11.2%，回落0.7个百分点；第三产业增加值4113.7亿元，增长8.4%，提高0.8个百分点。随着经济增速回落幅度缩小，运行质量有所好转，财政收入增长加快。上半年，全部财政收入完成1956.1亿元，地方公共财政预算收入完成1153亿元，同比分别增长15.2%和18.1%，增速比一季度加快1.6和2.6个百分点。

农业生产形势稳定。夏粮再获丰收，总产量1353.1万吨，比上年增长4.9%，实现了九连增。蔬菜产业稳定发展，上半年，全省蔬菜播种面积520.3千公顷，比上年同期增加14.1千公顷，增长2.8%；蔬菜总产量2763.2万吨，增长4.1%。畜牧业生产向好局面进一步巩固，猪牛羊禽肉产量208.1万吨，增长5.8%。禽蛋产量151.3万吨，增长3.0%；牛奶产量234.7万吨，增长3.1%。畜牧、蔬菜、果品三大优势产业产值占农林牧渔业总产值的78.7%，同比提高0.9个百分点。

工业生产平稳运行。从上半年各月规模以上工业生产增长轨迹观察，呈现开局有升、缓中趋稳、总体平稳的运行态势。前两个月增长12.5%，3月份升至14.8%，4月份回落到12.4%，5月份又略升至12.5%，6月份回落到12.3%，除3月份外，各月增速稳定在12.3%－12.5%之间，波动幅度仅为0.2个百分点。从3－6月各月累计增速观察，同比分别增长13.5%、13.2%、13.1%和13.0%，近两个月回落幅度稳定在0.1个百分点，上半年全省规模以上工业完成增加值5145.9亿元，同比增长13.0%，增速同比回落2.1个百分点，比上月回落0.1个百分点，平稳运行是上半年工业运行的突出特点。从行业观察，七个主要行业增速同比“四升三落”。钢铁、食品、纺织服装、医药行业增加值分别增长15.9%、14.7%、19.4%和13.2%，同比提高5.2、0.1、4.4和4.6个百分点；装备制造、石化、建材行业增加值分别增长14.4%、8.9%和8.8%，同比回落9.5、3.4和19.9个百分点。七个主要行业上半年增速与一季度相比“三升四落”，即钢铁、石化和医药行业分别加快0.9、0.2和3.0个百分点，装备制造、建材、食品和纺织四个行业分别回落0.7、1.9、4.3和5.5个百分点。总的看，钢铁、装备制造、食品、纺织服装和医药行业均保持了较快增长，增速高于全省工业平均水平。

(二) 投资消费变化积极

固定资产投资平稳较快增长。全省固定资产投资增速呈现回落幅度趋缓、稳中加快、平稳较快的态势，2—5月各月累计分别增长25.6%、23.2%、22.2%和21.5%，比上月回落幅度分别为2.4、1.0、0.7个百分点。上半年，固定资产投资完成7955.1亿元，增长22.5%，增速比前5个月加快1.0个百分点，高于全国2.1个百分点。投资呈现三大聚集：从项目规模看，向大项目聚集。亿元以上在建项目3824个，同比增加649个，增长20.4%，比前5个月加快1.2个百分点；完成投资4385.8亿元，增长46%，比前5个月加快3.2个百分点，占全省投资的55.1%，同比提高8.9个百分点。其中，亿元以上新开工项目1072个，同比增加189个，增长21.4%；计划总投资6058.3亿元，增长38.6%，同比提高45.2个百分点；完成投资1155亿元，增长52.5%。从投资主体看，向民间投资聚集。民间投资完成6040.6亿元，增长23.9%，比前5个月快1.4个百分点，占全省固定资产投资的75.9%，比重同比提高0.9个百分点。从投资领域看，向工业聚集。工业完成投资3834.5亿元，增长32.3%，增速比前5个月加快2.2个百分点，高于全省投资9.8个百分点，占全省固定资产投资的48.2%，同比提高3.5个百分点，对全省投资增长的贡献率达63.9%。

消费品市场平稳增长。上半年，全省社会消费品零售总额4139.5亿元，增长15.2%，同比回落1.8个百分点。分季度观察，一季度增长15.5%，比2011年全年回落2.3个百分点，上半年比一季度回落0.3个百分点，回落幅度在缩小。城镇零售额增速快于乡村。城镇和乡村分别实现零售额3185.4亿元和954.1亿元，分别增长15.6%和13.8%，城镇增速快于乡村1.8个百分点。生活必需品刚性增长，消费升级的高档品继续看好。限额以上批发和零售业中，粮油食品、服装鞋帽、通讯器材类等生活必需品零售额增速均在20%以上，汽车类、石油及制品类、家用电器类、金银珠宝类、化妆品等消费升级的产品零售额也保持了较好的增长势头。出口继续保持增长。面对外需不足的影响，出口总值呈现波动增长的态势，1月份下降4.2%，2－6月各月累计分别增长8%、13.6%、8.5%、11.3%和8.9%。上半年，进出口总值253.5亿美元，下降0.6%。其中出口总值146.7亿美元，增长8.9%，增速比前5个月回落2.4个百分点。除对欧洲出口下降13.7%外，对其他洲出口均保持增长，增长幅度在17.7%－33%之间。在主要出口商品中，机电产品增长9.8%，钢材增长21.8%，服装及衣着附件下降6.4%，农产品下降1.4%，医药品下降11.0%。

利用外资较快增长。上半年，全省实际利用外资31.9亿美元，增长21.3%，增速比一季度加快7.1个百分点，为2012年以来最好水平。其中外商直接投资30.8亿美元，增长32.5%。外商直接投资呈现“三大亮点”：一是前5位的外资来源地较快增长，香港到位外资增长44.9%，欧盟增长32.7%，英属维尔京群岛增长1.5倍，美国增长33.3%，日本增长91.8%。二是外资向大项目聚集，合同外资额1000万美元以上的项目到位外资26.6亿美元，增长36.1%，同比加快5.9个百分点，占全省外商直接投资的86.6%。三是开发区到位外资迅猛增长，到位外资13.1亿美元，增长1.1倍。

（三）调结构转方式成效明显

装备制造业等主导产业和战略性新兴产业较快增长。上半年，全省规模以上工业中，钢铁、装备制造、医药、食品和纺织服装业增加值分别增长15.9%、14.4%、13.2%、14.7%和19.4%，均快于全省工业增速；高新技术产业增加值575.7亿元，同比增长14.8%；占全省规模以上工业的11.2%，同比提高0.9个百分点。其中，高端装备制造领域增长18.9%，生物领域增长22.5%，新材料领域增长20.8%，新能源领域增长24.9%。

工业技改投资和高新技术产业投资比重提高。上半年，工业技术改造项目4759个，完成投资2254.6亿元，增长60.6%，占工业投资的58.8%，同比提高10.4个百分点。其中，对工业七个主要行业的技术改造投资完成1944.6亿元，增长62.8%，占全省工业技术改造投资的60.4%，同比提高11.3个百分点。高新技术产业投资完成789.6亿元，增长39.2%，占全省投资的9.9%，提高1.2个百分点。

节能降耗取得积极成效。单位工业增加值能耗降幅扩大，上半年全省单位工业增加值能耗同比下降10.72%，降幅比前5个月扩大0.2个百分点，保持了一季度以来10%以上的降幅。

（四）经济运行环境有所改善

居民消费价格涨幅回落。上半年，居民消费价格同比上涨3.4%，涨幅同比回落1.9个百分点，比前5个月回落0.3个百分点。其中6月份居民消费价格同比上涨1.7%，涨幅比上月回落1个百分点，为31个月以来最低水平。食品价格涨幅回落是CPI涨幅回落的主要原因，6月份食品类价格同比上涨1.3%，比5月份回落2.2个百分点。上半年，工业生产者出厂价格和购进价格分别下降3.1%和1.6%，降幅比前5个月均扩大0.5个百分点。

金融机构存贷款新增额同比增加。6月末，全省金融机构各项存款余额32704.3亿元，比年初增加3138.7亿元，同比多增571.9亿元；金融机构各项贷款余额19798.9亿元，比年初增加1647.3亿元，同比多增188.4亿元。

（五）民生继续得到改善

城乡居民收入增长较快。上半年，城镇居民人均可支配收入10232元，增长12.4%，增速同比加快1.1个百分点；农民人均现金收入4909元，增长17.0%，快于城镇居民收入4.6个百分点。就业形势基本稳定。6月末，城镇登记失业率为3.73%，同比回落0.09个百分点。

综合分析，对上半年经济形势的总体看法是：总体平稳，稳中有进，来之不易，不容乐观。总体平稳，就是经济运行总体平稳，表现在GDP、工业、投资、消费等主要指标增速平稳，特别是二季度波动幅度很小，月度之间趋于平稳，5、6月份部分经济指标增速有所加快或减缓幅度缩小，经济运行出现了缓中见稳的迹象。稳中有进，就是经济发展稳中有进，主要是在经济下行压力加大的情况下，经济运行中出现新亮点和新变化，夏粮再获丰收，调结构转方式有新进展，物价上涨势头得到遏制，就业总体稳定，城乡居民收入继续较快增长。来之不易，就是在复杂严峻的国际国内环境下，我省主要指标增速高于全国平均水平，GDP、工业增加值、投资、利用外资、节能降耗、财政收入、城乡居民收入、就业、物价等指标完成情况好于年初确定的全年目标任务，取得这样的成绩来之不易。不容乐观，就是要清醒地看到我省经济仍存在较大的下行压力。

二、存在的主要问题

今年以来，经济运行中出现了一些新情况和新问题，突出的是需求不足，经济下行压力加大，制约着经济平稳较快发展。

（一）有效需求不足，经济下行压力较大

今年以来，我省经济增速出现了较大幅度回落，经济增速回落到一位数增长，是2010年以来同期最低增速，经济增速减缓是多种因素共同作用的结果。从需求拉动观察，主要是有效需求不足影响，投资、消费、出口增速均呈回落态势。上半年，全省固定资产投资增速同比回落 4.5 个百分点，其中房地产开发投资下降 4.3%，是主要影响因素。社会消费品零售总额增速同比回落 1.8 个百分点，主要受汽车类及相关商品销售增速回落影响，汽车类商品零售额增长 15.1%，石油及制品类增长 19.4%，同比分别回落 2.9 和 19.4 个百分点。受欧债危机等因素影响，出口增速同比回落 20.8 个百分点，其中对欧盟出口下降 19.1%。从产业支撑观察，主要是工业增速回落，规模以上工业增加值增速同比回落 2.1 个百分点。从体现经济活跃程度的指标观察，增速也出现不同程度回落。上半年，全社会用电量增长 4.7%，其中工业用电量增长 4.4%，同比分别回落 4.9 和 6.0 个百分点；公路货运量增长 13.8%，回落 8.4 个百分点，表明当前经济增长乏力。

（二）企业生产经营困难，经济效益下滑

上半年，全省规模以上工业实现利润 870.5 亿元，由上年同期增长 33.7%转为下降 7.1%，已连续五个月下降。亏损企业 1762 户，亏损面达到 15.2%，同比扩大 2.2 个百分点；亏损企业亏损总额 172.3 亿元，增长 59.5%。工业效益下滑的主要原因：一是国内市场需求减弱。规模以上工业主营业务收入增长 9.5%，同比回落 22.6 个百分点。据对全省 2328 家大中型企业和部分小微型企业的生产经营及景气状况专项问卷调查显示，二季度有近七成（69.2%）企业产能没有得到充分发挥，其中五成以上（54.1%）是由于产品需求减少、订单不足或由于订单不足提前进行设备检修。二是外需不足。上半年全省工业品出口交货值增长 9.5%，同比回落 16.4 个百分点。三是生产成本增加。工业企业主营业务成本同比增长 10.4%，比主营业务收入增幅高 0.9 个百分点，主营业务成本占主营业务收入的比重为 89%，同比提高 1 个百分点。

据问卷调查显示，二季度近三成企业（27.8%）原材料价格上涨较多，三成以上企业（31.6%）用工成本上升较多。

（三）财政增收难度较大，收支矛盾突出

受经济增长趋缓、价格涨幅回落、企业利润下降、实施结构性减税等因素影响，财政增收难度较大。上半年税收收入增长15.8%，其中增值税增长12.0%，营业税增长12.6%，企业所得税增长15.7%，同比分别回落17.8、8.3、22.1和26.1个百分点。同时，按照保民生、保运转、保重点的要求，落实国家和省有关增支政策，刚性支出需求较大，一般公共服务支出增长16.7%、公共安全支出增长13.7%、教育支出增长37.4%、医疗卫生支出增长24.3%。在财政收入增长不确定的情况下，财政收支矛盾突出。

三、第三季度走势展望

国内外环境更加复杂严峻，不确定、不稳定性因素在增加，但也存在有利于我省经济发展的因素和内在动力，综合分析，第三季度全省经济仍将保持平稳增长。

从国际环境观察，上半年，全球经济增长势头明显放缓，美国、欧元区等发达国家增长乏力，新兴经济体受其拖累经济增速呈现放缓迹象。联合国6月发布报告预计，今年全球经济增长2.5%，低于去年的2.7%。总的看，世界经济步履蹒跚，国际环境压力仍然较大。

从我国经济走势和政策导向观察，今年以来，全国经济总体运行平稳，但下行压力较大，在经济转型期稳增长面临多方面挑战。从政策导向看，国家把稳增长放在更加重要的位置，加大预调微调力度，积极采取扩大需求的政策措施，5月底密集推出“稳增长”政策，央行两次下调存准率，近期下调存贷款利率，有利于促进经济平稳较快发展。

从我省内在增长动力观察，河北正处于重要战略机遇期，区位优势凸显，环京津、沿渤海、冀中南区域产业整合聚集给加快发展带来机遇，百家央企走进河北签署一批投资合作协议，都为经济发展注入强大动力。从影响经济增长的有利和不利因素分析，工业方面，我省出台支持工业发展十条意见，从政策层面有力支持生产回升，缓解企业融资困难，工业投资增势强劲，项目投产达效有望形成新的增长点，食品、纺织服装、装备制造业保持较快增长，汽车制造订单增加；但外需市场减弱、房地产调控政策等对钢铁、建材等行业产生影响。预计第三季度工业将保持平稳增长。投资方面，重大项目陆续开工，上半年全省亿元以上在建项目、新开工项目增速均好于全部施工项目，保障房建设稳步推进，民间资本活跃，但土地仍是制约项目建设的主要因素，房地产调控政策效应逐步显现，继续对投资增长产生影响。预计第三季度固定资产投资将呈稳中增长态势。消费方面，城乡居民收入较快增长，社会保障体系稳步推进，消费升级的高档品看好，促进节能家电产品等消费政策启动实施，将促进消费保持平稳增长。出口方面，受欧债危机和全球经济复苏乏力影响，出口形势仍然比较严峻，保持快速增长难度较大。

四、几点建议

下半年，应认真贯彻落实省第八次党代会精神和省委、省政府决策部署，坚持稳中求进的工作总基调，把稳增长放在更加突出位置，把调结构作为主攻目标，确保经济平稳较快发展和全年目标任务的圆满完成。

（一）加强经济运行调节，用足用好国家宏观调控政策

重点抓好各项惠农政策的落实，大力发展特色农业，加强秋粮

生产管理，做好应对各种自然灾害预案，确保全年粮食丰收。加快提升第二产业，继续抓好《河北省人民政府办公厅关于支持工业发展提高经济效益的十条意见》，加大对重点行业、重点企业的指导和调度，加大对钢铁、建材等重点行业的技术改造、兼并重组和产业链整合，加大对亏损企业的扶持和挖潜改造力度，确保工业生产和效益双提高。大力拓展服务业，重点发展现代物流业、旅游业和服务外包，降低服务业门槛，加强服务业监管，确保服务业快速发展。

（二）努力扩大内需，突出抓好投资和项目建设

加大项目建设力度，保持一定投资规模和增速，重点抓央企项目的落地、扩大民间投资领域、土地合理利用和调配，力促项目早落实、早开工、早投产，稳定投资对经济增长的拉动。抓好促进消费的政策措施的落实，扩大节能产品惠民工程实施范围，支持新能源产品进入公共设施和家庭，推动文化、健身、培训、家政、养老等服务消费，改善消费环境。

（三）积极扩展外需，提升对外经济规模和水平

加快发展对外贸易，重点抓好国家出口政策的落实，加快出口基地建设，搭建对外开放平台，指导企业有效应对贸易摩擦，改善出口商品结构，保持出口稳定增长。积极引进内外资，重点抓好与世界500强企业和央企战略合作的大项目，引导内外资投向高端服务业、高新技术产业、环保节能产业等领域，努力扩大利用内外资规模。大力实施走出去战略，重点推动政府服务向海外延伸，形成全力配合企业“走出去”的境外政府支持服务网络，鼓励以并购、参股、股权置换、技术和品牌投资等多种方式开展跨国经营，降低风险和成本。

（四）加快调结构转方式步伐，培育壮大新增长点

大力促进产业结构优化升级，积极发展新能源、电子信息、生

物医药、新材料等战略性新兴产业，加快钢铁、石化、建材、医药、纺织等传统产业改造提升步伐，抓好千项技改项目实施。大力推进区域发展，重点打造曹妃甸新区、渤海新区两大增长极，推动先进制造业等临港产业聚集发展。充分发挥环首都绿色经济圈和冀中南经济区优势，加快示范基地和园区建设。大力推进节能减排，重点加强高耗能地区、行业和企业跟踪监测，遏制高耗能产能扩张，控制能耗增量，淘汰落后产能，大力发展低耗、高效、循环经济，提高资源、能源利用水平。

（五）大力改善民生，促进社会和谐稳定

增加城乡居民收入，重点建立和完善收入与经济增长联动机制，加大税收减免力度。稳定和扩大就业，重点做好农村劳动力转移就业，解决好高校毕业生、就业困难群体就业，加大就业培训力度，保持就业形势基本稳定。完善社会保障体系，重点扩大社会保障覆盖面，提高保障水平。大力推进保障性安居工程，加快棚户区改造和危房改造力度，强化工程质量监督，完善分配和运营监管机制。加大扶贫开发力度，重点加快贫困地区基础设施建设和生活条件的改善，培育壮大特色产业，增强自我发展能力，帮助贫困地区、贫困人口脱贫致富。

撰稿：张志强　张　红　靳占恒

史广燕　姚立云

经济增速有所回落 强化调控提振信心

——7月份全省经济形势分析及对策建议

7月份，全省经济运行总体平稳，但经济下行压力继续加大，工业、出口增速继续减缓，投资、消费、财政收入增速由6月份加快转为减缓。企业生产经营困难、财政收支矛盾仍然突出，同时，装备制造业回落幅度较大，新签合同外资下降应予以关注。应认真贯彻落实全省上半年经济形势分析会精神和《关于做好当前经济工作努力保持经济平稳较快发展的意见》，把稳增长放在更加突出的位置，尽快扭转经济增速持续回落的态势，提振企业和消费者对未来经济的信心，确保经济平稳较快发展，完成全年各项目标任务。

一、经济运行的变化特点

7月份，全省经济运行呈现“六减缓、一下降、两加快”的特点。

“六减缓”：

工业生产稳中有落。规模以上工业生产增速5月份有所回升，6、7月份持续减缓。7月份，完成增加值939.2亿元，同比增长11.3%，增速比6月份减缓1个百分点，同比减缓6.8个百分点，变动趋势与全国基本一致，全国工业生产增速比6月份减缓0.3个百分点。从轻重工业观察，轻工业生产增速加快，重工业增速回落。轻工业增加值增长12.7%，比上月加快1.4个百分点；重工业增加值增长11.0%，减缓1.6个百分点。从经济类型观察，占全省比重较大的股份制企业和外商及港澳台商投资企业分别增长

11.5%和5.0%，比上月分别减缓1.7和1.3个百分点。从行业观察，七个主要行业增速比上月“二加快五减缓”。食品和医药行业增加值同比分别增长11.5%和13.0%，增速比6月份加快4.3和3.2个百分点；钢铁、装备制造、石化、纺织服装和建材行业增速减缓幅度在0.3－3.0个百分点之间。高耗能行业增速继续减缓。六大高耗能行业完成增加值416.4亿元，同比增长7.3%，增速比6月份减缓1.3个百分点，低于全省工业4.0个百分点。从企业规模观察，大中型企业增速减缓，小型企业快速增长。大中型企业完成增加值增长6.8%，增速比6月份减缓2.9个百分点，低于全省工业4.5个百分点，影响工业增速回落1.1个百分点；小型企业完成增加值增长19.8%，高于全省工业增速8.5个百分点，对全省工业增长的贡献率为61%，拉动6.9个百分点。从内外销售观察，外销增速加快，内销增速减缓。工业品出口交货值增长17.1%，比6月份加快14.8个百分点；工业品内需销售产值增长7.6%，比6月份减缓2.8个百分点。

前7个月，规模以上工业完成增加值6088.0亿元，同比增长12.8%，增速比上半年减缓0.2个百分点，同比减缓2.8个百分点，比全国快2.5个百分点，总体保持平稳运行态势。

固定资产投资增速减缓。前7个月，全省固定资产投资完成9953.8亿元，增长22.0%，增速比上半年减缓0.5个百分点，同比减缓4.8个百分点，比全国快1.6个百分点。除前2个月外，各月累计增速稳定在21.5%－23.2%之间，呈现平稳较快增长态势。主要特点：一是亿元以上项目增加较多。亿元以上在建项目4138个，同比增加545个；完成投资5538.6亿元，增长44.2%，占全省投资的55.6%，同比提高8.6个百分点，对全省投资增长的贡献率达95.3%。其中，亿元以上新开工项目1324个，同比增加78个；完成投资1694.9亿元，增长42.1%。二是工业投资快速增长。工业完成投资 4810.9 亿元，增长 30.5%，增速高于全省投资 8.5 个百分点，占全省投资的 48.3%，对全省投资增长的贡献率达 63.1%。其中装备制造业完成投资 1625.2 亿元，增长 38.1%，占全省投资的 16.3%，同比提高 1.9 个百分点。三是工业技术改造投资比重提高。工业技术改造项目 5463 个，占工业施工项目的 63.8%，工业技改投资完成 2847.6 亿元，增长 55.8%，占工业投资的 59.2%，同比提高 9.6 个百分点。四是高新技术产业投资增长较快。高新技术产业投资完成 970.1 亿元，增长 28.7%，占全省投资的 9.7%，同比提高 0.5 个百分点。五是民间投资保持较快增长。民间投资完成 7585.5 亿元，增长 24.6%，增速比上半年加快 0.7 个百分点，占全省投资的 76.2%，同比提高 1.7 个百分点。

消费品市场增速减缓。7 月份，全省限额以上企业（单位）消费品零售额实现 184.2 亿元，增长 13.0%，增速比 6 月份减缓 7.5 个百分点。其中城镇零售额 180.0 亿元，增长 12.9%，减缓 7.6 个百分点；乡村零售额 4.2 亿元，增长 17.8%，减缓 6.9 个百分点。消费品市场增速减缓主要受汽车、家用电器和音像器材类商品销售减缓影响。7 月份汽车类商品零售额增长 5.3%，比 6 月份减缓 12.6 个百分点；家用电器和音像器材类商品零售额增长 2.4%，减缓 11.0 个百分点。汽车类商品、家用电器和音像器材类商品分别占限额以上企业（单位）零售额的近 30%和 10%，是影响消费品市场增速减缓的主要因素。

前 7 个月，全省限额以上企业（单位）消费品零售额实现 1364.4 亿元，增长 18.5%，增速比上半年减缓 0.8 个百分点，同比减缓 7.5 个百分点，比全国快 3.9 个百分点。

财政收入由增转降。7 月份，全部财政收入下降 0.6%，而 6 月份为增长。公共财政预算收入仅增长 7.6%，增速比 6 月份回落 14 个百分点。前 7 个月，全部财政收入 2182.4 亿元，公共财政预算收入1292.1亿元，分别增长13.3%和16.9%，增速比上半年分别减缓1.9和1.2个百分点，比全国分别快1.7和3.1个百分点。公共财政预算支出2053.1亿元，增长15.5%，增速比上半年加快3.9个百分点。

出口增速减缓。前7个月，进出口总值293.9亿美元，同比下降2.4%，降幅比上半年扩大1.8个百分点。其中，出口总值170.0亿美元，增长6.2%，增速比上半年减缓2.7个百分点；进口总值123.8亿美元，下降12.3%，降幅比上半年扩大1.0个百分点。从出口市场观察，除对欧洲出口下降15.4%外，对其他洲出口均保持增长，增速在12.0%－26.4%之间。从主要出口商品观察，机电产品出口59.9亿美元，增长7.3%，增速比上半年减缓2.5个百分点；钢材出口33.5亿美元，增长17.6%，减缓4.2个百分点。

物价涨幅继续减缓。7月份，居民消费价格同比上涨1.2%，涨幅比6月份减缓0.5个百分点，创32个月以来新低。八大类商品和服务价格由6月份全面上涨转为“六升两降”，食品类、交通和通信类商品价格同比分别下降0.2%和0.3%，其他六大类商品涨幅在0.6—5.4%之间。工业品价格降幅扩大。工业生产者出厂价格和工业生产者购进价格同比分别下降6.0%和5.4%，降幅比6月份扩大0.8和1.0个百分点。前7个月，居民消费价格同比上涨3.1%，工业生产者出厂价格和购进价格同比分别下降3.5%和2.2%。

“一下降”：

单位能耗水平下降。今年以来，经济增速回落减轻了节能降耗的压力，各级各部门认真贯彻执行省委省政府各项节能减排措施，节能降耗成效明显。上半年全省单位GDP能耗同比下降5.63%，超过了年均下降3.66%的节能目标。前7个月，全省单位工业增加值能耗同比下降10.54%，降幅已连续5个月保持在10%以上。

“两加快”：

利用外资增速加快。7月份，实际利用外资6.2亿美元，增长3.5倍，其中外商直接投资6.2亿美元，增长3.6倍，均已连续两个月成倍增长。前7个月，全省实际利用外资38.1亿美元，增长37.6%，比上半年加快16.3个百分点，为今年以来最快增速。其中外商直接投资36.9亿美元，增长50.4%，加快17.9个百分点。支撑前7个月利用外资较快增长的主要因素：一是大项目带动明显。合同外资额1000万美元以上大项目实际到位外资32.0亿美元，增长55.1%，占全省外商直接投资的86.7%。二是制造业吸收外商投资快速增长。到位外资28.9亿美元，增长70.2%，占全省外商直接投资的78.1%。三是外资主要来源地增长较快。来自香港的外资24.6亿美元，增长69.0%，占全省外商直接投资的66.5%；来自欧盟的外资2.5亿美元，增长57.2%；来自英属维尔京群岛的外资1.8亿美元，增长1.6倍；来自美国的外资1.6亿美元，增长63.0%；来自日本的外资1.4亿美元，增长67.0%。

金融存贷款新增额同比增加。7月末，全省金融机构各项存款余额32587.1亿元，比年初增加3021.4亿元，同比多增673.7亿元；金融机构各项贷款余额20027.2亿元，比年初增加1875.6亿元，同比多增251.8亿元。

二、存在的主要问题

当前，经济运行中的主要问题是经济下行压力继续加大，企业生产经营困难，财政收支矛盾突出。同时，装备制造业生产回落幅度较大，新签合同外资持续下降等苗头性问题值得关注。

（一）主要指标增速回落，经济下行压力继续加大

工业、出口增速减缓幅度加大。6月份规模以上工业增加值增

速比5月份减缓0.2个百分点，7月份比6月份减缓幅度扩大到1个百分点；上半年出口增速比前5个月减缓2.4个百分点，前7个月比上半年减缓2.7个百分点，减缓幅度扩大0.3个百分点。投资、消费、财政收入增速由6月份加快转为减缓。上半年固定资产投资增速比前5个月加快1个百分点，前7个月比上半年减缓0.5个百分点；6月份限额以上企业（单位）消费品零售额增速比5月份加快4.3个百分点，7月份比6月份回落7.5个百分点；6月份全部财政收入增速比5月份加快1.5个百分点，7月份比6月份回落22.1个百分点。同时，体现经济活跃程度的用电量增速持续减缓。5月份全社会用电量增长5.2%，6月份增长2.1%，7月份转为下降1.6%，前7个月增长3.7%，比上半年回落1个百分点。表明当前经济增长乏力，下行的压力仍然较大。

（二）企业生产经营困难，经济效益下滑

受市场需求减弱、生产成本增加等因素影响，企业生产经营困难较多，经济效益下滑。前7个月，规模以上工业主营业务收入增长8.1%，比上半年减缓1.4个百分点；工业企业主营业务成本同比增长8.9%，比主营业务收入增幅高0.8个百分点，主营业务成本占主营业务收入的比重为89.0%，同比提高0.6个百分点。亏损企业亏损额同比增长55.8%，虽然比上半年缩小3.7个百分点，但增亏幅度仍然较高。实现利润1036.4亿元，同比下降5.8%，比上半年缩小1.3个百分点，已连续六个月下降。从我们调研的情况看，以光伏为代表的新能源产业目前面临前所未有的困境，美国“双反”和欧债危机引发的光伏产品价格大幅下降，降幅达50%以上，已经导致大中型光伏骨干企业集体亏损，部分小型企业停产，整个光伏产业进入寒冬。

（三）财政增收基础不稳，收支矛盾突出

受经济增长趋缓、价格涨幅回落、企业利润下降、实施结构性减税等因素影响，财政增收的基础仍不稳固。7月份，全部财政收入出现下降，下降0.6%，公共财政预算收入仅增长7.6%，分别比6月份回落22.1和17个百分点。在公共财政预算收入中，国内增值税下降12.3%，营业税增长5.8%，企业所得税下降13.2%，分别比6月份回落33.4、35.4和37.5个百分点。同时，财政刚性支出需求较大，7月份公共财政预算支出增长56.6%。其中，一般公共服务支出增长21.4%、公共安全支出增长53.2%、教育支出增长69.7%、社会保障和就业支出增长32.1%、医疗卫生支出增长15.2%。在财政收入增长不确定的情况下，财政收支矛盾突出。

同时，还有两个制约经济发展的苗头性问题值得关注。从我们调研的企业情况看，对未来两个月乃至全年走势不乐观。**一是装备制造业生产回落幅度较大。**今年以来装备制造业增加值增速均呈回落态势，7月份增加值增长10.5%，比6月份回落2.3个百分点，影响全省7月份工业增速0.6个百分点。其中，电气机械和器材制造业同比仅增长4.0%，比6月份回落10.5个百分点，影响0.3个百分点；金属制品业增长13.5%，回落3.9个百分点，影响0.2个百分点；铁路、船舶、航空航天和其他运输设备制造业增长5.7%，回落11.5个百分点，影响0.1个百分点。作为我省工业第二大支柱产业的装备制造业增速持续回落，进一步加大了整体工业的下行压力。从近日我们对部分装备制造业企业调研的情况看，企业生产经营普遍面临困境，并且预期今后几个月仍延续这一局面。**二是新签合同外资持续下降。**受复杂严峻的国际经济形势影响，今年我省新签合同外资持续下降，前7个月全省新签合同外资16.7亿美元，同比下降34.3%，降幅比上半年扩大6.6个百分点，其中7月份下降68.2%，是今年以来第6个单月下降，且下降程度最深。从产业观察，三次产业新签合同外资全面下降。从外资来源地观察，香港、拉丁美洲等主要外资来源地下降在40%以上。新签合同外资是到位外资的先行指标，今年以来持续下降将直接影响未来全省利用外资的规模和后劲。

三、几点建议

后几个月，应认真贯彻落实省委、省政府各项决策部署，针对当前复杂严峻的形势和存在的突出问题，采取有效措施遏制经济下行态势，优化发展环境，提振企业和消费者对未来经济的信心，力促经济平稳较快发展。

（一）稳住增长速度，尽快遏制经济下行态势

密切关注宏观经济运行环境和政策的变化，加强经济运行调节，狠抓既定部署的落实，尽快遏制经济下行态势。围绕一产抓特色，发挥农业特色优势，加快畜牧、蔬菜、果品支柱产业发展，加强秋粮生产管理，确保全年粮食丰收。围绕二产抓提升，力促工业提速增效，继续抓好省政府支持工业发展提高经济效益的十条意见的落实，加大对钢铁、装备制造、高新技术等重点行业以及大型骨干重点企业的扶持和指导力度，优化市场环境，规范各项税费，切实减轻企业负担。在资金、用地、政策等方面给予倾斜，鼓励使用本省产品，制定相应措施，增强工业对全省经济的支撑力。围绕三产抓拓展，加快服务业发展步伐，继续大力发展夜经济，加快发展旅游业、文化产业和服务外包业等现代服务业。

（二）加大调结构力度，培育壮大新的增长点

抓住经济下行调整结构的时机，加快调结构转方式步伐，大力发展战略性新兴产业，加大对光伏等优势产业的扶持力度，帮助企业共渡难关，巩固我省光伏产业在全国的领先地位。加快传统优势产业改造升级，强化产品研发，提高工艺装备水平，实现做大存量、调优增量。大力推进工业聚集区建设，培育一批附加值高、核心竞争力强的高端产业聚集区。着力抓好《河北沿海地区发展规

划》的落实，加快沿海地区发展步伐，大力推进曹妃甸新区、渤海新区两大增长极建设，推动先进制造业等临港产业聚集发展。充分发挥环首都绿色经济圈和冀中南经济区优势，加快示范基地和园区建设。

(三) 增强发展后劲，抓好项目投资和消费升级

把稳投资、促消费作为促进经济发展的有力抓手，尽快启动符合国家和省委、省政府规划要求的大项目、好项目，在政策、资金、用地、环评审批等方面加大支持力度，确保重点项目、重点产业、重点地区的发展需要。力促项目早开工、早投产、早达产，尽快形成产能，强化投资对经济增长的支撑作用。加大技术改造和新产品研发投入，拓宽项目投融资渠道，鼓励和引导民间投资参与重点项目建设。进一步优化投资结构，引导外资投向战略性新兴产业、现代农业和现代服务业。积极促进消费增长，增强经济增长内生动力。加大节能产品下乡政策落实，完善相关措施，抓好商业网点向农村市场延伸，发展农产品交易中心、产地集中配送中心等终端市场，推行电子商务等新型消费模式，培育绿色、健康、文化等消费热点，切实提升消费质量和水平，增强居民消费预期。

(四) 扩大开放领域，提升对外经贸规模和水平

确保国家外贸出口政策真正落实到基层和企业。依托产业集聚区、经济技术开发区、高新技术开发区，优化出口结构，积极拓展传统贸易市场，增加机电产品、高新技术产品等出口品种。加大外贸发展专项资金对重点地区、行业和企业的支持力度。加快出口基地和自主品牌建设，鼓励企业加快出口产品研发和技术改造，增强品牌竞争力。加强商务、海关、商检等部门协作，加快电子口岸建设，提高贸易便利化程度，帮助外贸企业降本增效。积极实施差异化战略，创新“一站式”营销新模式，将欧美设置贸易壁垒的不利影响降至最低。

（五）大力改善民生，促进社会和谐稳定

千方百计促进城乡居民收入较快增长，重点增加中低收入群体收入，提高居民生活水平。继续落实积极的就业政策，大力促进创业带动就业，确保就业形势稳定。不断完善社会保障制度，提高社会保障水平，做好困难群众基本生活保障工作，加快保障性安居工程建设。加快扶贫开发进度，抓好重大扶贫项目建设，办好一批惠民工程。

撰稿：张志强　张　红　靳占恒

主要指标增速回落 加强调控提速增效

——8月份全省经济形势分析及对策建议

8月份，全省经济运行总体平稳，消费品市场、出口、金融贷款增速比上月加快，但工业生产和固定资产投资增速继续减缓，居民消费价格涨幅出现反弹，企业生产经营困难和财政收支矛盾等问题仍较突出。后几个月，应认真贯彻落实省委、省政府各项决策部署，针对当前复杂严峻的形势和存在的突出问题，采取有效措施，提速增效，确保全年目标的完成，以优异成绩迎接党的十八大胜利召开。

一、经济运行的主要特点

8月份，全省经济运行呈现“四落、四升、一快”的特点。

“四落”：

工业生产稳中回落。规模以上工业生产增速6、7、8月份分别比上月回落0.2、1.0和0.3个百分点，呈现持续减缓态势。8月份，规模以上工业完成增加值920.9亿元，比上年同月增长11.0%，增速比上月回落0.3个百分点，同比回落4.1个百分点。从轻重工业观察，轻工业生产增速回落，重工业增速持平。轻工业增加值增长10.8%，比上月回落1.9个百分点；重工业增加值增长11.0%，与上月持平。从经济类型观察，占全省比重较大的股份制企业和外商及港澳台商投资企业增加值分别增长11.4%和4.0%，比上月分别减缓0.1和1.0个百分点。从行业观察，七个主要行业增速“四升三落”。装备制造、石化、建材和医药工业增加值增速比 7 月份分别加快 4.8、1.9、0.1 和 0.8 个百分点；钢铁、食品和纺织服装分别回落 1.9、0.6 和 1.2 个百分点。高耗能行业生产增速继续回落，六大高耗能行业完成增加值同比增长 7.1%，增速比 7 月份回落 0.2 个百分点，低于全省工业 3.9 个百分点。从企业规模观察，中型和小型企业增速“一升一落”。中型企业增加值增长 11.9%，比 7 月份加快 1.5 个百分点；小型工业企业增加值增长 18.1%，回落 1.7 个百分点，影响全省工业增速回落 0.6 个百分点。从内外销售观察，外需市场保持平稳，内销持续下滑。规模以上工业出口交货值增长 17.3%，增速比 7 月份加快 0.2 个百分点；内需不足状况加剧，全国经济特别是工业增速下行通过产业链的传导对我省工业增长的影响逐步加深，工业品内需销售产值同比仅增长 4.3%，比 7 月份回落 3.3 个百分点。

前 8 个月，规模以上工业完成增加值 7022.2 亿元，同比增长 12.6%，增速比前 7 个月回落 0.2 个百分点，同比回落 2.8 个百分点，比全国快 2.5 个百分点，总体保持平稳运行态势。规模以上工业实现利润 1197.1 亿元，同比下降 5.0%，降幅比前 7 个月缩小 0.8 个百分点。

固定资产投资增速减缓。前 8 个月，全省固定资产投资完成 11933.1 亿元，同比增长 21.4%，增速比前 7 个月减缓 0.6 个百分点，同比减缓 5.2 个百分点，比全国快 1.2 个百分点。投资结构调整改善。一是亿元以上项目增加较多。亿元以上在建项目 4393 个，同比增加 636 个；完成投资 6645.0 亿元，增长 41.5%，占全省投资的 55.7%，同比提高 8.0 个百分点，对全省固定资产投资增长的贡献率达 93.3%。其中，亿元以上新开工项目 1528 个，同比增加 153 个；完成投资 2242.4 亿元，增长 41.9%。二是工业和技术改造投资比重提高。全省工业完成投资 5779.4 亿元，增长 30.5%，增速高于全省投资 9.1 个百分点；占全省投资的 48.4%，同比提高3.5个百分点。工业技术改造项目6098个，占工业施工项目的64.7%，工业技术改造投资完成3421.3亿元，增长50.2%，占工业投资的59.2%，同比提高7.8个百分点。三是装备制造业和高新技术产业投资增长较快。装备制造业完成投资1951.3亿元，增长39.0%，增速比前7个月加快0.9个百分点；占全省投资的16.4%，同比提高2.1个百分点。高新技术产业投资完成1155.3亿元，增长27.2%，高于全省投资5.8个百分点，占全省投资的9.7%，同比提高0.5个百分点。四是民间投资增长加快。民间投资完成9125.7亿元，增长25.8%，比前7个月加快1.2个百分点，占全省投资的76.5%，同比提高2.8个百分点。

财政收入增速回落。8月份，全部财政收入196.5亿元，同比下降6.1%，降幅比上月扩大5.5个百分点。其中公共财政预算收入119.7亿元，由上月增长7.6%转为下降0.4%。前8个月，全部财政收入2378.9亿元，公共财政预算收入1411.8亿元，分别增长11.4%和15.2%，增速比前7个月分别回落1.9和1.7个百分点，比全国分别快0.6和1.1个百分点。公共财政预算支出2347.5亿元，增长17.3%，增速比前7个月加快1.8个百分点。

能源消耗增速回落。前8个月，全省规模以上工业能耗同比增长0.52%，增速比前7个月回落0.4个百分点；单位工业增加值能耗同比下降10.73%，降幅比前7个月扩大0.2个百分点，降幅已连续6个月保持在10%以上。

“四升”：

消费品市场增速回升。8月份，全省限额以上企业（单位）消费品零售额实现191.0亿元，同比增长14.2%，增速比7月份加快1.2个百分点。消费品市场增速加快主要受汽车类、粮油食品饮料烟酒类等销售回升影响，汽车类零售额占全部限上零售额的31.8%，随着“金九银十”的临近，车市显现回暖，汽车类商品零售额增长7.0%，比7月份回升1.7个百分点；粮油食品饮料烟酒类商品增速由7月份的17.7%提高到23.2%；受暑期学生消费带动，体育、娱乐用品类，书报杂志类，电子出版物及音像制品类，文化办公用品类商品零售额分别增长22.0%、85.2%、31.3%和22.4%，比7月份分别加快11.8、50.6、17.6和22.8个百分点。

前8个月，全省限额以上企业（单位）消费品零售额实现1557.1亿元，增长18.0%，增速比前7个月回落0.5个百分点，同比回落8.1个百分点，比全国快3.6个百分点。

出口增速回升。前8个月，全省进出口总值337.9亿美元，同比下降2.9%，降幅比前7个月扩大0.5个百分点。其中，出口总值197.8亿美元，增长6.8%，增速比前7个月回升0.6个百分点；进口总值140.2亿美元，下降14.0%，降幅比前7个月扩大1.7个百分点。从出口市场观察，除对欧洲出口下降14.4%外，对其他洲出口均保持增长，增速在8.6%－22.2%之间。从主要出口商品观察，机电产品出口69.4亿美元，增长8.5%，增速比前7个月回升1.2个百分点；钢材出口37.6亿美元，增长13.9%，减缓3.7个百分点；高新技术产品出口23.1亿美元，下降10.4%，降幅比前7个月缩小0.1个百分点；服装及衣着附件出口21.5亿美元，下降3.7%，缩小3.6个百分点。

居民消费价格涨幅回升。8月份，居民消费价格同比上涨2.1%，涨幅比7月份回升0.9个百分点，自4月份涨幅持续回落以来首次出现回升。八大类商品和服务价格由7月份“六升两降”转为“七升一降”。粮食价格普涨，鸡蛋价格飙升，主要蔬菜品种价格全部上涨，食品类价格由7月份同比下降0.2%转为上涨3.5%，是影响CPI涨幅扩大的主要因素。交通和通信类价格同比下降0.5%，其他六大类商品涨幅在0.6%—5.2%之间。

前8个月，居民消费价格同比上涨2.9%，涨幅比前7个月回落0.2个百分点；工业生产者出厂价格和购进价格同比分别下降4.1%和2.8%。

金融贷款增速回升。8月末，全省金融机构各项贷款余额20276.4亿元，同比增长16.0%，增速比7月末回升0.5个百分点；贷款余额比年初增加2124.8亿元，同比多增362.3亿元。新增贷款中，短期贷款增加1326.7亿元，同比多增530.8亿元；中长期贷款增加469.8亿元，少增475.1亿元。金融机构各项存款余额32738.3亿元，同比增长14.1%，增速比7月末回落0.6个百分点；存款余额比年初增加3172.7亿元，同比多增558.7亿元。

“一快”：

利用外资较快增长。8月份，全省实际利用外资2.1亿美元，增长37.0%，连续三个月保持较快增长。其中外商直接投资2.1亿美元，增长43.9%。新批合同外资3.1亿美元，增长73.1%，为今年以来最快增速。前8个月，全省实际利用外资40.2亿美元，同比增长37.6%，增速与前7个月持平。其中外商直接投资39.0亿美元，增长50.0%。合同外资降幅减缓，全省新批合同外资额19.8亿美元，下降27.4%，降幅比前7个月减缓6.9个百分点。

支撑前8个月利用外资较快增长的主要因素：一是大项目带动明显。合同外资额1000万美元以上项目到位外资34.0亿美元，增长58.5%，占全省外商直接投资的87.1%，同比提高4.7个百分点。二是制造业和高新技术产业到位外资快速增长。制造业到位外资30.2亿美元，增长68.4%，占全省的77.2%；高新技术产业到位外资11.3亿美元，增长93.5%，增速同比加快56.8个百分点，占全省的28.8%，提高6.4个百分点。三是香港、欧盟等5大外资来源地较快增长。来自香港的外商直接投资25.5亿美元，增长63.7%，占全省的65.2%，同比提高5.5个百分点；来自欧盟的外资2.6亿美元，增长47.2%；来自日本的外资2.2亿美元，增长1.6倍；来自英属维尔京群岛的外资1.9亿美元，增长1.5倍；来自美国的外资1.6亿美元，增长63.0%。

二、存在的主要问题

（一）部分指标增速继续回落，完成全年目标任务的压力加大

今年以来，我省工业、固定资产投资、消费品零售额、财政收入、出口等主要指标增速总体呈回落态势，特别是近两三个月来，增速仍处于较低水平。规模以上工业增加值增速已连续3个月回落，前8个月增长12.6%，比全年增长13%以上的目标低0.4个百分点；全部财政收入增长11.4%，比全年增长13.5%的目标低2.1个百分点，特别是7、8月份已连续两个月下降，且降幅加大；出口总值增长6.8%，比全年增长10%的目标低3.2个百分点；上半年社会消费品零售总额仅增长15.2%，比全年增长17%的目标低1.8个百分点。上述指标完成全年目标任务压力较大。

（二）产品价格下降幅度较大，部分重点行业困难加重

1—8月份，我省工业生产者出厂价格同比下降4.1%，降幅比上半年扩大1个百分点，降幅在全国排第1位。特别是代表我省支柱产业和战略性新兴产业的钢铁、光伏产业，产品价格降幅较大，企业生产经营困难加剧。8月份，黑色金属冶炼及压延加工业出厂价格同比下降19%，降幅比7月份扩大5.6个百分点。前8个月，黑色金属冶炼及压延加工业实现利润同比下降56.9%，降幅比前7个月扩大4.1个百分点；亏损企业亏损额67.2亿元，增长58.1%，扩大10.2个百分点。据我们调研了解到的情况，河北钢铁集团出台的9月份钢材价格政策再度下调了出厂价格，其中中板降300元/吨，热卷板降350元/吨，冷板降200元/吨。价格下滑导致企业生产放慢，8月份黑色金属冶炼及压延加工业增加值仅增长8%，比上月回落2.2个百分点。光伏产业受美国和欧盟反倾销

调查影响，出口受阻，作为我省第三大出口商品的光伏电池及组件，1－8 月出口 10.7 亿美元，同比下降 29.1%，影响全省出口增速 2.4 个百分点。这两个行业生产经营困难加重对全省经济的影响较大。

（三）财政增收基础不稳，收支矛盾突出

前 8 个月全部财政收入增长 11.4%，比前 7 个月回落 1.9 个百分点。其中 7 月、8 月两个月出现下降，7 月份全部财政收入同比下降 0.6%，8 月份下降 6.1%，降幅扩大了 5.5 个百分点。在财政收入增速回落的同时，财政支出增长加快。前 8 个月公共财政预算支出增长 17.3%，比前 7 个月加快 1.8 个百分点。其中，公共安全支出增长 20.4%、教育支出增长 42.4%、社会保障和就业支出增长 13.5%、农林水事务支出增长 16.1%，分别比前 7 个月加快 2.2、2、16.3 和 4.1 个百分点。财政收支矛盾仍很突出。

三、几点建议

四季度，应贯彻落实好国家新出台的政策措施，组织好省委、省政府各项决策部署的实施，针对当前复杂严峻的形势和存在的突出问题，采取更为有效的措施，力促经济平稳较快发展，保持社会和谐稳定，完成经济社会发展预期目标任务，以优异成绩迎接党的十八大。

（一）抓督导，稳增长，力保完成全年目标任务

职能部门要对照年初确定的目标进行认真梳理，对薄弱环节加强督导，及时解决企业生产经营中面临的各种问题，帮助企业寻找对策。密切关注宏观经济运行环境和政策的变化，用足用好用活各项政策。继续抓好特色农业，加快畜牧、蔬菜、果品支柱产业发展，加强秋粮后期管理，确保全年粮食丰收。狠抓工业提速增效，继续抓好省政府支持工业发展提高经济效益的十条意见的落实，加

大对重点行业以及重点企业的扶持和指导力度，针对企业生产经营困难，政府应给予企业一定补贴或税收优惠政策，以帮助企业渡过难关。大力拓展服务业发展，加快发展旅游业、文化产业和服务外包业等现代服务业。

（二）抓项目，扩需求，增强经济发展的拉动力

稳定投资增长，抓好项目谋划，积极争取国家项目，加强与央企的联系与对接。鼓励民间资本更多地投向新兴产业、基础设施和公共服务领域。在项目用地方面向重点项目、重点产业、重点地区、民间投资倾斜。进一步加大项目建设督查力度，清理项目用地，对占地不开工的收回土地，确保项目尽早落地开工，尽快形成产能，强化投资对经济增长的支撑作用。积极促进居民消费，加大节能产品下乡等政策的落实，完善相关措施，进一步挖掘农村市场消费潜力，积极培育消费热点，推动文化、健身、培训、家政、养老等服务消费。整顿和规范市场秩序，强化食品、药品质量安全监管，维护消费者合法权益，增强居民消费信心。积极开拓国际市场，实施多元化战略，努力扩大外需。大力扶持依托产业集聚区、经济技术开发区、高新技术开发区的出口型基地建设。加快构建国际贸易平台和国际营销网络，鼓励出口企业加快品牌建设。加强对出口企业在应对国际贸易摩擦、规避风险等方面的指导帮助。

（三）调结构，促升级，培育壮大新的增长点

积极发展新能源、电子信息、生物医药、新材料等战略性新兴产业，加快钢铁、石化、建材、医药、纺织等传统产业改造提升步伐，特别是针对当前钢铁、光伏等产业遇到的困难，抓好技改项目实施，强化产品研发，提高工艺装备水平，加快产品升级换代速度。大力推进工业聚集区建设，培育一批附加值高、核心竞争力强的高端产业聚集区。加快沿海地区发展步伐，大力推进曹妃甸新区、渤海新区两大增长极建设，推动先进制造业等临港产业聚集发

展。充分发挥环首都绿色经济圈和冀中南经济区优势，加快示范基地和园区建设。

（四）保民生，稳物价，促进社会和谐稳定

认真落实各项惠民政策，继续落实积极的就业政策，大力促进创业带动就业，确保就业形势稳定，千方百计促进城乡居民收入较快增长，提高居民生活水平。不断完善社会保障制度，提高社会保障标准和覆盖面。稳定市场物价，抓好“双节”期间生活消费品的储备和调节，做好困难群众基本生活保障工作。加快保障性安居工程建设，大力推进扶贫开发工作，抓好重大扶贫项目建设，加快脱贫致富步伐。

撰稿：张志强　张　红　靳占恒

力促经济平稳增长　确保实现全年目标

——前三季度全省经济形势分析及全年走势展望

今年以来，在省委、省政府的正确领导下，各地各部门积极应对复杂严峻的国内外形势，紧紧把握稳中求进的工作总基调，把稳增长放在更加突出的位置，扎实做好保增长、调结构、惠民生、促和谐各项工作，全省经济总体保持平稳运行。但部分主要指标增速回落，经济效益下滑，经济下行的压力仍然较大。四季度，应针对经济发展中存在的突出问题，强化经济运行调节，采取更加有力的措施，力促经济平稳较快发展，确保全面完成全年目标任务。

一、经济运行的主要特点

（一）经济运行总体平稳，物价、就业和金融形势基本稳定

前三季度，全省生产总值 19581.9 亿元，同比增长 9.3%，同比回落 2.0 个百分点，比今年上半年回落 0.2 个百分点，虽然增速减缓，但总体运行平稳。其中，第一产业增加值 2611.0 亿元，增长 4.0%；第二产业增加值 10539.5 亿元，增长 11.2%；第三产业增加值 6431.4 亿元，增长 8.1%。

居民消费价格涨幅逐步回落。今年以来，居民消费价格同比涨幅逐步回落，由 1 月份上涨 5.2%回落到 9 月份上涨 1.6%，前三季度上涨 2.8%，回落到 3%以内。

就业形势基本稳定。9 月末，全省城镇登记失业率为 3.71%，同比回落 0.08 个百分点，控制在 4.5%的年度调控目标之内。

金融运行平稳。9 月末，金融机构各项贷款余额 20439.7 亿

元，比年初增加2288.1亿元，同比多增424.9亿元；金融机构各项存款余额33424.7亿元，比年初增加3859.1亿元，同比多增1162.9亿元。

（二）农业生产形势较好，工业生产缓中趋稳

在夏粮喜获丰收实现九连增后，秋粮生产又获丰收。蔬菜产业稳定发展，畜牧业生产形势持续好转。前三季度，全省蔬菜总产量5242.1万吨，增长3.8%；猪牛羊禽肉产量293.8万吨，增长7.6%；禽蛋产量267.3万吨，增长3.0%；牛奶产量345.8万吨，增长3.2%。畜牧、蔬菜、果品三大优势产业产值占农林牧渔业总产值的67.6%，同比提高1.5个百分点。农业生产形势的稳定为全省经济的平稳发展起到了重要作用。

前三季度，全省规模以上工业完成增加值8068.9亿元，同比增长12.6%，增速比一季度和上半年分别回落0.9和0.4个百分点，与前8个月持平。其中9月份工业增加值增长12.7%，比上月加快1.7个百分点，出现积极变化。从轻重工业观察，轻工业增速快于重工业，但重工业增速相对稳定。轻工业增加值增长14.7%，重工业增加值增长12.1%，比一季度分别回落4.8和0.1个百分点。从经济类型观察，占全省比重较大的股份制企业和外商及港澳台商投资企业增加值分别增长12.9%和5.2%，分别比一季度减缓0.2和3.1个百分点。从企业规模观察，小型企业增长快于大中型企业。大中型企业增加值增长8.8%，小型企业增加值增长20.4%。从行业观察，7个主要行业中有5个行业的增速快于全省平均水平。钢铁、装备制造、医药、食品和纺织服装业增加值分别增长15.6%、13.5%、13.2%、13.7%和17.0%。

（三）投资平稳较快增长，消费出口增势减弱

固定资产投资平稳较快增长。前三季度，全省固定资产投资完成13944.7亿元，同比增长21.4%，增速比一季度和上半年分别

回落 1.8 个和 1.1 个百分点，与前 8 个月持平，增速逐步企稳。主要支撑因素：一是亿元以上大项目增加较多。亿元以上在建项目 4682 个，同比增加 750 个，增长 19.1%；完成投资 7723.9 亿元，增长 41.1%，占全省固定资产投资的 55.4%，同比提高 7.8 个百分点。其中，亿元以上新开工项目 1785 个，同比增加 283 个，增长 18.8%；完成投资 2856.5 亿元，增长 43.9%。二是工业投资快速增长。全省工业完成固定资产投资 6781.8 亿元，增长 30.2%。其中，装备制造业完成投资 2286.2 亿元，增长 39.2%，占全省工业投资的 33.7%，同比提高 2.2 个百分点。三是民间投资增长加快。民间投资完成 10721.4 亿元，增长 26.1%，占全省投资的 76.9%，同比提高 3.0 个百分点。四是工业聚集区投资步伐加快。全省 71 个省级工业聚集区在建项目 1571 个，完成固定资产投资 1503.4 亿元，增长 39.1%。

消费品市场增速回落。前三季度，社会消费品零售总额实现 6365.2 亿元，增长 15.0%，增速比一季度和上半年分别回落 0.5 和 0.2 个百分点，呈现稳中趋缓态势。一些主要商品销售增速出现回落。在限额以上批发和零售业中，汽车类零售额 529.6 亿元，增长 11.1%，增速分别比一季度和上半年回落 9.8 和 4.0 个百分点；石油及制品类零售额 277.9 亿元，增长 16.5%，分别回落 3.6 和 2.9 个百分点；家用电器和音像器材类零售额 151.0 亿元，增长 8.9%，分别回落 1.7 和 2.7 个百分点。

进出口下降。前三季度，全省进出口总值 380.0 亿美元，同比下降 3.7%，降幅比一季度和上半年分别扩大 2.3 和 3.1 个百分点。其中，进口总值 157.1 亿美元，下降 14.8%，降幅比上半年扩大 3.5 个百分点；出口总值 222.9 亿美元，增长 6.1%，增速比上半年回落 2.8 个百分点。从出口市场观察，除对欧洲出口下降 13.9%外，对其他洲出口均保持增长，增速在 0.7%—26.3%之间。从主要出口商品观察，机电产品出口77.2亿美元，增长5.5%，增速比上半年回落4.3个百分点；钢材出口42.6亿美元，增长15.3%，减缓6.5个百分点；高新技术产品出口25.1亿美元，下降12.7%，降幅扩大4.3个百分点。

利用外资较快增长。前三季度，全省实际利用外资43.3亿美元，同比增长18.3%，其中外商直接投资42.0亿美元，增长29.8%。支撑前三季度利用外资较快增长的主要因素：一是大项目带动明显。合同外资额1000万美元以上项目到位外资38.3亿美元，增长34.1%，占全省外商直接投资的86.6%，同比提高2.8个百分点。二是制造业到位外资快速增长。制造业到位外资32.0亿美元，增长44.0%。三是香港、欧盟等5大外资来源地较快增长。来自香港的外商直接投资26.9亿美元，增长36.5%；来自欧盟的外资2.7亿美元，增长38.3%；来自日本的外资2.2亿美元，增长64.1%；来自美国的外资1.7亿美元，增长65.4%。

（四）结构调整扎实推进，节能降耗成效明显

工业技改和高新技术产业投资力度加大。前三季度，全省工业技术改造投资完成4039.4亿元，增长46.4%，占工业固定资产投资的59.6%，同比提高6.6个百分点。高新技术产业投资比重提高。高新技术产业投资完成1353.9亿元，增长25.2%，高于全省固定资产投资3.8个百分点，占全省投资的9.7%，同比提高0.3个百分点。

装备制造业生产快速增长。前三季度，装备制造业增加值增长13.5%，高于全省规模以上工业0.9个百分点，其中汽车制造业增长15.5%，快于整个装备制造业。

节能降耗成效明显。前三季度，全省规模以上工业能耗总量同比仅增长1.15%，增幅同比回落9.2个百分点。单位工业增加值能耗同比下降10.17%，降幅同比扩大5.4个百分点，今年3月份

以来一直保持10%以上的降幅。

（五）城乡居民收入较快增长，民生进一步改善

前三季度，全省城镇新增就业人员63.0万人，下岗失业人员再就业20.4万人，就业困难对象再就业8.2万人，分别完成全年目标任务的90%、92.7%和102.5%。城镇居民人均可支配收入15307.6元，增长12.7%，增速同比加快0.4个百分点；农民人均现金收入7431元，增长16.4%，增速快于城镇居民人均可支配收入3.7个百分点。

综合分析，在当前国内外形势复杂严峻、经济下行压力较大的情况下，实现了经济发展稳中有进，经济运行中出现了一些新亮点和新变化，粮食生产再获丰收，调结构转方式有新进展，物价上涨势头得到遏制，就业总体稳定，城乡居民收入继续较快增长，取得这样的成绩确实来之不易。但也要清醒地看到，当前经济仍存在较大的下行压力，全面完成全年目标的任务仍很艰巨。

二、存在的主要问题

（一）主要经济指标增速回落，经济下行压力仍然较大

今年以来，我省经济增速同比出现了较大幅度回落，经济增速回落到一位数增长，前三季度GDP增速回落到2010年以来的最低水平。主要原因是受国内外需求不足影响，投资、消费、出口增速均呈回落态势，前三季度全省固定资产投资增速同比回落4个百分点、社会消费品零售总额增速同比回落2.5个百分点、出口增速同比回落21个百分点，固定资产投资和社会消费品零售总额增速是今年最低水平，出口增速是今年次低点。受需求不足影响，第二、第三产业增速回落。第二产业增速同比回落2.5个百分点，其中规模以上工业增加值增速同比回落3.3个百分点。第三产业增速同比回落2.3个百分点。从体现经济活跃程度的指标观察，增速也出现

不同程度回落。前三季度，全社会用电量增长2.1%，其中工业用电量增长1.3%，同比分别回落8.4和10.8个百分点；公路货运量增长16.7%，回落6.9个百分点。表明当前经济增长乏力，下行压力仍然较大。

（二）企业生产经营困难，经济效益下滑

前9个月，全省规模以上工业实现利润1414.7亿元，由上年同期增长28.8%转为下降2.8%，今年以来已连续八个月下降。亏损企业1764户，亏损面达到15.1%，同比扩大3.2个百分点；亏损企业亏损总额271.4亿元，增长55.0%。工业效益下滑的主要原因：一是市场需求减弱。规模以上工业主营业务收入增长6.8%，同比回落27.9个百分点。工业品出口交货值增长10.3%，同比回落13.8个百分点。二是生产成本增加。工业企业主营业务成本同比增长7.5%，比主营业务收入增幅高0.7个百分点，主营业务成本占主营业务收入的比重为88.8%，同比提高0.6个百分点。三是产品价格下降幅度较大。1—9月份，我省工业生产者出厂价格同比下降4.8%，降幅比上半年扩大1.7个百分点，降幅高于全国水平。四是企业盈利能力低。主营业务销售收入利润率仅为4.5%，同比下降0.5个百分点。

（三）财政增收基础不稳，收支矛盾突出

前三季度，全部财政收入完成2699.8亿元，同比增长13.6%，其中公共财政预算收入完成1610.6亿元，增长18.2%，比前8个月分别加快2.2和3个百分点。财政增收的基础不稳，今年前三季度有5个月份累计增速低于预期目标，在四个主体税种中，增值税增长8.2%，营业税增长13.2%，企业所得税增长12.4%，个人所得税下降17.6%。在财政收入增速回落的同时，财政支出增长加快。前三季度公共财政预算支出2672.3亿元，增长16.1%。其中，公共安全支出增长17.3%、教育支出增长

41.9%、社会保障和就业支出增长 12.3%、医疗卫生支出增长 16.1%、农林水事务支出增长 18.7%。财政收支矛盾仍很突出。

三、全年走势展望

四季度，国内外形势仍很复杂，影响经济走势的不确定因素依然较多，有利因素与不利因素并存。

从发展环境看，国际环境仍不宽松。当前世界经济增长趋缓，欧债危机走向还不确定，贸易保护主义加剧，扩大外需的难度较大。国内政策利好不断。近期国家出台了一系列稳增长政策措施，如加快投资项目审批和建设、加大对重点项目建设的资金支持、鼓励民间投资、结构性减税、加快出口退税进度、支持新能源产品消费、国家发改委 9 月份先后批复总投资规模逾 1 万亿元的公共交通基础设施和节能环保领域建设项目，这些政策措施将对扩内需、稳增长起到重大作用，特别是党的十八大的召开，有利于提振经济发展信心。

从我省经济自身看，工业方面，有利因素主要是：作为工业生产先行指标的工业投资增势强劲，一批项目逐步投产，形成新的增长点；今年以来金属制品、通用设备制造和汽车制造业增长加快，订单增多，四季度有望呈现较快增长态势。不利因素主要是：房地产调控政策短期内不会有新的调整，与房地产相关的行业需求下降，钢铁、建材等行业受到制约；光伏产业受美国、欧盟双反调查影响，生产遇到困难。综合分析，预计全年规模以上工业生产不会出现大的起伏，基本稳定。投资方面，有利因素主要是：今年新开工的亿元以上大项目较多，对投资增长提供有力支撑；鼓励和引导民间投资健康发展的“新 36 条”相关实施细则已全部出台，随着这些政策的逐步细化和落实，将进一步促进民间投资的大发展。不利因素主要是：土地和资金制约问题比较突出。综合判断，预计全年全省固定资产投资仍将呈稳中增长态势。消费方面，受居民收入水平偏低等因素影响，消费需求难以在短期内有明显大幅度提高，总体保持平稳。出口方面，近期国务院出台了《关于促进外贸稳定增长的若干意见》，将加快出口退税进度，增加对符合条件出口企业的贷款，扩大出口信用保险规模和覆盖面，提高贸易便利化水平，这些措施将有利于扩大出口。但国际需求仍然低迷，贸易保护主义加剧，特别是对美国和欧盟对光伏产业的双反调查，对我省出口影响较大，预计全年出口有望保持增长。

综合分析判断，预计全年全省经济可望缓中趋稳，主要目标任务有望完成。

四、调控建议

四季度，需要咬定全年既定目标不松扣，以加快转变经济发展方式为主线，坚持稳中求进，把稳增长放在更加突出的位置，把调结构作为主攻方向，力促经济平稳较快发展，圆满完成全年目标任务。

第一，强化宏观调节，力保经济平稳增长。对照年初确定的工作目标，认真梳理，对薄弱环节加强督导，及时解决生产经营中遇到的各种问题。大力发展特色农业，加大对设施蔬菜生产的支持力度，加强农业生产技术推广，做好畜禽疫病防控工作。狠抓工业提速增效，落实省政府支持工业发展提高经济效益的十条意见，加大重点行业重点企业的扶持指导力度，全力保障生产要素供应。帮助停产亏损企业复产减亏，对钢铁和光伏产业应给予一定补贴或税收优惠政策，以帮助企业渡过难关。密切关注宏观经济运行环境和政策的变化，用足用好用活各项政策。大力拓展服务业发展，加快发展旅游业、文化产业和服务外包业等现代服务业。

第二，优化发展环境，增强投资消费拉动。切实改善发展环境和生态环境，为项目建设提供有力保障。积极争取国家项目，加强与央企的联系与对接。通过置换闲置土地等手段，保障重点项目用地，确保项目尽早落地开工。鼓励民间资本更多地投向新兴产业、基础设施和公共服务领域。积极促进居民消费，挖掘农村市场消费潜力，落实节能产品下乡等政策措施，积极培育消费热点。整顿和规范市场秩序，强化食品、药品质量安全监管，增强居民消费信心。实施多元化战略，积极开拓国际市场，努力扩大外需。加强出口型基地建设，帮助出口企业应对国际贸易摩擦、规避风险。

第三，加快推进结构升级，培育壮大新的增长点。重点扶持新能源、电子信息、生物医药、新材料等战略性新兴产业发展，加快钢铁、石化、建材、医药、纺织等传统产业改造提升步伐，抓好技改项目实施，强化产品研发，提高工艺装备水平，加快产品升级换代速度。大力推进工业聚集区建设，培育一批附加值高、核心竞争力强的高端产业聚集区。加快沿海地区发展步伐，大力推进曹妃甸新区、渤海新区两大增长极建设，推动先进制造业等临港产业聚集发展。充分发挥环首都绿色经济圈和冀中南经济区优势，加快示范基地和园区建设。

第四，着力保障和改善民生，促进社会和谐稳定。实施好以医疗、教育、社保、就业等为主要内容的富民惠民工程，认真落实各项惠民政策。着力解决好就业困难人员和重点群体就业问题，确保就业形势稳定。千方百计促进城乡居民收入较快增长，提高居民生活水平。不断完善社会保障制度，提高社会保障标准和覆盖面。稳定市场物价，抓好生活必需品的储备和调节，做好困难群众基本生活保障工作。加快保障性安居工程建设，大力推进扶贫开发工作，抓好重大扶贫项目建设，加快脱贫致富步伐。

撰稿：张志强　张　红　史广燕

经济出现积极变化 强化调控巩固势头

——10月份全省经济形势分析及对策建议

10月份，全省经济运行出现积极变化，工业生产、固定资产投资、消费品市场和实际利用外资增速比上月加快，居民消费价格涨幅继续回落，经济企稳回升的迹象进一步显现。但财政收入和出口增速减缓，新签合同外资下降等问题值得关注。后两个月，应认真贯彻落实党的十八大会议精神和省委、省政府各项决策部署，针对经济运行中存在的突出问题，加大宏观调控力度，巩固经济企稳回升的良好势头，确保全年目标任务圆满完成。

一、经济运行出现积极变化

10月份，全省经济运行出现五大积极变化。

变化之一：工业生产增速加快

10月份，规模以上工业完成增加值1026.8亿元，比上年同月增长15.6%，增速比上月加快2.9个百分点，延续了9月份以来稳中见快的运行态势，回升幅度比上月提高1.2个百分点，为今年以来月度最高增速。支撑工业增速加快的主要因素：从轻重工业观察，重工业生产增速加快，重工业增加值增长16.5%，比上月加快3.8个百分点；轻工业增加值增长12.4%，比上月回落0.3个百分点。从经济类型观察，股份制企业增长加快，增加值增长18.0%，比上月加快3.9个百分点。从行业观察，在统计的40个行业大类中，有22个行业增速比9月份加快，其中金属制品、石油加工炼焦和核燃料加工、黑色金属冶炼和压延加工、煤炭开采和洗选、汽车制造等5个行业拉动规模以上工业增速回升3.1个百分点。从企业规模观察，大中型企业增速稳步回升，小型企业保持较快发展势头。大中型企业增加值增长10.9%，比上月回升2.2个百分点，自3月份以来重新回升到10%以上；小型企业增加值增长22.5%，比9月份加快3.3个百分点。从内外销售观察，内需市场有所回暖，外需市场低位下行。工业内需销售产值同比增长10.4%，比9月份提高4.2个百分点；出口交货值增长6.6%，增速比9月份回落0.1个百分点。

前10个月，规模以上工业完成增加值9076.7亿元，同比增长12.9%，增速比前三季度加快0.3个百分点，比全国快2.9个百分点。实现利润1667.7亿元，增长1.6%，扭转了今年以来持续下降局面。

变化之二：固定资产投资增长加快

10月份，全省固定资产投资增长22.0%，比9月份加快0.4个百分点，为下半年以来月度最快增速，扭转了上半年增速回落的态势，逐步企稳回升。前10个月，全省固定资产投资完成16016.7亿元，增长21.4%，累计增速已连续3个月保持21.4%的较快水平。

投资结构调整改善。一是装备制造业投资比重提高，钢铁和建材等高耗能行业投资比重降低。前10个月，装备制造业完成投资2596.6亿元，增长35.8%，占全省固定资产投资的16.2%，同比提高1.7个百分点；钢铁和建材工业分别完成投资794.3亿元和763.8亿元，增长10.7%和14.2%，占全省投资的5.0%和4.8%，比重同比分别回落0.5和0.3个百分点。二是工业技术改造投资力度加大。全省工业技术改造项目7384个，占工业施工项目的65.9%，工业技术改造投资完成4655.8亿元，增长37.3%，占工业投资的60.1%，同比提高4.0个百分点。三是高新技术产业投资保持较快增长。高新技术产业完成投资1552.2亿元，增长22.8%，高于全省投资1.4个百分点。四是亿元以上项目增加较多。亿元以上在建项目4957个，同比增加847个；完成投资8930.1亿元，增长41.6%，占全省投资的55.8%，同比提高8.0个百分点。其中，亿元以上新开工项目2014个，同比增加367个；完成投资3523.0亿元，增长46.0%，比前三季度加快2.1个百分点。五是民间投资增长加快。民间投资完成12303.2亿元，增长26.5%，比前三季度加快0.4个百分点，为今年一季度以来最快增速。六是工业聚集区投资步伐加快。全省71个省级工业聚集区在建项目1692个，完成投资1742.1亿元，增长34.7%，比全省投资增速快13.3个百分点。

变化之三：消费品市场增速加快

10月份，全省限额以上企业（单位）消费品零售额实现238.4亿元，同比增长21.9%，增速比上月加快8.1个百分点。“十一”长假消费热潮显示出巨大的消费潜力，主要大宗商品销售加快，粮油食品饮料烟酒类、服装鞋帽针纺织品类、日用品类、家用电器和音像器材类商品零售额分别增长37.0%、32.2%、33.3%和13.2%，比上月分别加快12.8、13.3、2.3和5.7个百分点；汽车类和石油及制品类零售额分别增长13.1%和18.2%，加快12.7和5.0个百分点。

前10个月，全省限额以上企业（单位）消费品零售额实现2017.3亿元，增长18.0%，增速比前三季度加快0.5个百分点，比全国快3.5个百分点。

变化之四：实际利用外资增速回升

10月份，全省实际利用外资5.19亿美元，其中外商直接投资5.17亿美元，增速均由上月下降转为增长6.5%和18.2%。前10个月，全省实际利用外资48.5亿美元，增长16.9%，其中外商直接投资47.1亿美元，增长28.4%。今年以来实际利用外资的主要特点：一是大项目带动作用增强。前10个月，合同外资额1000万美元以上项目到位外资40.5亿美元，增长36.6%，增速比前三季度加快2.5个百分点；占全省外商直接投资的86.0%，同比提高5.1个百分点。二是制造业和高新技术产业到位外资比重提高。制造业到位外资36.2亿美元，增长43.0%，占全省的76.8%，同比提高7.8个百分点；高新技术产业到位外资13.2亿美元，增长38.0%，占全省的28.1%，提高2.0个百分点。三是外资主要来源地增长较快。来自香港的外商直接投资30.4亿美元，增长40.0%，增速比前三季度加快3.5个百分点，占全省的64.5%，同比提高5.3个百分点；来自欧盟、英属维尔京群岛、日本、东盟和美国的到位外资合计为11.8亿美元，占全省的25.1%，同比提高3.8个百分点。四是外商与国企合资合作投资成倍增长。外商投资2.8亿美元，增长3.5倍，占全省外商直接投资的5.9%，同比提高4.2个百分点。

变化之五：六大高耗能行业单位能耗水平下降

前10个月，六大高耗能行业单位工业增加值能耗同比下降7.46%，降幅比前三季度扩大1.8个百分点。全省规模以上工业单位工业增加值能耗同比下降9.95%，降幅比前三季度缩小0.2个百分点。

与此同时，居民消费价格涨幅继续回落，金融形势基本稳定。

10月份，居民消费价格同比上涨1.4%，涨幅比上月回落0.2个百分点。食品类价格同比上涨1.4%，比上月回落0.3个百分点，其中鲜菜价格下降17.5%，影响CPI回落0.5个百分点。10月份工业生产者出厂价格同比下降8.0%，降幅比上月缩小2.4个百分点，表明市场需求有所改善。前10个月，居民消费价格同比上涨2.6%，涨幅比前三季度回落0.2个百分点；工业生产者出厂价格和购进价格同比分别下降5.1%和3.6%。

10月末，全省金融机构各项存款余额33459.3亿元，比年初增加3893.6亿元，同比多增1055.0亿元；金融机构各项贷款余额20641.3亿元，比年初增加2489.8亿元，同比多增418.8亿元。

二、应关注的主要问题

（一）财政收入增速回落，增收基础不稳

10月份，全部财政收入和公共财政预算收入同比分别增长11.3%和21.8%，比上月回落20.4和23.6个百分点。前10个月，全部财政收入2941.3亿元，增长13.4%，增速比前三季度回落0.2个百分点，其中公共财政预算收入1754.9亿元，增长18.5%，加快0.3个百分点。今年以来，全部财政收入增速波动较大，上半年各月均保持增长，增幅在8.4%—22.1%之间，7、8两个月出现下降，10月份比9月份出现较大幅度回落，特别是部分主体税种回落幅度较大，其中国内增值税由上月增长15.0%转为下降6.2%，营业税增长23.8%，比上月回落6.0个百分点，企业所得税增长1.2%，回落34.7个百分点。在财政收入增速回落的同时，部分刚性支出较快增长。前10个月，在公共财政预算支出中，一般公共服务支出增长14.1%、教育支出增长35.7%、科学技术支出增长19.6%、农林水事务支出增长16.3%，财政收支矛盾仍较突出。

（二）进口下降，出口增速回落

前10个月，全省进出口总值418.1亿美元，同比下降5.2%，降幅比前三季度扩大1.5个百分点。其中，出口总值246.5亿美元，增长4.6%，增速比前三季度回落1.5个百分点；进口总值171.6亿美元，下降16.4%，降幅比前三季度扩大1.6个百分点。从出口市场观察，除对欧洲和大洋洲出口分别下降14.4%和0.9%

外，对其他洲出口均保持增长，但增幅比前三季度回落。从主要出口商品观察，机电产品出口 84.2 亿美元，增长 2.7%，增速比前三季度回落 2.8 个百分点；钢材出口 47.2 亿美元，增长 12.3%，回落 3.0 个百分点；高新技术产品出口 26.9 亿美元，下降 16.3%，降幅比前三季度扩大 3.6 个百分点。

（三）合同外资持续下降，外资项目储备不足

今年以来，全省新批合同外资额各月累计降幅均在 20%以上，前 10 个月，新批合同外资额 24.2 亿美元，下降 27.9%，降幅比前三季度扩大 4.4 个百分点；外方注册资本 17.6 亿美元，下降 32.4%；累计新批项目个数和注册户数分别下降 8.5%和 16.2%。合同外资下降显现四大特点：一是外资主要来源地降幅较大。来自香港地区的合同外资下降 38.5%，英属维尔京群岛合同外资下降 18.6%。二是大项目降幅大。合同外额 1000 万美元以上的大项目合同外资下降 34.6%。三是高新技术产业合同外资呈现深度下降，降幅达 52.8%。四是大多数市下降。在 11 个设区市中有 10 个市呈现下降，降幅在 20%以上。合同外资的持续下降将导致全省实际利用外资后劲不足。

三、后两个月走势展望及建议

（一）走势展望

展望后两个月经济走势，部分先行指标趋好，经济企稳回升的迹象进一步显现。10 月份，中国制造业采购经理指数（PMI）为 50.2%，比上月回升 0.4 个百分点；新订单指数为 50.4%，回升 0.6 个百分点，自 5 月份以来首次回升至临界点以上。全省工业用电量扭转连续 3 个月下降态势，10 月份同比增长 3.2%，工业生产者出厂价格环比上涨 1.1%，为 5 月份以来首次上涨，表明市场需求逐步好转，企业生产积极性有所提高。特别是党的十八大胜利召

开，将极大地提升市场主体对未来经济发展的信心，预计后两个月全省经济有望继续保持回升态势。

（二）对策建议

后两个月，应认真贯彻落实党的十八大会议精神和省委、省政府各项决策部署，着力改善发展环境，着力改善生态环境，加大宏观调控力度，采取更为有效的措施，巩固经济企稳回升的势头，确保全年目标任务圆满完成。

第一，抓调节，巩固工业回升势头。加强对重点行业和大中型企业的生产调度，确保生产要素供给。加大服务力度，密切跟踪企业的生产经营状况，帮助企业准确把握商机、积极开拓市场、规避经营风险，着力解决企业生产销售中遇到的困难和问题。加强项目建设协调调度，力促尽快建成投产、达产见效，形成新的增长点。加大对新能源、新医药、电子信息等扶持力度，用好用足相关政策，加快新兴产业发展步伐。

第二，增效益，提高经济运行质量。落实好《河北省人民政府办公厅关于支持工业发展提高经济效益的十条意见》，加大对重点行业、重点企业和困难企业的指导和调度，加大对亏损企业的扶持和挖潜改造力度。巩固百家科研院所和高等院校进河北成果，增强企业研发能力，加大新技术推广应用，鼓励企业改造落后工艺，积极开发新产品，提高产品档次和市场竞争力，确保工业生产和效益双提高。大力扶持利税大户，培育重点税源，进一步加大税收征管力度，落实好结构性减税政策。

第三，扩内需，增强经济发展内生动力。加快与央企项目对接步伐，尽快解决项目落地过程中存在的问题。积极谋划、储备一批辐射带动作用大、产业链条长、具有科技含量的大项目，引导民间资本向新兴产业、基础设施和公共服务领域聚集。整顿和规范市场秩序，优化消费环境，提振居民消费信心。加强农村市场建设，促进乡村消费结构升级。延长促消费政策的时限，适时出台新的消费刺激政策。

第四，促开放，做大开放型经济规模。落实好沿海地区发展规划，充分发挥沿海地区桥头堡作用，加大出口基地建设力度，加快构建国际贸易平台和国际营销网络，帮助出口企业应对贸易摩擦、积极开拓国际市场。创新和健全招商机制，发挥好环京津、沿渤海区位优势，推进重点区域招商引资，精心推介一批重点项目，吸引更多央企和世界500强企业来冀投资。

撰稿：靳占恒

经济运行继续向好 回升基础仍需巩固

——11月份全省经济形势分析及对策建议

11月份，全省经济运行延续了9月份以来的向好态势，工业生产和效益、财政收入、实际利用外资增速比上月加快，固定资产投资、消费品市场保持较快增长，金融和市场物价基本稳定，经济企稳回升的势头进一步巩固。但工业回升基础尚不稳固，出口增速持续回落，新签合同外资下降等问题值得关注。为圆满完成全年目标任务，应认真贯彻落实党的十八大精神和省委、省政府各项决策部署，采取更为有效的措施，着力解决经济运行中存在的突出问题，巩固经济企稳回升的良好势头。

一、经济运行的主要特点

11月份，全省经济运行呈现“六快二稳”的特点。

“六快”：

工业生产和效益增速加快。11月份，规模以上工业完成增加值1048.3亿元，比上年同月增长16.9%，增速比上月加快1.3个百分点，连续3个月逐月加快，为今年以来月度最高增速。从工业生产的先行指标观察，工业用电量同比增长10.2%，比上月加快7.0个百分点；工业生产者出厂价格同比下降6.4%，降幅比上月缩小1.6个百分点。支撑工业生产增速加快的主要因素：一是市场需求继续回暖。工业内需销售产值同比增长13.2%，比上月加快2.8个百分点；出口交货值增长12.4%，加快5.8个百分点。二是新增入统企业拉动。新增入统企业165家，增加值占规模以上工业的4.2%，拉动全省工业生产增长0.6个百分点。三是半数以上行业增速加快。在统计的40个行业大类中，有21个行业生产增速比上月加快，其中黑色金属冶炼和压延加工，电力、热力生产和供应，皮革毛皮羽毛及其制品和制鞋，非金属矿物制品，酒饮料和精制茶制造等5个行业共拉动工业增速加快1.9个百分点。四是装备制造业增速加快。增加值增长20.4%，比上月加快1.9个百分点，为今年以来月度最快增速。

前11个月，规模以上工业完成增加值10078.9亿元，同比增长13.2%，增速比前10个月加快0.3个百分点，比全国快3.2个百分点；实现利润1973.6亿元，增长3.0%，增速比前10个月加快1.4个百分点。

固定资产投资平稳较快增长。前11个月，全省固定资产投资完成17857.0亿元，增长21.2%，增速高于全国0.5个百分点，虽然今年以来各月累计增速基本呈小幅回落态势，但仍保持在20%以上的较快水平。投资结构调整改善。一是工业技术改造投资力度加大。全省工业技术改造项目8101个，占工业施工项目的67.1%，工业技术改造投资完成5332.9亿元，增长36.7%，占工业投资的61.7%，同比提高4.3个百分点。二是民间投资增速加快。完成投资13696.8亿元，增长26.6%，为一季度以来最快增速；占全省投资的76.7%，同比提高3.2个百分点。三是高新技术产业投资快速增长。完成投资1745.5亿元，增长23.2%，增速快于全省投资2.0个百分点，占全省投资的9.8%，同比提高0.2个百分点。四是高耗能行业投资低速增长。完成投资2720.5亿元，增长15.9%，增速比前10个月减缓2.1个百分点，延续逐月减缓的态势。五是亿元以上项目投资快速增长。亿元以上在建项目5229个，同比增加910个；完成投资9934.9亿元，增长39.9%，占全省投资的55.6%，同比提高7.4个百分点。其中亿元以上新开工项目2253个，同比增加420个；完成投资4130.6亿元，增长44.0%。

消费品市场较快增长。11月份，全省限额以上企业（单位）消费品零售额实现233.1亿元，同比增长19.0%，增速比上月回落2.9个百分点，主要受“十一”黄金周消费高峰影响。从月度间变化观察，8月份以来消费品市场增速波动提高，11月份增速分别比8、9月份提高4.8和5.2个百分点，保持较快增长态势。主要大宗商品销售状况良好。与居民日常生活密切相关的粮油食品饮料烟酒类、服装鞋帽针纺织品类、日用品类、中西药品类等商品零售额增速均在25%以上；化妆品类、金银珠宝类、通讯器材类商品零售额分别增长25.8%、25.5%和18.8%；建筑及装潢材料类商品销售进一步回暖，零售额增长54.1%，比上月加快13.7个百分点；汽车类商品销售持续低迷，零售额增长6.1%，比上月回落7.0个百分点。

前11个月，全省限额以上企业（单位）消费品零售额实现2250.6亿元，增长18.1%，增速比前10个月加快0.1个百分点，比全国快3.6个百分点。

利用外资增速持续加快。11月份，全省实际利用外资6.1亿美元，同比增长21.5%，其中外商直接投资5.9亿美元，增长39.4%，增速分别比上月加快15.0和21.2个百分点，连续两个月保持加快。前11个月，全省实际利用外资54.6亿美元，增长17.4%，其中外商直接投资53.0亿美元，增长29.6%，比前10个月分别加快0.5和1.2个百分点。主要特点：一是大项目外商投资增速加快，合同外资额1000万美元以上的大项目外商直接投资44.8亿美元，增长37.8%，增速比前10个月加快1.2个百分点。二是第一、第二产业外商直接投资较快增长，分别到位外资1.9亿美元和42.6亿美元，增长1.9倍和38.5%。三是外商与国企合资合作投资高速增长，到位外资 2.9 亿美元，增长 2.0 倍。四是来自香港的外资增长较快，到位外资 33.0 亿美元，增长 37.2%，增速高于全省外商直接投资 7.6 个百分点。

财政收入增速加快。11 月份，全部财政收入和公共财政预算收入分别完成 233.2 亿元和 151.5 亿元，同比分别增长 27.5% 和 48.7%，增速比上月分别加快 16.2 和 26.9 个百分点。在公共财政预算收入中，税收收入增长 33.6%，比上月加快 18.8 个百分点。其中企业所得税增长 32.7%，比上月加快 31.5 个百分点；营业税增长 36.3%，加快 12.5 个百分点；国内增值税下降 2.3%，降幅比上月缩小 3.9 个百分点。

前 11 个月，全部财政收入完成 3174.4 亿元，增长 14.4%，增速比前 10 个月加快 1.0 个百分点，其中公共财政预算收入完成 1906.4 亿元，增长 20.5%，加快 2.0 个百分点。

能耗增速有所加快。11 月份，全省规模以上工业能耗同比增长 7.75%，增速比上月加快 0.6 个百分点，为今年以来月度最快增速。前 11 个月，规模以上工业能耗同比增长 2.15%，增速比前 10 个月加快 0.48 个百分点。单位工业增加值能耗降幅缩小。前 11 个月，全省单位工业增加值能耗同比下降 9.76%，降幅比前 10 个月缩小 0.2 个百分点。

“二稳”：

金融运行保持稳定。11 月末，全省金融机构各项存款余额 33747.5 亿元，比年初增加 4181.8 亿元，同比多增 977.3 亿元；金融机构各项贷款余额 20739.2 亿元，比年初增加 2587.6 亿元，同比多增 329.0 亿元。

居民消费价格基本稳定。11 月份，居民消费价格同比上涨 2.0%，涨幅比上月扩大 0.6 个百分点。其中食品类价格同比上涨 3.2%，比上月扩大 1.8 个百分点，是影响 CPI 涨幅回升的主要因素。前11个月，居民消费价格同比上涨2.6%，涨幅与前10个月持平。

二、应关注的主要问题

（一）工业回升基础尚不稳固

一方面表现在部分传统优势行业经济效益差，生产增速低。从效益观察，前11个月，黑色金属冶炼和压延加工实现利润同比下降50.4%，收入利润率仅为1.3%，亏损企业亏损额同比增长43.6%；煤炭开采和洗选、非金属矿物制品业实现利润分别下降15.5%和25.8%；石油加工炼焦和核燃料加工业净亏损16.7亿元。从生产观察，前11个月，黑色金属冶炼和压延加工、煤炭开采和洗选、非金属矿物制品、石油加工炼焦和核燃料加工等4个行业增加值分别增长12.3%、6.4%、7.8%和7.3%，增速低于全省工业0.9、6.8、5.4和5.9个百分点。另一方面表现在部分新兴产业发展面临严峻的形势。前11个月，电气机械及器材制造业增加值仅增长6.1%，主要是受光伏产业影响；计算机、通信和其他电子设备制造业增加值仅增长3.7%，电子信息产业生产持续低迷。目前，上述行业面临的形势仍很严峻，对工业的进一步回升产生一定影响。

（二）出口增速持续回落

前11个月，全省进出口总值460.4亿美元，同比下降6.2%，降幅比前10个月扩大1.0个百分点。其中，出口总值272.1亿美元，增长4.4%，增速比前10个月回落0.2个百分点，累计增速为2月份以来最低；进口总值188.2亿美元，下降18.2%，降幅比前10个月扩大1.8个百分点。从出口市场观察，对欧洲和大洋洲出口分别下降13.0%和0.5%，降幅比前10个月缩小1.5和0.4个百分点；对亚洲、非洲、拉丁美洲和北美洲出口分别增长

10.9%、13.0%、24.4%和13.8%，回落幅度在0.5—1.7个百分点之间。从主要出口商品观察，机电产品出口92.0亿美元，增长1.3%，增速比10个月回落1.4个百分点；钢材出口51.7亿美元，增长10.6%，回落1.7个百分点；高新技术产品出口28.9亿美元，下降18.0%，降幅比前10个月扩大1.7个百分点。

（三）合同外资持续下降

今年以来，全省新批合同外资额持续下降，前11个月，新批合同外资额33.9亿美元，同比下降8.6%；外方注册资本21.2亿美元，下降26.4%。一是三次产业合同外资全面下降。第一、二、三产业合同外资分别下降10.8%、11.4%和1.9%。二是大项目合同外资降幅较大。合同外资额1000万美元以上的大项目合同外资下降12.2%。三是部分外资来源地降幅较大。来自香港地区的合同外资下降20.0%，来自英属维尔京群岛的合同外资下降1.6%。合同外资持续下降，将对今后实际到位外资产生不利影响，导致后劲不足。

三、对策建议

目前，全国经济运行同样也出现了积极变化，经济企稳回升的趋势正在形成，这为我省经济进一步向好提供了良好环境。但同时也应看到，经济回升的基础还不稳固，仍需密切关注形势的变化，采取针对性措施，力促经济平稳较快发展。

第一，加大帮扶力度，确保工业平稳较快发展。落实好《关于支持工业发展提高经济效益的十条意见》，加大对重点行业、重点企业和困难企业的指导和调度，密切跟踪企业的生产经营状况，着力解决企业生产销售中遇到的困难和问题。加快项目建设进度，力促尽快建成投产、达产见效，形成新的增长点。加大对新能源、新医药、电子信息等新兴产业扶持力度，用好用足相关政策。加大服务力度，帮助企业在稳固既有市场的同时，积极开拓和抢占新的市场。

第二，狠抓项目投资，增强经济发展后劲。抓住国家陆续启动一批重大项目的机遇，加大项目谋划和建设力度，力促项目早落实、早开工。落实好与百家央企签署的投资合作协议，保障要素供给，争取项目早落地。拓宽融资渠道，创新资金筹措方式，引导企业通过上市、发行企业债券、公司债券、短期融资债券、利用保险等非金融机构资金等渠道筹措建设资金。

第三，扩大对外开放，提高外向型经济规模和水平。抓好沿海地区发展规划的落实，全力推进曹妃甸新区和渤海新区两大增长极建设。实施出口多元化战略，抓好百家重点出口企业的帮扶，鼓励企业“走出去”，在巩固传统市场的基础上，积极开拓新兴市场。创新招商机制，优化投资环境，以强化引进技术吸收和创新提高为重点，引导外商向农业、高技术行业、服务贸易等领域投资。

撰稿：靳占恒

经济运行稳中有进　巩固基础提速增效

——2012年全省经济形势分析与2013年走势展望

2012年，在省委、省政府的正确领导下，全省各地各部门深入贯彻落实科学发展观，突出科学发展主题和加快转变经济发展方式主线，牢牢把握稳中求进的工作总基调，深入实施“一产抓特色、二产抓提升、三产抓拓展”经济发展战略，全力稳增长、控物价、调结构、抓创新、惠民生、促和谐，积极应对复杂严峻的国内外形势，全省经济实现稳中有进。展望2013年，河北经济发展仍处于大有作为的战略机遇期，面临的机遇和挑战并存，机遇大于挑战，应全面贯彻落实党的十八大和全省经济工作会议精神，巩固经济回升的基础，提高经济运行质量和效益，努力实现经济持续健康发展。

一、2012年经济运行的主要特点

（一）经济运行稳中有进，经济增长、物价、就业总体平稳

面对国际复杂严峻的形势、国内经济下行压力较大的新情况，2012年前三季度全省经济增长呈现持续回落态势，一季度经济低速开局，增长9.7%，比2011年全年回落1.6个百分点，上半年增长9.5%，前三季度增速回落到9.3%，进入四季度，主要经济指标增速出现回升，带动整体经济企稳回升。全年全省生产总值实现26575.0亿元，比上年增长9.6%，增速比前三季度加快0.3个百分点，各季度间累计增长速度波动幅度为0.4个百分点，没有出现大的起落，总体运行保持平稳。其中第一产业增加值3186.7亿

元，增长4.0%，对经济增长的贡献率为4.9%，比上年提高0.3个百分点；第二产业增加值14001.0亿元，增长11.5%，贡献率为64.6%，提高1.9个百分点；第三产业增加值9387.3亿元，增长8.4%，贡献率为30.5%，回落2.2个百分点。

在经济平稳增长的同时，物价总水平和就业形势保持稳定。全省居民消费价格1—7月份总体呈现高位回落运行态势，由1月份同比上涨5.2%回落到7月份上涨1.2%，8月份以后，随着整体经济企稳回升，居民消费价格有所回升，涨幅由8月份的2.1%回升到12月份的2.7%，但总体平稳。全年居民消费价格比上年上涨2.6%，涨幅同比回落3.1个百分点，比前三季度回落0.2个百分点，控制在4%左右的调控目标以内。截至12月底，全省城镇新增就业人员72.1万人，下岗失业人员再就业26.7万人，就业困难对象再就业10.4万人，均超额完成全年目标任务。全省城镇登记失业率为3.69%，同比回落0.06个百分点，控制在年度调控目标之内。

（二）工业企稳回升，农业、服务业平稳发展

农业生产形势较好。粮食生产实现九连增，全年粮食总产量3246.6万吨，比上年增长2.3%。其中夏粮总产量1353.1万吨，增长4.9%；秋粮产量1893.5万吨，增长0.6%。蔬菜生产规模扩大。2012年，全省蔬菜播种面积1203.0千公顷，比上年增长3.9%，蔬菜产量7695.1万吨，增长4.2%。畜牧业生产平稳发展。肉类总产量442.9万吨，增长5.9%；禽蛋产量342.6万吨，增长0.8%；牛奶产量470.4万吨，增长2.5%。

工业生产企稳回升。规模以上工业增加值一季度增长13.5%，比2011年低2.6个百分点；上半年增长13.0%，前三季度增长12.6%，呈小幅回落态势。进入9月份，工业生产增速出现回升，9—11月份增加值分别增长12.7%、15.6%和16.9%，12月份受

部分高耗能企业停、减产影响，增速有所回落，增长15.6%。2012年，规模以上工业完成增加值11069.6亿元，增长13.4%，增速比上半年加快0.4个百分点。

服务业平稳发展。全省服务业增加值一季度增长7.6%，上半年增长8.4%，前三季度增长8.1%，全年增长8.4%，呈现平稳增长态势。

（三）内需拉动稳中增强，出口小幅增长

在拉动经济增长的三驾马车中，投资需求贡献最大，2012年投资需求对经济增长的贡献率为60.9%，比上年提高0.9个百分点；消费需求贡献率为43.2%，提高0.4个百分点，扭转了近年来回落的态势，表明扩大消费的政策措施取得了成效；受国际市场低迷影响，外需对经济增长的贡献率为—4.1%。

固定资产投资平稳增长。全社会固定资产投资完成19661.3亿元，比上年增长20.0%，增速同比回落4.2个百分点。其中固定资产投资完成19104.6亿元，增长21.1%，回落2.8个百分点，保持在20%以上的较快水平。大项目支撑作用明显。亿元以上在建项目5419个，同比增加896个；完成投资10634.0亿元，增长37.8%，占全省固定资产投资的55.7%，同比提高6.8个百分点，对全省投资增长的贡献率为87.7%。其中亿元以上新开工项目2411个，同比增加403个；完成投资4620.4亿元，增长42.0%。

消费品市场运行平稳。全省社会消费品零售总额实现9154.0亿元，增长15.5%，增速比上半年加快0.3个百分点，同比回落2.3个百分点。其中城镇零售额7001.4亿元，增长15.8%；乡村零售额2152.6亿元，增长14.7%。居民生活必需的商品类销售平稳较快增长，粮油食品饮料烟酒类、服装鞋帽针纺织品类、日用品类和家具类销售分别增长25.5%、22.2%、22.5%和25.5%。消费升级步伐加快，汽车、通讯电子、教育、旅游休闲、文体健身娱乐等消费较快增长。

外贸出口小幅增长。全省进出口总值505.5亿美元，比上年下降5.7%。其中，出口总值296.0亿美元，增长3.6%；进口总值209.4亿美元，下降16.3%。支撑出口增长的主要因素：一是对主要贸易伙伴出口较快增长。对美国、东盟、俄罗斯等出口增速在12%—34.8%之间，特别是对东盟出口增长34.8%，高于全省出口31.2个百分点。二是私营企业出口支撑力量增强。私营企业出口增长14.0%，高于全省出口10.4个百分点，出口额占全省的50.3%，同比提高4.5个百分点。三是主要出口商品保持增长。钢材出口增长9.8%；汽车（包括整套散件）出口增长18.5%；服装及衣着附件、家具及其零件出口分别增长9.1%和35.0%。

（四）结构调整迈出新步伐，节能降耗成效明显

大力实施"一产抓特色、二产抓提升、三产抓拓展"经济发展战略取得可喜成效，产业结构调整取得新进展。2012年，全省三次产业比例为12.0：52.7：35.3，第三产业增加值占全省生产总值的比重为35.3%，比上年提高0.7个百分点，扭转了近年来比重下降的局面。从产业内部结构观察，一是农业优势产业比重提高，畜牧、蔬菜、果品三大优势产业产值占农林牧渔业总产值的69.7%，同比提高1.3个百分点。二是传统产业改造提升力度加大，战略性新兴产业加快发展，装备制造业增加值1987.9亿元，增长15.0%，增速高于规模以上工业1.6个百分点；高新技术产业增加值1301.0亿元，增长15.6%，增速高于规模以上工业2.2个百分点；占规模以上工业的11.8%，同比提高1.3个百分点，为2004年以来最高水平。三是在传统服务业加快发展的同时，金融业和营利性服务业实现了较快增长。交通、批发零售等传统服务业增加值增长8.6%，高于全省服务业平均水平0.2个百分点，占服务业增加值比重比上年提高0.3个百分点；金融、营利性行业等

新兴服务业增加值增长 11.8%，高于全省服务业 3.4 个百分点，占服务业比重提高 0.4 个百分点。

增量结构进一步调优。主要是投资结构呈现“三快两提高”的新变化。“三快”：一是装备制造业投资增长快，完成投资 3132.2 亿元，增长 33.3%，增速高于全省投资 12.2 个百分点；装备制造业技术改造投资增长 43.0%，占全省工业技术改造投资的 32.0%。二是高新技术产业投资增长快，完成投资 1893.0 亿元，增长 23.6%，增速快于全省投资 2.5 个百分点。三是工业聚集区投资步伐加快，全省 71 个省级工业聚集区在建项目 1936 个，占全省建设项目的 8.9%；完成投资 2183.9 亿元，占全省建设项目投资的 13.6%。“两提高”：一是工业技术改造投资比重提高，全省工业技术改造项目 8486 个，完成投资 5891.4 亿元，增长 35.2%；占全省工业投资的 63.1%，同比提高 4.2 个百分点。二是民间投资比重提高，完成投资 14717.2 亿元，增长 27.5%；占全省投资的 77.0%，同比提高 3.9 个百分点。

节能降耗取得新进展。2012 年，全省规模以上工业能耗 2.05 亿吨标准煤，比上年增长 2.3%，增速同比回落 6.1 个百分点，各月累计增速保持在 2%左右，呈现低速平稳运行态势。单位工业增加值能耗比上年下降 9.81%，降幅同比扩大 3.1 个百分点，为“十二五”以来持续下降最大、时间最长的一年。预计全省单位 GDP 能耗降低率能够超额完成全年目标任务。

（五）大力实施区域发展战略，重点区域发展形成新格局

深入推动区域发展战略的落实，举全省之力建设的曹妃甸区和渤海新区两大增长极快速发展，沿海、环首都区域发展势头强劲。2012 年，秦皇岛、唐山和沧州沿海三市地区生产总值占全省生产总值的比重达到 36.9%；固定资产投资占全省的 29.5%，比上年提高 0.2 个百分点，其中曹妃甸区、渤海新区和北戴河新区亿元以

上在建项目235个，完成投资793.5亿元；出口总值占全省的30.1%，提高2.1个百分点；公共财政预算收入占26.5%，提高0.1个百分点。张家口、承德、廊坊和保定环首都四市地区生产总值占全省的26.1%，比上年提高0.5个百分点；固定资产投资占全省的27.9%，提高0.2个百分点；实际利用外资占25.7%，提高1.6个百分点；公共财政预算收入占25.0%，提高0.7个百分点。区域的加快发展，为全省经济增长注入了新的动力。

（六）民营经济较快增长，经济内在活力较强

民营经济进一步发展壮大。在全省经济增长面临下行压力的情况下，民营经济不仅保持了较快增速，在国民经济中的比重也在提高。2012年，全省民营经济实现增加值17232.8亿元，比上年增长12.3%，增速高于全省生产总值2.7个百分点；占全省生产总值的64.8%，同比提高1.7个百分点。民营经济实缴税金2342.5亿元，增长18.4%；占全部财政收入的67.3%，同比提高1.8个百分点。民营经济出口总额248.1亿美元，增长4.1%，增速比全省出口快0.5个百分点；占全省出口的83.8%，同比提高0.4个百分点。民营经济快速发展，对稳增长起到了重要作用。

利用外资较快增长。2012年，全省实际利用外资60.3亿美元，增长14.7%。其中外商直接投资58.0亿美元，增长24.0%。外商直接投资呈现“四提高”：一是大项目外商投资比重提高。合同外资额1000万美元以上的大项目到位外资48.5亿美元，增长29.8%，占全省外商直接投资的83.6%，同比提高3.7个百分点。二是高新技术产业外商投资比重提高。到位外资14.9亿美元，增长28.4%，占全省的25.7%，同比提高2.2个百分点。三是来自香港的外商投资比重提高。到位外资36.5亿美元，增长35.4%，占全省的62.8%，提高5.3个百分点。四是外商与国企合资合作投资比重提高。到位外资3.6亿美元，增长2.5倍，占全省的

6.2%，提高4.0个百分点。

金融保持平稳运行。12月末，全省金融机构各项存款余额34013.0亿元，同比增长15.1%，增速比上年提高1.8个百分点；比年初增加4447.4亿元，同比多增958.5亿元。金融机构各项贷款余额20850.9亿元，同比增长14.9%，增速同比回落0.7个百分点；比年初增加2699.3亿元，同比多增276.2亿元。

（七）经济运行质量有所提高，企业效益由降转增

在经济平稳运行的同时，财政收入实现平稳增长。2012年，全部财政收入3479.3亿元，增长15.3%，增速比上半年加快0.1个百分点，季度间波动为1.7个百分点，占全省生产总值的比重为13.1%，比上年提高0.8个百分点。其中公共财政预算收入2084.2亿元，增长19.9%，比上半年加快1.8个百分点。公共财政预算支出4018.9亿元，增长13.6%。

企业效益由降转增。受需求不足等因素影响，2012年，规模以上工业企业利润1—9月份均呈下降态势，但降幅逐步收窄。一季度下降11.7%，上半年下降7.1%，前三季度下降2.8%，1—10月增长1.6%，实现由降转增，全年规模以上工业企业实现利润2296.9亿元，比上年增长5.3%。

（八）民生得到新改善，农民收入增速快于城镇居民

城乡居民收入分别登上2万元和8000元台阶，农民收入增速连续三年快于城镇。2012年，城镇居民家庭人均总收入21899元，比上年增长11.8%。其中，城镇居民人均可支配收入20543元，增长12.3%。在城镇居民家庭人均总收入中，工资性收入增长12.6%，转移性收入增长6.9%，经营净收入增长22.9%，财产性收入增长6.3%。农民人均纯收入8081元，增长13.5%，增速快于城镇居民人均可支配收入1.2个百分点。其中工资性收入增长17.0%，家庭经营纯收入增长8.3%，财产性收入增长5.8%，转

移性收入增长24.8%。

综合分析，在国内外形势错综复杂，不稳定、不确定因素较多的情况下，全省经济发展实现了稳中有进，经济增长率、物价涨幅和就业形势基本稳定。同时，粮食生产再获丰收，调结构转方式有新进展，城乡居民收入继续较快增长，经济发展总体好于预期。

二、制约经济发展的突出矛盾和问题

2012年，经济运行中出现了宏观层面的需求不足、经济下行压力大，以及微观企业生产经营困难等新情况、新问题，同时，结构不合理、资源环境约束等深层次矛盾依然突出，制约了经济持续健康发展。

从宏观层面分析，需求不足，经济下行压力较大。2012年，全省经济增速同比出现了较大幅度回落，经济增速回落到一位数增长，全年GDP增速回落到2002年以来的最低水平。主要原因是国内外需求不足影响，投资、消费、出口增速均呈回落态势，2012年全省固定资产投资增速比上年回落2.8个百分点、社会消费品零售总额增速回落2.3个百分点、出口增速回落23.1个百分点。有效需求不足导致产能相对过剩，工业品价格下跌，进而对供给产生影响，表现为第二、三产业增速回落。第二产业增速回落1.9个百分点，其中规模以上工业增加值增速回落2.7个百分点；第三产业增速回落2.1个百分点。从体现经济活跃程度的指标观察，用电量、货运量增速也出现不同程度回落。全年全社会用电量增长3.1%，其中工业用电量增长2.9%，分别比上年回落9.8和9.7个百分点；公路货运量增长17.3%，回落5.3个百分点。表明当前经济增长乏力，下行压力仍然较大。

从微观层面分析，企业生产经营困难，经济效益下滑。宏观层面出现的需求不足，使部分工业行业产能相对过剩的问题显得更为突出，当前结构调整正处于攻坚阶段，淘汰落后产能力度不减，而河北速度效益型增长特征依然突出，工业利润增长仍依赖于规模的扩张，工业生产增速下行导致企业效益快速下滑。2012 年，全省规模以上工业利润总额持续低速，1—9 月份在负增长区间运行，全年增速同比回落 29.5 个百分点。亏损企业 1349 户，亏损面 11.4%，同比扩大 2.4 个百分点；亏损企业亏损总额 302.9 亿元，增长 26.7%，为 2001 年以来亏损最多的一年。影响企业效益下滑的原因是多方面的，一是市场需求减弱。规模以上工业主营业务收入增长 8.3%，同比回落 20.4 个百分点。工业品出口交货值增长 7.4%，同比回落 17.4 个百分点。二是生产成本增加。工业企业主营业务成本同比增长 7.9%，其中利息支出增长 17.4%，主营业务成本占主营业务收入的比重为 87.6%。三是产品价格下降幅度较大。2012 年，全省工业生产者出厂价格同比下降 5.3%，高于全国水平 3.6 个百分点。四是企业盈利能力低。主营业务收入利润率仅为 5.3%，同比下降 0.2 个百分点。微观企业生产经营不景气，必然影响宏观经济增长的进一步回升和运行质量效益的提高，应予以高度关注。

同时，一些深层次矛盾制约着经济持续健康发展，主要表现为三个矛盾突出。

一是结构优化升级任务重与创新能力不强的矛盾突出。我省资源型产业占比较大，产业结构层次偏低。从三次产业观察，主要是服务业发展滞后，2012 年我省服务业增加值增长 8.4%，增速居全国第 30 位，比 GDP 增速低 1.2 个百分点；服务业增加值占 GDP 比重偏低，仅为 35.3%，居全国第 21 位，比全国平均水平低 9.3 个百分点。从工业结构观察，行业结构层次偏低，在增加值居前 10 位的工业行业中，主要是钢铁、煤炭、石化、建材、电力等资源型产业，以初加工产品为主，处于产业链的中低端，受政策、环境等因素影响较大，抗风险能力较弱。影响产业结构优化升级的原因是多方面的，自主创新能力弱是重要制约因素。我省科研经费支出占GDP的比重低，R&D经费支出占GDP比重比全国平均水平低1个百分点以上。科研成果数量少，高新技术产业规模小，自主创新能力不足制约了产业升级步伐。

二是扩大消费需求与居民收入水平偏低的矛盾突出。一方面，消费需求偏弱。在拉动经济增长的三驾马车中，我省主要依靠投资需求拉动，其对经济增长的贡献率在60%左右，而消费需求对经济增长的拉动不强。消费需求对经济增长的贡献率由2007年的47.3%回落到2012年的43.2%，回落4.1个百分点，比全国平均水平低8.6个百分点。另一方面，城乡居民收入增长偏慢。一是低于经济增长速度。2001－2012年我省GDP年均现价增长14.9%，而城乡居民收入年均分别增长11.3%和10.3%，慢于经济增速4个百分点左右。二是低于全国平均增速。2004－2012年我省城镇居民人均可支配收入年均增长12.3%，低于全国0.3个百分点。城乡居民收入增长偏慢制约了居民的消费能力和消费需求的扩大。

三是资源能源消耗量较大与生态环境形势严峻的矛盾突出。我省产业结构偏重，2012年规模以上重工业增加值所占比重近80%，钢铁、建材、石化等作为传统优势产业，对能源、资源的依赖程度较高，六大高耗能行业能耗占规模以上工业的90%以上，增加值仅占44.3%。其中，黑色金属冶炼和压延加工业能耗占六大高耗能行业的56.1%，比上年提高6.5个百分点；增加值占21.8%，比上年回落1.5个百分点，能耗比重高于增加值比重34.3个百分点。尽管节能降耗措施取得了明显成效，但能耗总量仍居全国前列，单耗水平较高，主要污染物排放量居全国前列，发展面临的资源约束矛盾日益凸现，改善生态环境任务艰巨。

上述新问题和深层次矛盾交织在一起，根源还在于结构制约，自主创新能力弱，要保持经济持续健康发展，提高经济运行质量和效益，亟需在结构优化升级和自主创新能力上求突破，切实增强经济发展的内生动力。

三、2013 年经济走势展望与预警

展望 2013 年经济走势，经济发展环境仍很复杂，不确定因素依然较多，有利因素与不利因素并存。

从有利因素看，一是党中央一系列重要战略部署为做好今后一个时期的经济工作指明了方向。党的十八大描绘了全面建成小康社会的宏伟蓝图，提出了 2020 年国内生产总值和城乡居民收入比 2010 年翻一番的倍增计划，加快促进工业化、信息化、城镇化和农业现代化同步发展。中央经济工作会议强调突出把握好稳中求进的工作总基调，保持宏观经济政策的连续性和稳定性，增强调控的针对性、灵活性、前瞻性，提高经济增长的质量和效益，这些都有利于提振发展信心。二是国家扩内需、稳增长政策措施为经济发展提供了政策支撑和有力保障。国家加大对符合产业结构调整政策项目和企业扶持力度，出台了加快投资项目审批和建设、加大重点项目建设资金支持、鼓励民间投资、结构性减税、支持新能源产品消费等一系列政策措施，收入分配体制改革将对扩内需、稳增长起到积极促进作用。三是河北正处在加快发展的重大战略机遇期。继京津冀区域经济一体化、首都经济圈纳入“十二五”规划，河北沿海地区发展规划上升为国家战略后，国务院又正式批复《中原经济区规划》，冀南地区发展也提到了国家战略层面，同时积极争取石家庄、衡水进入首都经济圈，11 个设区市将有望全部纳入国家重大区域发展规划，这将为河北发展提供广阔空间和新的契机。四是实体经济发展后劲持续增强。省委、省政府作出着力改善发展环境、着力改善生态环境的重大部署，引进百家央企、科研院所和高等院

校进河北，承接的一批先进产业、项目和技术可望逐步投产达效。粮食生产实现了“九连增”，为经济稳定增长奠定坚实基础，一批工业项目逐步建成投产，将形成新的增长点。随着服务业拓展计划的实施，物流、金融等生产性服务业将加快发展。

从不利因素看，一是国际经济形势仍十分严峻复杂，世界经济复苏的不稳定性不确定性上升。世界经济增长放缓，国际贸易保护主义抬头，金融危机的影响呈现长期化趋势，各类风险明显增多。二是企业生产经营成本上升，部分行业和企业经营困难的局面还没有根本扭转，企业创新能力不足，资金、土地等要素制约突出。三是河北城乡居民收入水平偏低，对扩大内需特别是消费需求形成制约。

同时，在宏观调控时应防止“一个回落，两个反弹”。

“一个回落”：防止经济增速回落

目前，我省经济仍处在比较低的位置，9.6%的经济增长速度是2002年以来最低水平，规模以上工业增加值、固定资产投资、消费品零售总额、出口和财政收入等主要指标增速也处在近几年较低水平，尽管2012年四季度经济出现回升，但基础还不够稳固，经济能否筑底持续回升，还有待进一步观察，应进一步加强调控力度，巩固经济企稳回升的势头。

“两个反弹”：防止居民消费价格反弹，防止能耗水平反弹

2013年物价反弹的压力仍然较大，一是输入性通胀压力可能重新抬头；二是国内劳动力成本上涨、资源品价格改革带来的资源品价格上升及城镇化导致的土地成本上涨等结构性通胀因素将中长期存在；三是猪肉等农产品价格出现触底反弹迹象，增强了物价上涨预期。因此，应通过一系列措施，防止物价涨幅过快，警惕物价出现反弹。

能耗反弹的压力较大。2012年能耗的大幅降低，既有加大节

能降耗工作力度的因素，也有经济增长速度放缓的影响，随着经济企稳回升，能源消费需求将增加，同时，由于2012年基数较低，能耗水平有可能出现反弹，应进一步加大节能降耗工作力度，防止能耗出现反弹。

综合分析判断，尽管当前经济发展仍面临一些不确定因素，但经济平稳较快发展的趋势没有改变，有利因素大于不利因素，预计2013年有望延续2012年平稳增长的态势。

四、促进经济持续健康发展的建议

2013年，应全面贯彻落实党的十八大和中央经济工作会议精神，紧紧围绕科学发展主题和加快转变经济发展方式主线，以提高经济质量和效益为中心，推进结构调整，加强科技创新，保障和改善民生，努力实现经济持续健康发展。

（一）强化宏观调节，力促经济平稳较快增长

密切关注宏观经济运行环境和政策的变化，用足用好用活各项政策。大力发展特色农业和现代农业，加大对设施蔬菜生产的支持力度，加强农业生产技术推广，做好畜禽疫病防控工作。狠抓工业提速增效，落实省政府支持工业发展提高经济效益的十条意见，加大重点行业重点企业的扶持指导力度，全力保障生产要素供应，帮助停产亏损企业渡过难关。大力拓展服务业发展，加快发展旅游业、文化产业和服务外包业等现代服务业。

（二）加快结构升级，培育新增长点

全力推进农业现代化步伐，重点培育特色产业和特色产品，推动特色产业向规模化、集约化、现代化发展。促进工业化和信息化融合，加快传统产业转型升级，提升科技含量和效益水平，推动战略性新兴产业和先进制造业健康发展。加大对服务业的扶持力度，拓展服务业发展空间，加速服务业现代化步伐。推动新型城镇化发

展，提升城镇化质量和水平。

（三）狠抓节能减排，推动经济发展方式转变

着力改善生态环境，严把“两高”项目审批，控制能耗增量，优化能耗存量。强化节能目标责任考核，抓好重点区域、重点行业和重点企业节能降耗。加强节能减排技术研发、产业化示范和推广，鼓励支持企业采取改造落后工艺、增加节能设备等措施，减少能源消耗。大力发展低耗、高效、循环经济，提高资源、能源利用水平。

（四）狠抓科技创新，加大科技经费投入

鼓励和支持企业加大研发投入，加强核心技术、关键技术自主研发。发挥财政资金的引导作用，制定扶持重大科技研究的配套政策措施，适当降低税负，提高税收优惠占企业科技经费支出的比例。鼓励金融机构支持企业技术创新，利用贴息、担保等方式，为企业创新提供资金支持。创新产学研合作模式，引导和推动企业、大学和科研机构建立技术创新联盟，加快科技成果转化应用步伐。

（五）着力保障和改善民生，促进社会和谐稳定

实施好富民惠民工程，解决好就业困难人员和重点群体就业问题，确保就业形势稳定。促进城乡居民收入较快增长，实现居民收入增长和经济发展同步。完善社会保障制度，提高保障标准和覆盖面。稳定市场物价，做好困难群众基本生活保障工作。加快保障性安居工程建设，大力推进扶贫开发工作。

撰稿：靳占恒

专题研究

打造发展引擎　铸就强省之路

——加快我省沿海地区发展系列分析

为认真贯彻省第八次党代会精神和省委、省政府重大战略部署，深入推进《河北沿海地区发展规划》（以下简称《沿海规划》）的落实，实现建设经济强省、和谐河北的良好开局，省统计局组成课题组在深入调查研究基础上，围绕加快沿海地区①发展、搞好统计决策咨询服务，开展了加快我省沿海地区发展系列分析，反映了河北沿海三市推动《沿海规划》落实的成效，分析了我省沿海地区支撑力及差距，以及制约发展的深层次矛盾和原因，提出了增强沿海地区支撑经济强省建设的路径、突破口及建议。

加快我省沿海地区发展系列分析之一

秦唐沧三市落实沿海规划取得积极成效

2011 年是沿海地区规划建设的起始年，为了解和掌握《沿海规划》的落实情况，今年上半年，我们组织沿海三市统计部门开展调研，根据调研了解到的情况，对秦唐沧三市落实《沿海规划》的进展情况进行了归纳。总的看，秦唐沧三市抢抓历史机遇，认真贯彻落实省委、省政府关于沿海地区开发建设的决策部署，明确目标任务，强力组织推动，取得积极成效，但也面临制约规划推进落实

① 本文中的河北沿海地区均指秦皇岛、唐山、沧州三个设区市的全部行政区域。

的困难和问题。

一、规划体系进一步完善

秦皇岛市，编制完成沿海地区水资源保护和利用规划、环境保护规划、全市域旅游战略发展规划和城乡一体化发展规划；秦皇岛市全域发展战略规划、空间发展战略规划已完成初步成果。各县区围绕《沿海规划》要求对本地区的总体规划进行调整，分别制定了《落实〈河北沿海地区发展规划〉实施方案》，充分发挥了规划的引导作用。

唐山市，编制完成了《唐山沿海地区产业发展与空间布局规划》，以及交通、水利、供电和岸线开发利用等专项规划，并已启动实施。沿海各县区以及各产业园区的规划编制工作基本完成。比较完备的规划体系为基础设施建设以及产业大规模聚集创造了有利条件，奠定了坚实基础。

沧州市，编制完成渤海新区产业发展规划、黄骅新城总体规划、黄骅港总体规划、黄骅港综合港区散货港区控制性详细规划。沧州市整体发展规划初步完成。贯彻落实《沿海规划》，制定了具体工作方案，梳理出8个方面62项重点工作。各县（市、区）围绕《沿海规划》要求，对本地总体规划进行调整，对照目标任务制定了落实沿海规划实施方案。

二、基础设施建设加快推进

秦皇岛市，一是优化港口布局。实施“西港东迁”工程，高起点、高水平搞好概念性规划、总体规划及控制性详细规划、开发方案的研究编制工作。目前，《港口总体规划》已上报市政府审定。省政府专门召开了“西港搬迁”工程调度会，明确支持沙河口以西1.7公里岸线发展杂货和集装箱。秦皇岛港集装箱码头、散货码头建设已签订合作协议，正在开展前期工作。二是完善基础设施配套功能。城际轻轨完成规划设计。昌黄连接线、抚南连接线、西部快速路全线通车，秦抚快速路已开工建设，海滨大道完成路面铺油及市政管线敷设，正在进行景观施工。承秦高速计划2012年11月底竣工通车。北戴河机场项目前期审批工作已全部完成，机场航站楼主体工程已于2012年3月底破土动工。津秦客专、秦皇岛火车站改造等重大工程按计划推进。承秦铁路已委托铁道部第三勘察设计院完成预可研；京秦高铁、京秦北线高速公路正在谋划。

唐山市，一是青林公路、唐曹高速、沿海高速、滨海大道东段、滦海公路一期以及迁曹铁路、司曹铁路等陆路交通工程建成通车，与唐港高速、唐津高速、京沈高速以及大秦铁路、京山铁路等互联互通，形成了较为健全的交通体系。二是张唐铁路开工建设，将进一步推进冀东北经济区一体化进程，促进与内蒙古等地经贸合作向纵深发展。三是曹妃甸工业区市政道路、办公、医疗、口岸等综合服务设施建设初具规模，已形成部分接待能力。四是丰南沿海工业区、乐亭临港工业聚集区等产业组团水、电、路、气、讯等基础设施日臻完善，大规模开发建设条件已经具备。

沧州市，一是推进港口二期建设。重点推进20万吨级航道和20万吨级矿石码头，建设一批5—20万吨级的煤炭、散杂货、集装箱、液体化工等系列码头。其中：20万吨级航道工程，大部分前期工作和航道地勘均已完成，2012年6月底方案完成审查批复后，7月份可开始招投标，8月份具备开工条件，适时开工建设。4个20万吨级矿石码头项目，由河北港口集团主导建设，现已注册项目公司，编制完成了工作报告，正向国家发改委申请开展前期工作的批文。为了不影响工程进度，有关前期工作已提早展开，计划2012年下半年全面启动项目审批，力争明年年初开工建设。二是推进铁路建设。形成秦皇岛—唐山—天津—沧州快速铁路通道，形成京津与秦唐沧1小时交通圈；加快建设邯黄铁路，改造朔黄铁路和沧州铁路枢纽。三是完善区域公路网络。形成秦皇岛—曹妃甸新区—天津滨海新区—沧州渤海新区快捷公路通道，强化与辽宁沿海、黄河三角洲地区的公路联系。四是推进国省干线路网建设。促进普通干线公路网向新城区、产业集聚区、重点景区延伸；加强城市公共交通基础设施建设，完善城市公共交通体系；加快县乡道路改造，完善农村公路网络。五是配套电网改造及建设。结合国家“西电东送”通道建设，完善沿海地区500千伏网架和配套电网，提高电力跨区输送能力和受电能力；加快城镇配电网的升级改造，优化配电网结构，逐步形成智能电网运行体系。

三、产业布局聚集优化

秦皇岛市，出台《秦皇岛市鼓励产业聚集区（园区）发展的优惠政策》，制定下发《秦皇岛市2011年产业聚集区（园区）攻坚年活动实施方案》，推进产业聚集区发展。整合现有各类产业聚集区和园区，完善功能，合理分工，错位发展，调整优化全市产业布局。制定和完善14个产业聚集区发展规划、控制性详细规划和产业发展规划，搞好区域环境评价工作。加快聚集区基础设施建设，2011年，全市产业聚集区实施基础设施项目52个，累计完成投资29.6亿元，建成面积121.65平方公里，聚集区吸引力和承载力不断增强。产业聚集成效初显，围绕新能源、新材料、装备制造、电子信息等产业，秦皇岛新兴产业园共引进包括海上飞机、博硕太阳能、安广昌太阳能空调、单轨列车等14个亿元以上项目。强化秦皇岛经济技术开发区功能创新，深化管理体制改革，形成与国际接轨的管理方式和良好的投资环境，实施开发区扩区，实现产业优化升级，努力打造全省“现代产业体系样板区”。目前秦皇岛经济技术开发区已成为集国家级出口加工区、国家大学科技园、国家级高新技术创业中心等园区为一体的现代化工业新区，2011年实现生产总值、财政收入、利用外资分别占全市的19.6%、19%和29%，窗口示范、辐射带动作用进一步增强。2011年，全市产业聚集区（园区）主营业务收入1287.17亿元，完成固定资产投资336.41亿元，规模以上工业增加值269.17亿元。

唐山市，按照区域一体、产业协调、统筹规划、保护生态的原则，合理确定沿海地区产业发展与空间布局。曹妃甸新区，建立以现代港口物流、钢铁、化工、装备制造、高新技术等产业为主导，电力、海水淡化、建材、环保等关联产业循环配套，信息、金融、旅游等现代服务业协调发展的循环经济型产业体系，最终建成中国能源、矿石等大宗货物的集疏港，新型工业化基地，商业性能源储备基地，国家级循环经济示范区，中国北方商务休闲之都和生态宜居的滨海新城。乐亭新区，重点发展港口物流、精品钢铁、煤化工、装备制造、生态旅游等产业，建成精品钢材生产基地、煤化工产业基地、临港装备制造产业基地、滨海旅游胜地、市区产业转移承载区。丰南沿海工业区，重点发展装备制造产业、新型建材产业，逐步建成装备制造业基地、新型建材基地、曹妃甸新区与天津滨海新区的产业对接与配套基地。芦汉新区，重点发展高新技术与信息服务外包产业、五金制品产业，建成唐津两市区域合作的“桥头堡”、曹妃甸新区和天津滨海新区辐射的承接区。通过规划推进落实，促进全市产业协调发展。一是传统支柱产业向集约化、规模化和高端化方向发展。一批重大产业升级龙头项目前期工作稳步推进，中石化万吨炼油项目申请报告已通过专家评审，项目核准工作取得积极进展，上报申请核准；首钢二期项目产品和工装配置方案已通过专家评审，已上报国家发改委。二是战略性新兴产业加快培育。阿科凌5万吨/日海水淡化、宜能电光源等离子等项目已相继完工；正欣2MW蒸发冷却永磁直驱风力发电机生产项目，中视中科激光显示核心产业基地，汇鑫嘉德烧结灰再利用项目等一批战略性新兴产业项目正在建设。三是现代服务业加快发展。依托港口优势，现代物流产业快速发展，唐山海港物流产业聚集区、曹妃甸物流产业聚集区、唐海曹妃甸新区临港产业园区等园区建设不断提速；依托海滨海岛、湿地温泉、文化遗产等资源优势，滨海旅游产业发展不断加快，唐山湾国际旅游岛综合开发、唐海水都综合开发等项目已经列为《沿海规划》重点发展项目。

沧州市，一是以产业基地建设为核心，打造环渤海地区新兴增长区域。加快建设沧州高新技术产业基地、沧州管道和管件装备基地、任丘大型炼化一体化基地、渤海新区石油化工煤化工盐化工基地、渤海新区专用汽车制造基地、渤海新区综合物流园区和基地，加快石钢搬迁改造，建设优特钢等基地。二是以科技进步为中心，建设全国重要的新型工业化基地。培育建设产业技术研究机构；以建设新型工业化先行区为目标，以具备条件的大型企业、高排放的重化工行业和各类开发区（园区）为重点，加快建设以循环经济为主要发展方式的产业体系；推动信息化与工业化融合发展。选择装备制造、石化、建材、轻工等重点行业，从龙头企业入手，推进生产设备数字化、生产过程智能化、企业管理信息化、产品流通和市场信息化，促进传统产业改造升级。

四、新区建设步伐加快

曹妃甸新区，以打造全省第一经济增长极为目标，加快产业聚集，加强薄弱环节，全力打好项目建设、基础设施、城市功能、招商引资、融资能力、港口物流六大攻坚战：一是围绕着力加快产业聚集，全力打好项目建设攻坚战。按照“开工建设一批、建成投产一批、谋划储备一批”的要求，加紧完成中日生态工业园、石化产业园、综合保税区、唐海临港工业园等重点园区的“七通一平”工作，加快启动钢电园、中日生态工业园的生活服务区建设。加强中石化千万吨炼油、首钢二期、华润 2＊100 万千瓦机组、大型海水淡化等 19 个重大产业支撑项目的协调调度和前期盯办工作。二是围绕项目承载能力，全力打好基础设施攻坚战。三是围绕生产生活服务水平，全力打好完善城市功能攻坚战。四是围绕激发活力、增强发展后劲，全力打好招商引资攻坚战。五是围绕破解资金瓶颈制约，全力打好提升融资能力攻坚战。六是围绕充分发挥独特资源优势，全力打好港口物流攻坚战。

沧州渤海新区，一批重点项目得到落实。截至今年 5 月份，新区亿元以上重点项目共有 371 个，总投资 8257 亿元。一是总投资 100 亿元的北汽黄骅产业园暨 40 万辆整车项目。今年开工的共有 8 个生产车间和 4 个配套工程。预计 7 月份开工的 8 个车间均能建成，完成建筑面积 30 万平方米，明年一季度末可实现整车下线。二是总投资 220 亿元的北京佳龙大型芳烃联合装置项目。6 月份总投资 20 亿元的压力容器项目进场，一期工程预计明年 10 月份竣工投产。三是总投资 300 亿元的中国一重冷轧板项目。项目前期工作正在推进，厂区填土已完成总量的 28%。四是总投资 102 亿元的国华沧东电厂 2＊100 万千瓦发电和 20 万吨海水淡化项目。发电项目已基本完成前期，将重点做好“路条”争取工作；20 万吨海水淡化项目一期新上 2.5 万吨淡化工程正在推进开工前的各项准备工作，预计近期可开工建设。五是总投资 60 亿元的泰恒特钢先期 40 万吨铬铁项目。现厂区已完成土地降水 400 亩、填土近 300 亩，计划近期开始打桩，明年 2 月投产。

北戴河新区，坚持人文生态立区、新型高端业态兴区，以低碳生态为基础，以现代服务业为支撑，以休闲旅游、总部经济、文化创意、研发、会展为主攻方向，高起点、高标准制定发展战略和规划设计体系，从严控制新区每片土地和每一米海岸线。科学布局重大产业项目，加快国际旅游度假中心等重点项目建设，基础设施框架基本形成。积极推进旅游和服务业综合改革试点，打造全国最高标准的绿色节能建筑示范区。狠抓基础设施建设和重点区域综合整治，严格界定岸线功能和分区功能，实施新区水系“蓝线”、岸线“金线”、森林“绿线”、生态“红线”管理，保护区域生态环境。2011年，北戴河新区实施重点项目30个，其中计划总投资200亿元以上重大项目3个，50亿元以上重点项目10个。暑期集中开工了总投资522亿元的北戴河新区国际旅游度假中心、圣蓝皇家海洋公园等6个重点项目。2011年北戴河新区实现生产总值12.06亿元，三次产业比重为34.8∶37.4∶27.8。全年完成固定资产投资16.11亿元，实现财政收入5308万元。

五、生态环境逐步改善

秦皇岛市，在162公里海岸线实施滨海绿廊工程。北戴河森林湿地二期扩建工程竣工。实施花海建设工程，完成野花组合播种面积30余万平方米。“花街花城”工程全面完成。进一步改善沿海生态环境，实施沿海林场低质林改造工程。强力推进总投资117.5亿元的北戴河及相邻地区近岸海域环境综合整治十大工程，狠抓污染源治理、污染企业关停和生态修复，确保今年暑期有大的改善。主干道景观提升、城市雕塑等绿化美化亮化工程取得显著成效，形成老沿海公路绿道、深河环境综合改造等一批新景观新亮点。积极推进城市区“六河”和县域“七河”治理工程，努力打造“生态水城”。

唐山市，扎实推进生态建设，一是建设唐山湾生态城，着力打造服务于曹妃甸新区的现代化未来生态城市。唐山湾生态城定位于世界一流的生态城市、港口城市、滨海城市、示范性城市、国际性城市和环渤海中心城市，已初步形成基础设施较为完善、重点项目全面开工、城市框架基本成型的格局。二是中日生态工业园，位于曹妃甸工业区西北部，规划面积约60平方公里，主要发展资源循环利用、节能环保技术及装备制造、高新技术产业等六大主导产业。目前，中日生态工业园产业及空间布局规划编制完成；基础设施日臻完善，具备了产业项目入驻的条件，产业聚集势头明显。三是以唐山湾国际旅游岛为主的滨海生态资源得到了重点保护和合理开发。唐山湾国际旅游岛正在利用得天独厚的海岛、温泉、沙滩、深海淤泥、生态及文化资源优势，积极打造“生态旅游”新名片。

沧州市，以生态建设和环境保护为抓手，建设生态良好、人与自然和谐的宜居区。优化建设用地布局，引导产业和建设项目向开发区（园区）、工业聚集区集中，提高单位土地投资强度和产出效益。利用改造滩涂，集约利用土地，按照节约集约和总量控制的原则，合理确定新增建设用地规模、结构、时序，在安排年度计划时予以适当倾斜。支持港口、港城和临港产业发展建设用地需求，凡列入国家战略的重点建设项目在用地计划、用地审批上优先安排。科学利用海域资源，确定围填海规模和范围，完善项目用海制度，切实为城市发展和临港产业建设提供空间。依法减免海域使用金，支持沿海地区开发建设。

六、体制机制不断创新

秦皇岛市，一是深化行政体制改革。印发了《关于进一步下放政府审批权限的意见》，其中省市116个项目审批权限已于2011年5月1日下放到沿海县区并开始实施。完成了北戴河新区内设机构组建工作，已正式行使职能。二是加大招商引资力度。出台《关于进一步扩大开放加强招商引资工作的若干规定》，加大招商经费投入力度；组织全市“东北地区·秦皇岛周”招商活动；组织参加第110届广交会、第六届中国——东盟博览会。三是与腹地互动发展

“飞地经济”。深入推进“东出西联”战略，加强与京津、山西、内蒙、新疆及山东、辽宁等周边腹地合作，新疆棉花、蕃茄酱通过秦皇岛下水，甘肃等地货物正在进行实质性洽谈。四是人才教育科技攻坚。出台《秦皇岛市中长期人才发展规划纲要（2010—2020年）》，2011年引进各类急需人才411人；起草《秦皇岛市城乡人才一体化工程实施方案》，修改完善《秦皇岛市领军人才培养开发工程》、《秦皇岛市社会事业人才培养工程》等文件；开发区积极引进北京大学（秦皇岛）科技产业园项目；被国家科技部批准为国家创新型试点城市。

唐山市，按照国家产业政策，认真贯彻落实省对沿海地区开发建设的部署要求，对沿海地区不同区域根据不同的主导产业，分别从投资规模、投资强度、环境保护、技术水平、产业集群、节能减排、产出效率、容积率、建筑系数、行政办公和服务设施用地比例等方面确定了准入标准，为经济社会可持续发展提供了制度保障。

沧州市，一是推进国有企业改革。加快建立现代企业制度，通过跨区域重组、联合并购等方式组建一批竞争力强、辐射范围广的企业集团，实施多元化股份制改造，推进企业整体改制上市。二是大力发展非公有制经济。认真落实支持非公有制经济发展的政策措施，着力营造公平竞争、平等准入的市场环境，进一步拓宽民间资本投资渠道，努力把沿海地区建成引领全省非公有制经济快速发展的先导区和示范区。三是打造对外开放平台。鼓励内资、外资银行到沿海地区设立分支机构；引进重点产业国内外协作配套厂商，以沧州石化和管道装备为龙头，积极引进国内外协作配套厂商，做大做强沿海地区重点产业。四是深化与京津全方位战略合作，完善区域合作机制。五是加强与腹地的合作。依托东西连接的出海战略通道，加强与华北、西北纵深腹地合作，推进内蒙、山西、河南、甘肃等地参与沿海港口建设和兴建产业园区。

在《沿海规划》加快推进过程中，仍存在一些影响规划推进落实的不利因素。主要是沿海三市部分地区行政管理体制仍没有理顺，规划审批权限上划导致县区总体规划审批进度缓慢，项目审批效率不高，影响着沿海地区快速发展；一些需要国家审批的重大规划，需要省、市共同努力，尽快协调国家相关部门解决；要素制约问题比较突出，普遍存在基础设施建设资金、土地收储资金、土地储备、土地指标不足等问题。这些问题如果得不到及时有效解决，将会影响到规划的落实，我省在环渤海加速崛起的进程中就有可能错失难得的历史机遇。

加快我省沿海地区发展系列分析之二

我省沿海地区支撑力及差距比较

为反映我省沿海地区综合发展水平及对全省的支撑作用，我们建立沿海地区综合发展水平评价指标群和评价模型，将河北沿海地区与辽宁沿海经济带、天津滨海新区、山东半岛蓝色经济区、江苏沿海地区、广东珠江三角洲进行量化分析比较，以进一步明晰我省沿海地区差距和发展潜力。

沿海地区发展水平、沿海地区支撑力评价模型以河北及河北沿海地区为评价对象，以辽宁、天津、山东、江苏、广东以及辽宁沿海经济带、天津滨海新区、山东半岛蓝色经济区、江苏沿海地区、广东珠江三角洲为参照系（目标值），采用系统综合评价方法进行评价分析，综合指数以上述五省及五省沿海地区为100（目标值），用以反映河北及河北沿海地区的相对发展水平和支撑能力。

沿海地区综合发展水平评价指标群

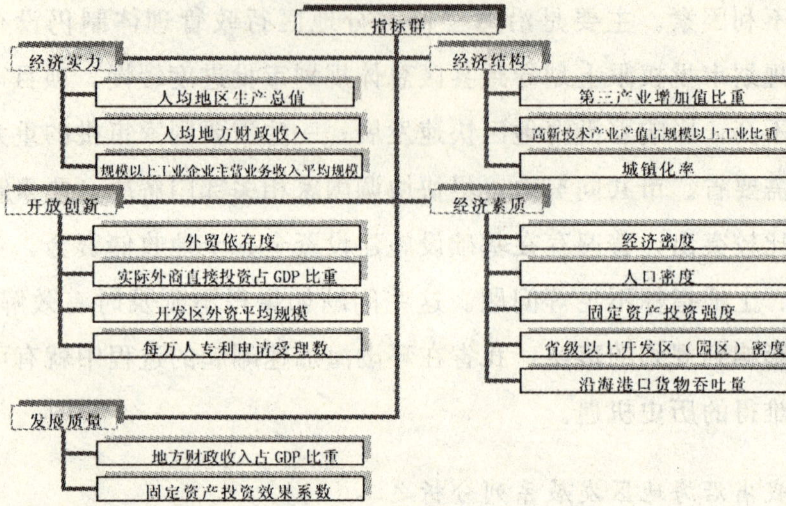

评价模型[①]：CI＝Σ〔（Xn/Yn）×Qn〕/Σ（Qn）

一、沿海地区比较，河北沿海地区综合发展水平最低

河北沿海地区与辽、鲁、津、粤沿海地区存在明显差距，与江苏差距较小。我省沿海地区综合发展水平比广东珠江三角洲低26.5%、比天津滨海新区低52.9%、比山东半岛蓝色经济区低28.2%、比辽宁沿海经济带低22.7%。由于江苏省沿江开发早于沿海，其沿海地区领先优势并不突出，我省沿海地区综合发展水平相当于江苏沿海地区的91.6%，即与其差距为8.4%。

（一）河北沿海地区与山东半岛蓝色经济区相比呈现“五低”

一是发展质量低6.8%。2010年，河北沿海地区地方财政收入占GDP比重为4.7%，比山东半岛蓝色经济区低1.6个百分点，

① CI表示综合指数，当评价发展水平时，Xn表示河北第n项指标数据，Yn表示目标省第n项指标数据；当评价沿海地区支撑力时，Xn表示沿海地区第n项指标数据，Yn表示全省第n项指标数据，Qn表示第n项指标的权重，全部指标权重合计为100。

每亿元生产总值少创造0.016亿元的地方财政收入；但投入产出效益相对较好，固定资产投资效果系数为0.25，比山东半岛蓝色经济区高0.04，每亿元全社会固定资产投资多创造地区生产总值0.04亿元。

二是经济实力低21.6%。河北沿海地区人均生产总值43209元，人均地方财政收入2041元，分别比山东半岛蓝色经济区低24.4%和43.8%。

三是经济结构低23.4%。河北沿海地区第三产业增加值比重为35.8%，比山东半岛蓝色经济区低0.8个百分点；高新技术产业和城镇化进程差距较大，高新技术产业产值占规模以上工业比重为9.4%，城镇化率为46.7%，分别低28.8和5.3个百分点。

四是经济素质低31.4%。我省沿海地区开发建设强度和产出水平不高，人口密度为每平方公里505人，固定资产投资强度为每平方公里1318万元，每平方公里创造地区生产总值2169万元，均低于山东半岛蓝色经济区，分别低7.9%、31.4%、30.5%；沿海港口货物吞吐量6亿吨，低30.2%。

五是开放创新低58.8%。河北沿海地区外贸依存度为24.8%，不及山东半岛蓝色经济区的一半，低29.5个百分点；外商直接投资占GDP比重为1.4%，低0.7个百分点；省级以上开发区外资平均规模2324万美元，比山东半岛蓝色经济区低64.6%；每万人专利申请受理数2.1件，低79.6%。

（二）河北沿海地区与辽宁沿海经济带相比呈现“四低一高”特征

一是经济实力低12.3%。2010年，河北沿海地区人均生产总值、人均地方财政收入，分别相当于辽宁沿海经济带的83.3%和40.5%。

二是发展质量低25.4%。河北沿海地区地方财政收入占GDP

比重比辽宁沿海经济带低5个百分点，每亿元的生产总值少创造0.05亿元的地方财政收入；固定资产投资效果系数比辽宁沿海经济带高0.03，每亿元全社会固定资产投资多创造地区生产总值0.03亿元。

三是经济结构低29.5%。河北沿海地区第三产业增加值比重、高新技术产业产值占规模以上工业比重、城镇化率分别比辽宁沿海经济带低2.9个、22.6个和17.1个百分点。

四是开放创新低73.3%。河北沿海地区外贸依存度比辽宁沿海经济带低20.5个百分点；外商直接投资占GDP比重低8.2个百分点；省级以上开发区外资平均规模低89.5%；每万人专利申请受理数低73.1%。

五是经济素质高27.2%。河北沿海地区人口密度、投资强度和每平方公里创造的生产总值均高于辽宁沿海经济带，分别高62.8%、3.1%和34.7%。但我省沿海港口货物吞吐量相对偏低，比辽宁沿海经济带低11.2%。

（三）与先进省落后时间差距明显

运用静态时间差模型①和结构趋势预测模型②，测算分析我省沿海地区部分指标的差距：

一是人均生产总值落后于天津滨海新区12－15年，落后于广

---

① $T=\ln(Q^1_{(t)}/Q^0_{(t)})/\ln(1+i)$，模型主要用于测算沿海地区GDP、人均GDP、港口货物吞吐量目标值。其中，T为与相对发达省份比较，相对欠发达省份第t年的静态时间差，表示在第t年的水平下，相对欠发达省份以i的年均增长率发展，达到发达省份的水平所需要的时间。$Q^1_{(t)}$为相对发达省份第t年的指标完成情况；$Q^0_{(t)}$为相对欠发达省份第t年的指标完成情况；i为相对欠发达省市指标年均增长率，用最近连续5年滚动计算。

② 结构趋势预测模型：$Y_t=AX+B$。该模型主要用于预测结构性指标目标值，其中Y_t表示第t年的预测数据，X表示已知年份的实际值。

东珠江三角洲3—4年。2010年静态时间差分别为14年和3年；若以“十一五”时期沿海地区年均增长14.8%测算，达到上述两省目前水平，分别需要12年和3年时间。

二是沿海港口货物吞吐量落后于先进省份2—3年。“十一五”时期，我省沿海港口货物吞吐量年均增长17.2%，但发展差距依然存在，2010年比广东、山东、浙江分别落后2年，比上海、辽宁落后1年。

三是财政收入占地区生产总值比重落后。2011年我省沿海地区地方财政收入占GDP比重为5.05%，对全省贡献率为24.5%，低于广东、天津29.2和51.6个百分点，财政收入占GDP比重比珠三角和江苏沿海地区落后4年和5年。

四是外贸依存度落后。我省沿海地区外贸依存度提高不快，2000年以来年均提高0.52个百分点，目前水平比辽宁沿海经济带落后7年时间。

二、沿海支撑力比较，河北沿海地区对全省经济的支撑力强于山东半岛蓝色经济区和辽宁沿海经济带

沿海地区是中国改革开放的前沿阵地，因而也是经济发展的高地，经济强省沿海先行是沿海地区发展的一般规律。从沿海地区与省域发展综合比较看，珠江三角洲综合发展水平比广东省高26.2%，天津滨海新区比天津市高52.2%，山东半岛蓝色经济区比山东省高17.9%，辽宁沿海经济带比辽宁省高9.0%，我省沿海地区综合发展水平比全省高20.5%。沿海省份发展对沿海地区均存在不同程度的依赖性，其中珠三角对广东、滨海新区对天津的支撑较强，河北沿海地区对全省发展具有重要支撑作用，支撑力高于山东半岛蓝色经济区和辽宁沿海经济带，但弱于珠三角和天津滨海新区，从影响因素看，各要素发展水平不平衡，经济素质比全省高

51.0%，经济实力高29.4%，开放创新高23.1%，经济结构高2.7%，均为正支撑；但发展质量比全省低3.6%，为负支撑。

河北沿海地区与山东、辽宁相比，缺乏有影响力的区域增长极。山东除了半岛蓝色经济区外，还有黄河三角洲高效生态经济区上升为国家战略；辽宁除了沿海经济带之外，还有沈阳经济区，是国务院批准设立的我国第八个国家综合配套改革试验区①。山东、辽宁多极支撑，相对弱化了沿海地区的重要性，而河北单极支撑更凸现出沿海地区的重要地位。面临辽宁沿海经济带、沈阳经济区，山东半岛蓝色经济区、黄河三角洲高效生态经济区的双向强大压力，以及天津滨海新区的虹吸，对河北沿海地区发展形成了明显制约，加快实施《沿海规划》，促进沿海地区发展，不仅是一项紧迫长期的任务，更具有重要的现实意义。

沿海地区对全省经济支撑作用仍有较大提升潜力，加快推进沿海地区发展，必须要在较短时间内提高沿海地区发展水平，增强沿海地区对建设经济强省的支撑。为进一步分析沿海地区对全省经济的支撑作用，我们选取2000年以来全省和沿海地区部分指标数据，建立沿海地区支撑线性模型②：

$$Y=(1/a)X+c \quad (0\leqslant a\leqslant 1)$$

$$\begin{cases} GDP_{全省}=968.5+2.6\times GDP_{沿海地区} & (R^2=0.9985) \\ CZ_{全省}=32.5+3.6\times CZ_{沿海地区} & (R^2=0.9990) \\ CK_{全省}=6.1+2.9\times CK_{沿海地区} & (R^2=0.9139) \\ WZ_{全省}=2.1+2.2\times WZ_{沿海地区} & (R^2=0.9854) \end{cases}$$

① 2010年4月，经国务院同意，国家发改委正式批复沈阳经济区为国家新型工业化综合配套改革试验区，这标志着沈阳经济区成为继上海浦东新区、天津滨海新区、成都、重庆、武汉城市圈、长株潭城市群和深圳等七个地区后，国务院批准设立的第八个国家综合配套改革试验区。

② 模型用于测算沿海地区主要指标对全省的支撑力，其中Y表示全省主要指标数据，X表示沿海地区指标数据，a为沿海支撑力。

（上式中，地区生产总值：GDP、公共财政预算收入：CZ、出口总值：CK、外商直接投资：WZ）

结果显示：我省沿海地区支撑力强于江苏沿海地区，弱于广东珠三角，可以通过加快沿海地区发展，大幅度提升经济实力，改善发展质量，提高开放程度。目前，我省沿海地区GDP增加1亿元，全省可增加2.6亿元，沿海地区对全省支撑力为0.385，高于江苏0.167的水平，低于广东0.833的水平；公共财政预算收入增加1亿元，全省可增加3.6亿元，沿海地区支撑力为0.278，高于江苏0.161的水平，低于广东0.667的水平；出口总值增加1亿美元，全省可增加2.9亿美元，高于江苏0.071的水平，低于广东0.999的水平；外商直接投资增加1亿美元，全省可增加2.2亿美元，沿海地区支撑力为0.278，高于江苏0.244的水平，低于广东的0.999水平。

三、河北沿海弱直接影响全省综合实力提升

由于我省沿海地区对全省具有较强支撑，但综合发展水平低，影响全省综合实力的提升。河北综合发展水平仅相当于广东的65.8%、江苏的65.4%、山东的71.3%、辽宁的67.6%、天津的47.8%。从影响因素分析主要表现为：

一是经济实力不强。河北经济实力相当于江苏、广东的68.1%、71.5%，山东、辽宁的77.8%、73.4%，天津的45.4%。2010年河北人均GDP在12个沿海省份[①]中居第10位，天津是河北的2.5倍，山东、辽宁、广东、江苏是我省的1.4—1.8倍；地方财政收入居沿海第8位，人均地方财政收入天津是河北的4.5

① 12个沿海省份指北京、天津、河北、辽宁、上海、江苏、浙江、福建、山东、广东、广西、海南。

倍，广东、辽宁、江苏是河北的2.8－2.3倍，山东是河北的1.5倍。

二是经济结构不优。河北结构优化水平相当于江苏、广东的67.8%、80.2%，山东、辽宁的85.1%、70.4%，天津的75.2%。河北第三产业增加值比重居沿海末位，2010年比上述五省市低1.7－11个百分点；高新技术产业产值占规模以上工业的比重为14.4%，比江苏、山东、辽宁低18.5、20.8和17.6个百分点；城镇化率在12个沿海省份中仅高于山东。

三是发展质量不高。河北经济发展质量状况相当于江苏、广东的67.6%、61.3%，山东、辽宁的88.1%、75.4%，天津的61.9%。地方财政收入占GDP的比重较低，2010年我省仅为6.5%，比天津低5.1个百分点，比辽宁低4.3个百分点，比江苏、广东均低3.3个百分点，比山东低0.5个百分点。投入产出效率不高，2008－2010年全社会固定资产投资效果系数平均值为0.19，低于上述五省市水平。

四是经济素质不高。河北经济素质相当于广东的74.4%，山东、辽宁的51.4%、94.0%，天津的44.2%，比江苏高6.1%。经济集约化程度不高，每平方公里土地聚集的人口、固定资产投资和创造的生产总值相对较低。江苏、山东、广东、天津人口密度是我省的1.5－2.9倍，五省市固定资产投资强度是我省的1.1－6.8倍，经济密度是我省的1.2－7.1倍。

五是开放创新能力不强。河北开放创新水平相当于江苏、广东的17.1%、41.6%，山东、辽宁的54.3%、24.7%，天津的12.2%。对外贸易与沿海先进省份差距较大，2010年广东省外贸依存度为115.5%，河北仅为13.9%，比江苏、山东、辽宁、天津低15.7－62.2个百分点；利用外资占GDP的比重为1.3%，比5省市低0.3－6.7个百分点。

河北与辽鲁津苏粤沿海地区综合发展水平比较

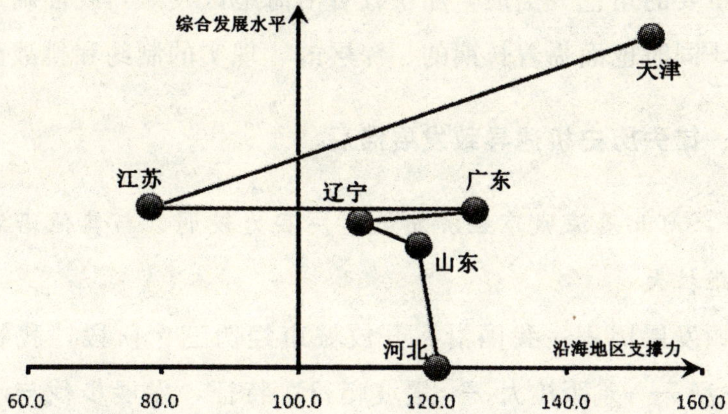

综合上述分析，河北沿海地区综合发展水平及对全省支撑呈现“一低一强一弱”特征。“一低”：河北沿海地区综合发展水平最低。冀、辽、鲁沿海地区呈现“两头凸、中间凹”的形态特征，河北沿海地区处于沿海塌陷地。“一强”：河北沿海地区对全省经济发展的支撑相对较强。沿海地区对全省支撑比较，津、粤最强，冀相对于辽、鲁、苏较强，表明我省沿海地区对建设经济强省具有非常重要的影响和地位。“一弱”：河北沿海弱直接影响全省综合实力提升。由于我省沿海地区对全省具有较强支撑，但综合发展水平却在辽、鲁、津、苏、粤沿海地区中处于最低水平，导致河北综合发展水平不高，与沿海省份比较存在明显差距，一个重要的原因就是沿海地区综合发展水平低，支撑全省、引领内地发展的功能尚未有效发挥出来。

加快我省沿海地区发展系列分析之三

制约沿海地区发展的问题和原因

世界经济格局发生深刻变化，新一轮产业结构调整已经展开，发展方式加速转型，科技革命迅猛发展，生产要素快速流动，同时国际形势依然复杂严峻，国内经济面临下行压力，沿海地区将担当越来越重要的角色。当前，加快我省沿海地区发展，既面临重大历史机遇，同时也面临着长期的、深层的、现实的制约和挑战。

一、错失历史机遇导致发展滞后

（一）河北沿海城市经济发展不快实力较弱，与其他沿海开放城市差距拉大

回顾发展历程，我国沿海开放城市经历三个阶段，我省呈现“同步发展——差距拉大——缓坡爬行”特征，发展步伐与沿海先进地区差距逐步拉大，叠加滞后效应明显。第一个阶段（1984－1991年）我省在低起点上实现同步发展。1984年国务院批准包括我省秦皇岛在内的14个沿海城市为全国首批对外开放城市，1985年秦皇岛市经济总量只有20亿元，是环渤海地区经济总量最小的沿海开放城市，在沿海开放城市中，仅高于北海市，生产总值相当于大连、青岛和烟台的17.5－35.4%。但这一时期，秦皇岛市发展速度并不落后，与其他沿海开放城市基本同步，甚至逐步赶超江苏连云港市，1991年生产总值分别相当于上述三市的28.9－34.5%，达到了历史较高水平；人均GDP相当于61.9－88.1%。唐山于1988年被国务院批准为沿海开放地区，但在税收、土地、经济权限等方面政策不活，没有用足国家特殊的沿海优惠政策。第二阶段（1992－1997年）我省发展略慢，差距拉大。邓小平南巡讲话推动沿海开放城市进入新一轮扩张期，但秦皇岛发展相对不快，无论经济总量还是人均水平都与烟台、青岛和大连等先进城市的差距开始拉大，生产总值相当于上述三市的25.8－31.7%，人均GDP相当于53.2－78.2%。第三阶段（1998年以来）我省缓坡爬行痛失良机。沿海开放城市进入跨越加速的黄金阶段，河北沿海地区落后主要形成于这一阶段。烟台、青岛和大连市生产总值连续

实现千亿元的跨越，2011 年烟台已接近 5000 亿元，青岛和大连突破 6000 亿元，秦皇岛发展速度明显落后，生产总值刚刚突破 1000 亿元，相当于上述三市的 17.3—21.7%；人均 GDP 相当于三市的 40.1—50.1%，与起步时已相差了 20.8—33 个百分点。

（二）沿海先进省份加速形成外向型经济体系，河北开放程度却长期处于较低水平

伴随沿海开放城市发展，对外贸易不断扩大，河北与先进省份差距也逐步扩大。在改革开放初期，我省与江苏、山东进出口总值差距不大，1985 年河北外贸依存度为 10.5%，高于江苏 9.0%的水平，低于山东 17.9%的水平；1994 年时，江苏、山东外贸依存度跃过 20%，分别达到 25.0%和 21.6%，河北仍在徘徊不前，为 12.5%；再经过近 20 年的发展，江苏连续跃升，部分年份超过 100%，山东也维持在 35%左右较高水平，河北不足 15%，与发达省份的差距明显拉开。2010 年我省沿海地区外贸依存度 11.3%，低于全省 2.6 个百分点，比山东半岛蓝色经济区、辽宁沿海经济带分别低 43 和 34 个百分点。河北与沿海先进省份经济开放程度的差距，从上世纪 90 年代初开始拉大、90 年代末期加速扩大。

综上所述，与其他沿海地区相比，河北并未输在起跑线；但在东部沿海地区发展黄金期，大连、烟台、青岛等沿海开放城市凭借雄厚的经济基础和优惠政策，实现了加速跨越发展的同时，河北沿海城市却在起点较低的条件下机遇抓得不紧，优势发挥不够，长期跨而不跃，维持在低水平缓坡爬行状态，从而导致沿海地区叠加滞后，既未形成有力的区域支撑和辐射带动，又增大了今后追赶的难度和代价。

二、开发区建设滞后引领作用偏弱

（一）沿海地区开发区数量少、规模小、影响力弱

国家级开发区是改革开放的伟大创举，在产业聚集、出口拉动

等方面发挥着不可替代的窗口示范和辐射带动作用。1984－1988年，国务院批准设立首批14个国家级经济技术开发区，河北秦皇岛经济技术开发区名列其中。二十多年来，特别是上世纪90年代，开发区进入了高速增长黄金期，成为吸引外资的重要载体、平台和对外贸易的重要基地，相比之下我省特别是沿海地区开发区建设明显不足。

一是数量少。山东有23个国家级开发区，有16个分布在半岛蓝色经济区；辽宁有13个国家级开发区，有8个在沿海经济带；我省国家级开发区只有9个，沿海地区有4个。山东省级开发区146个，我省为42个，沿海地区只有14个。根据中国开发区网资料，山东省注重筑巢引凤，开发区星罗棋布，每万平方公里有省级以上各类开发区①10.8个，辽宁有3.5个，我省仅有2.5个。

二是规模小。2010年，河北省级以上开发区外商直接投资13.7亿美元，不足山东的1/3，为30.6%，相当于辽宁的15.8%；开发区利用外资平均规模2910万美元，相当于山东的3/4、辽宁的13%；沿海地区省级以上开发区实际利用外资3.5亿美元，不足山东半岛蓝色经济区的1/10，为9%。

三是影响力弱。山东、辽宁的开发区半数以上分布在半岛蓝色经济区和沿海经济带，河北沿海3市只有2个经济技术开发区、1个高新技术开发区和1个加工贸易区，不足以对全省形成有力支撑。2010年，省级以上开发区实际利用外资占全省的35.7%，比山东低27.7个百分点，比辽宁低6个百分点；沿海地区开发区实际利用外资占全省的8.5%，占省级以上开发区的23.8%，分别比山东低38.7和37.3个百分点；利用外资平均规模为2325万美元，

---

① 包括国家级的经济技术开发区、高新技术产业开发区、保税区和出口加工区、省级开发区。

比半岛蓝色经济区低64.5%，也比我省平均水平低20%。

（二）开发区建设滞后，引领带动发展能力不足

我国开发区经历了经济特区→沿海开放城市→沿海经济技术开发区→沿海及内地经济技术开发区、高新技术产业开发区的发展过程。先进省份坚持“以发展工业为主，以利用外资为主，以出口创汇为主，致力于发展高新技术产业”的原则，通过招商引资、产业聚集和优化升级，基本形成以外向度较高、知识技术密集、成长潜力巨大、综合效益较好、引领作用显著的制造业和高端服务业为主体的产业结构。如大连、青岛、宁波、烟台发挥港口桥梁优势，以优惠政策、廉价劳动力吸引国际资本、先进制造技术、管理技术，形成了较强的国际竞争力和强大的人才资本聚集效应。我省开发区发展较慢。2011年，河北省级以上经济开发区和高新技术开发区注册企业3.4万个，而山东省2010年注册企业已达9.34万个；河北沿海地区外商投资企业比重为3.9%，比半岛蓝色经济区低10.8个百分点。

三、产业层次偏低难以发挥辐射带动力

从沿海地区辐射带动看，辽宁沿海经济带地缘优势突出，为东北地区承接产业转移、开展国际合作提供了有利条件，已形成以海洋渔业、海洋交通、海洋油气、海洋造船、海洋盐化工、海洋旅游等六大海洋经济支柱产业，对改善提高老工业基地产业结构层次具有重要引领作用，客观上存在以海兴陆、海陆联动、梯度发展、优势互补的利益契合点。半岛蓝色经济区是山东省较发达地区，海洋渔业、化工、工程建筑、滨海旅游、海洋交通运输、生物医药、电力等海洋产业迅速发展，新能源、新材料、新医药、新信息和装备制造等高端产业和战略性新兴产业加速聚集，沿海城市成为高端产业聚集区，与黄河三角洲高效生态经济区、胶东半岛高端产业聚集

区、鲁南经济带形成重点带动区域。河北沿海地区的产业结构偏重，低附加值、资源型产业结构特征明显，缺乏鲜明的区域特色。借鉴联合国工发组织国际工业研究中心设计的产业“结构相似法”，测定沿海地区产业结构相似系数，利用2010年资料测算结果表明，我省沿海地区产业结构不合理状况尤为突出。

（一）沿海地区与我省其他地区产业互补性不足

沿海地区与全省、省内其他地区在三次产业结构、工业结构和制造业结构上均高度雷同，结构相似系数均在0.9以上，表明沿海地区作为一个整体，尚未与其他地区形成梯度发展格局，产业缺乏互补性，难以形成强大辐射和互动。尽管沿海三市工业结构和制造业结构相似系数在0.448－0.769之间，行业优势存在差异，但规模居前10位的制造业行业基本一致，主要是农副食品加工业、石油加工炼焦及核燃料加工业、化学原料及化学制品制造业、金属冶炼及压延加工业，以及部分装备制造行业，总体上竞争性强而互补性弱。

（二）沿海地区结构层次较低

产业结构不合理是制约我省经济发展的突出矛盾，而沿海地区产业结构更加不合理。在38个工业行业大类中，沿海地区相对优势突出、区位商大于1的只有8个行业，主要是采矿业以及制造业中的石油加工、炼焦及核燃料加工业、黑色金属冶炼及压延加工业、金属制品业、专用设备制造业，多数为低层次的资源型产业。

（三）主导产业结构低端化

我省秦、唐、沧与沿海先进城市比较主导产业不合理矛盾突出。大连、青岛、烟台、威海等沿海城市主导产业多以装备制造、电子信息、医药制造、食品制造、精密机械、精细化工等产业为主，对环境压力和资源依赖较小，并以国际市场为依托呈现多元化发展趋势，支撑城市经济整体抗风险能力较强。我省秦皇岛是旅游城市，高耗能行业却占较高比重，占全市规模以上工业的42.8%，工业行业层次较低；唐山的钢铁、采矿、煤炭、电力、水泥始终是主导产业，并且主导产业呈极化发展，2011年钢铁行业增加值仍占规模以上工业的37.8%；沧州的石油化工、管道装备及冶金、机械制造、纺织服装、食品加工是主导行业，石化工业增加值已占全省同行业的34.5%。我省沿海地区主导产业发展越来越受到资源、环境因素的制约，受国家政策约束大，抗风险能力偏弱。

（四）低层次的产业结构造成缺乏竞争力的市场结构

目前国际贸易结构走向高级化，服务贸易和技术贸易发展方兴未艾，传统依赖低廉价格和数量扩张的粗放发展方式难以为继，提高产品档次、附加值是提升国际竞争力的必由之路。我省产业结构层次低，缺乏具有竞争力和影响力的名牌产品，必然导致低层次的贸易结构，难以打开国内外市场，深度参与国际区域分工，在国际贸易中处于不利地位，进而影响外贸规模扩大和沿海开放水平提高。我省出口规模相当于山东的1/5、辽宁的1/2，沿海地区占全省的27.5%，而山东半岛蓝色经济区、辽宁沿海经济带出口占本省的3/4以上，差距非常明显。

四、环境不优影响项目聚集

在我国沿海区域经济发展的大格局中，大流域龙头基本确立，如广东是珠江三角洲的龙头、上海是长江流域的龙头、广西是大西南的龙头、天津是环渤海的龙头、辽宁是东北三省的龙头，山东是黄河流域的龙头，这些区域凭借先天的优越条件和后天的优惠政策，成为中国开发开放条件最好区域，他们利用国内外两个市场、两种资源，大力推动招商引资工作，逐步成为内外资涌入地和产业项目的聚集地，大批优质大项目推动了经济结构优化和产业升级。河北处于群龙压顶的窘境，投资环境存在明显劣势梯度，加上长期封闭式内循环发展模式，难以有效吸纳高端产业项目，甚至省内重大项目出现外流现象。

（一）优质大项目少，基础支撑力不强

项目是投资的载体，是产业的支撑。先进省份招商形式层出不穷，招商活动遍布全国乃至世界各地，有重点、有选择地引进带动能力强、产业关联度大、科技含量高、市场竞争力强、经济效益好的投资大项目。辽宁省为加快沿海经济带的开发建设，设立了沿海经济带园区产业项目贴息资金，支持沿海经济带重点区域产业项目的发展，2008年以来安排贴息资金项目400多个；2011年亿元以上新开工建设项目2094个，平均每个项目完成投资2.1亿元；辽宁全部建成投产项目中40%落户沿海经济带，60%为制造业，制造业中40%以上为装备制造业。山东“蓝黄”两区成为投资发展的重要引擎，吸引众多企业和投资机构，新开工项目和计划总投资占全省的55%和66.8%。河北省项目投资平均规模小，新开工亿元以上项目2007个，平均规模只有1.6亿元，比辽宁低23.8%；项目结构不优，投产项目中制造业占57.1%，装备制造业占24.1%，均低辽宁省水平。

（二）引进外资项目少，产业聚集力不强

发达省份沿海地区是引进外资的高地，是引领辐射内地发展的桥头堡，山东在半岛沿海布局了九大核心区，辽宁省在大连、以及渤海翼、黄海翼密集布局了一批产业园区和产业聚集区，吸引世界500强企业入驻投资。我省外资项目少，外商投资规模较小，相当于山东的40%和辽宁的20%，2010年沿海地区外商直接投资16亿美元，仅相当于山东半岛蓝色经济区、辽宁沿海经济带的27.7%和12.1%；沿海地区外商直接投资占GDP的比重为1.5%，分别比山东、辽宁沿海地区低0.6和8.2个百分点。外资项目聚集程度不高，难以发挥引领带动作用。山东半岛蓝色经济区、辽宁沿海经济带实际利用外资分别占全省的63.1%和63.8%，我省沿海地区外资规模仅占全省的37.0%，分别低26.1和26.8个百分点。截止2010年底，辽宁、山东登记注册外商投资企业户数18377户和29468户，居全国第8和第4位，我省只有9531户，相当于山东、辽宁的32.3%和51.9%，居第12位；完成投资总额370亿美元，相当于辽宁、山东的27.3%和32.4%，居全国第13位，落后于辽宁、山东第8位和第6位。

（三）基础设施不完善，环境吸引力不强

一是沿海地区交通运输体系不够健全。唐山市滨海大道等主干道路尚未全面通车，沿海公路改建还在进行前期工作。港口外部集疏运通道能力不足，集装箱运输能力不强，京津冀地区95%以上的外贸集装箱均由天津港进出，唐山港多为煤炭、金属矿石、钢铁等大宗散货，集装箱吞吐量仅相当于大连的4.1%，宁波的1.8%，青岛的2.0%；威海的港口货物吞吐量为秦皇岛的19.1%，而集装箱吞吐量却是秦皇岛的1.8倍。二是基础配套设施建设滞后。软硬件环境跟不上，对产业影响大、具有核心竞争力和示范带动作用的重大项目缺乏吸引力，落户较少。唐山首钢二期、石油炼化等重大项目建设与国家、省、市战略定位仍有较大差距。在加快沿海地区发展过程中，面临异地共建、跨区发展、利益协调、平衡收益等问题的困扰，部分地区存在因管理范围调整，导致先期谋划的重大项目无法按期落地、摆放产业项目权缺乏保障的问题，影响了项目建设积极性。三是土地制约突出。受国家严格的土地政策和指标控制等因素影响，建设用地供需矛盾突出。如乐亭县拥有丰富的沿海土地资源，但第二次土地调查将大部分沿海滩涂调整为其他农用地，使建设用地指标紧张，制约着项目建设；唐海县去年谋划实施的142个项目总占地面积2.6万余亩，缺额高达1.6万余亩，多数企业尚未取得建设用地，影响了项目开工建设。

五、创新能力偏弱缺乏持久动力

一个国家和地区的综合创新能力决定着在全球化中的战略地位，产业创新能力决定和影响着经济竞争力。在加速创新共建的新阶段，我国要在2020年建成创新型国家，进入创新型国家行列，沿海发达地区在综合创新能力建设上走在前列，发挥着引领作用，而河北特别是沿海地区表现为跟进，创新能力相对落后。

（一）在制造业基础与创新资源匹配上，河北沿海地区处于相对较低水平

世界各国沿海地区先行开放并紧密参与全球竞争，获得先发优势后，通过创新为制造业持续发展提供源源不断的动力，从而实现创新与制造业在沿海地区的有机结合，引导沿海地区创新发展。我国沿海地区发展符合这一规律性，沿海省份制造业集中程度较高，沿海地区制造业产值占全国规模以上工业总产值的近70%；同时，科研院所、技术人员、科技投入、科技市场等创新要素禀赋也主要集中分布在沿海地区，科学家工程师数量占全国的近60%，R&D经费支出占全国的近70%，高新技术增加值占全国的65%左右。与沿海发达省份相比，河北制造业基础与创新能力明显偏低。河北工业产值占全国的比重比山东、辽宁、江苏、浙江、广东五省低0.7—8.7个百分点；大中型工业企业R&D经费支出比重低2.1—12.9个百分点；发明专利申请数比重低2.3—12.8个百分点，也低于北京和天津。沿海发达省份创新引领工业转型，呈现前强后更强，创新要素追踪市场需求规律和产业发展规律，推动创新成果就地转化，形成良性互动发展模式。而我省创新资源禀赋水平落后于工业基础，创新对制造业发展支撑不强。工业产值占全国比重高于大中型工业企业R&D经费支出、发明专利申请数和技术成交额占全国比重，表现为低水平基础上前强后弱，创新资源、创新成果转

化能力偏弱。

（二）在产业集群发展与区域创新结合上，创新型集群发展不足

创新型产业集群是以创新型企业和人才为主体，以知识或技术密集型产业和品牌产品为主要内容，以创新组织网络和商业模式等为依托，以有利于创新的制度和文化为环境的产业集群。我国沿海先进省份开放程度较高，市场机制相对完善，创新型产业集群发展相对成熟。广东、浙江、江苏和山东等沿海省份已经形成了一大批具有较强创新活力，产品品牌技术含量较高，在国内国际市场影响较大的创新型产业集群。北京中关村的高新技术产业集群、青岛的家电产业集群、温州桥头镇的钮扣产业集群、广东中山古镇的灯饰产业集群、苏州吴江盛泽镇的丝绸纺织产业集群等；江苏省建设创新型乡镇，形成规模在50亿元以上的特色产业集群20个，平均规模达80亿元；2011年辽宁大连培育21个重点产业集群，其中销售收入过百亿元的产业集群有12个，超500亿元的有4个，实现销售收入占全市的3/5。河北依托传统的优势产业和当地自然资源发展，也形成清河羊绒产业集群、安国药业集群、高阳纺织业集群、隆尧方便食品产业集群、丰南城区钢铁产业群等一批产业集群，但多属于劳动密集型、资源型产业，缺乏技术密集、创新能力强的产业集群，特别是缺乏竞争力强、活力足的创新型企业、创新型技术和产品支撑。2011年底，我省国家创新型试点企业有11家；而山东2010年有35家，总数居全国第一；浙江有11家创新型企业入围中国企业500强，31家创新型企业入围中国民营企业500强。

（三）在城镇化进程与创新发展结合上，创新型城市建设相对落后

在城镇化加速发展的阶段，创新型城市建设是建设创新型国家的主要载体和最主要支撑。我省城市创新创业环境还不优，据清华

大学启迪创新研究院对2010年我国大陆地区GDP过千亿、人均GDP前100位的地级市创新创业环境开展的系统评价，我省石家庄、唐山、廊坊、邯郸和沧州等5个城市名列其中，综合位次居39—89位，与前20强无缘；山东有15个城市，前20强城市中有2个；广东、江苏入围城市个数各有12个，前20强中各有3个；浙江、辽宁分别有8个和4个城市，前20强均有2个。目前，在国家发改委推进的17个国家创新型城市①试点城市中，有12个城市处于沿海省份，其中辽宁有2个，山东有3个，江苏有3个，广东有2个，浙江、福建省各有1个，河北仍为空白；在科技部批准的创新型城市试点中，我省有石家庄、唐山和秦皇岛，而辽宁的大连、沈阳，山东的青岛、济南、烟台，江苏的南京、苏州、无锡、连云港以及浙江的杭州、宁波、嘉兴等沿海省份城市正加快推进，先发优势突出。

六、二元结构制约城镇化进程

城镇化是伴随工业化的必然趋势，统筹城乡发展就要通过工业化、城镇化，推动农村人口转移，逐步消除城乡差距，实现公共服务均等化和城乡一体化发展。根据世界银行资料，总体实现城乡一体化的发达国家，城镇化率一般在70%以上，如英国、德国超过80%，分别为89.3%和86.7%，美国、法国、日本、俄罗斯均在70%以上，分别为76.3%、74.9%、78.3%和76.3%，农村人口占总人口的30%以下。我国沿海发达省份城乡一体化进程快，我省特别是沿海地区相对落后。

① 推进的17个国家创新型城市试点工作城市包括：辽宁省的大连、沈阳，山东省的青岛、济南、烟台，福建省的厦门，广东省的深圳、广州，江苏省的南京、苏州、无锡，浙江省的杭州，陕西省的西安，四川省的成都，河南省的郑州，安徽省的合肥，湖南省的长沙。

(一)沿海地区是工业带动城镇化发展水平相对较高的地区,发达省份加快城乡一体化进程,处于领先水平

2010年,我国沿海省份非农产业增加值占GDP比重达到93.1%,多数省份人均GDP超过4000美元,处于城镇化加快发展时期,沿海地区形成了城镇化发展的高地。为加快珠三角区域经济一体化,广东加强交通基础设施建设,城市之间互补协调发展,中心城市与周边地区同城效应显现,一小时交通圈带动了新的就业、居住和生活模式,在广州、深圳等城市经济核心地位得到巩固的同时,也推动城市发展空间向外延伸,加快城乡一体化发展。2010年,珠江三角洲城镇化率82.7%,比广东高16.5个百分点,人均地区生产总值高53.4%,非农产业增加值比重达97.8%,区域内9个城市间居民收入差距相对较小,城镇居民人均可支配收入、农民人均纯收入标准差系数分别为0.22和0.35,低于广东地级以上城市0.35和0.44的水平,城乡差距在1.7—2.5倍之间;长三角地区的江苏省加快推进城乡一体化,促进先进生产要素向农村流动、基础设施向农村延伸、公共服务向农村覆盖、现代文明向农村传播,走具有区域特色的以工促农、以城带乡、城乡联动发展之路,城乡一体化发展居全国领先水平。江苏沿海地区三市虽处于发展相对落后的苏中、苏北地区,但城镇化水平高于我省,城镇化率和非农产业增加值比重分别达到53.7%和97.8%,城乡收入差距在1.9—2.2之间。

(二)与先进省份相比,制约我省建设经济强省的主要瓶颈是城镇化滞后、城乡二元结构矛盾突出

一是城镇化发展水平低。2010年,河北城镇化率为44.5%,比山东、辽宁低5.2和17.7个百分点,沿海三市中仅唐山超过50%,达到50.85%,秦皇岛、沧州分别为47.28%和42.01%。二是工业化带动支撑弱。我省非农产业增加值比重为87.4%,北京、天津、山东、辽宁均在90%以上,我省沿海三市中只有唐山

市达到90%，沧州和秦皇岛较低，分别为88.5%和86.4%。三是城乡收入水平低、差距大。低技术含量、低附加值的第一产业比重偏高，必然制约着农民增收，扩大城乡差距。2011年全省城乡居民收入差距为2.6倍（以农民人均纯收入为1），各市在2.3—3.4倍之间，秦唐沧分别为2.7倍、2.3倍和2.8倍。四是存在相当规模的贫困带。2012年国家扶贫开发工作592个重点县中，我省共有包括沿海地区的海兴县、盐山县、南皮县在内39个县，占6.6%；其他沿海省份除海南省外，均没有国家级贫困县。可见，先进省份沿海地区已发展为“隆起带”，河北沿海地区还是“塌陷地”，区域、城乡协调发展的任务十分艰巨。

加快我省沿海地区发展系列分析之四

沿海地区带动经济强省建设的路径

加快沿海地区发展，增强对建设经济强省的支撑力，必须在增强经济实力、优化经济结构、提升发展质量三个关键点上求突破，努力实现“五个转移”，走出一条科学发展的新路子。

一、发展重心实现由内陆腹地向沿海地区转移

一个地区快速发展往往是该区域中一个或几个增长中心逐步向其他部门或地区传导，特别是在区域经济起飞阶段，选择一些基础好的区域优先发展，将公共投资集聚于此，形成带动其他地区的增长极，从而实现区域短期不均衡增长与长期全面增长。我省建设经济强省，加快沿海地区发展，正处于区域经济起飞阶段，其实质就是区域不均衡发展战略，需要加快培育形成区域发展重心，将沿海地区打造成增长极。从目前区域发展现状看，全省各地发展不平

衡，发展重心不明显，缺乏增长极，但也出现了生产力布局加快向沿海转移的趋势。一方面，目前沿海地区的重心地位不很突出。11个设区市人均GDP差异系数由2000年、2005年的0.35，扩大到2010年的0.39，沿海与内陆地市的差异系数由2000年的0.25、2005年的0.34，扩大到2010年的0.37，区域发展水平差距逐渐扩大。但沿海与内陆地市的差异系数低于11个设区市的差异系数，表明我省的区域发展差距主要还不是沿海与内陆之间的差距，而是唐山、石家庄两大省域中心城市与衡水、邢台、保定等区域中心城市之间的差距。另一方面，出现了重心转移的趋势，但成效并不十分显著。2000－2010年沿海与内陆地区人均GDP差异系数提高0.12，明显快于11个设区市0.04的提高幅度，表明生产力布局向沿海转移的趋势基本形成。同时，2005－2010年沿海与内陆地区差异系数仅提高0.03，低于2000－2005年0.09的提高幅度，也低于11个设区市同期0.04的提高幅度，说明沿海与内陆发展水平经历了“十五”时期加快拉大后，相对于内陆部分地区更快的发展势头，沿海地区“十一五”以来有所减缓。因此，必须紧紧抓住《沿海规划》上升为国家战略的机遇，以更大的力度推动《沿海规划》实施，全力推动发展重心由内陆向沿海转移，举全省之力支持沿海地区加快发展，加快提升发展优势和经济实力，为带动辐射内陆发展夯实基础。

二、发展方式实现由资源依赖型向开放创新型转变

我省沿海地区正处在新型工业化转型的关键阶段，《沿海规划》实施为实现由资源依赖型向开放创新型转变提供了难得机遇和强大助力。目前，沿海地区仍具有显著的资源依赖型特征，实现开放创新发展紧迫而任务艰巨。重工业、资源型产业仍占很大比重。2011年沿海地区轻重工业比例为1∶13.5，高于全省1∶4.2和全国1∶

2.1的水平；规模居前十位的工业行业中，唐山有钢铁、煤炭、石化、建材、电力等资源型行业，工业增加值占规模以上工业的比重为80.9%；秦皇岛有钢铁、建材、石化等资源型行业，工业增加值占规模以上工业的比重为34.9%；沧州有石化、钢铁、电力等资源型行业，工业增加值占规模以上工业的比重为52.6%。我省能源消费占全国的7.8%，高于生产总值占全国5.1%的水平；其中唐山、沧州能源消费占全省的43.1%。沿海地区出口以铁矿石、煤炭、石油等资源型产品、初加工产品为主。这种以低技术含量、低附加值和初加工、资源型的粗放经济占主导地位，及资源高消耗和高污染排放使资源成本不断增大的状况，成为沿海地区可持续发展的瓶颈。因此，需要突破资源依赖以创新引领经济转型，主动适应经济全球化趋势，把握生产要素全球化流动的新形势，将提升科技创新能力作为全方位参与国际竞争的首要因素，把开放创新作为最重要的发展方式，通过开放创新加快转变发展方式，加速沿海地区经济隆起。

三、组织结构实现由分散小规模经营向聚集打造合力转变

产业聚集能够对产业的竞争优势产生广泛而积极的影响，具有国际竞争力的产品，相关企业往往是群居而不是分散的。我国长三角、珠三角地区，以及环渤海地区天津滨海新区、山东半岛蓝色经济区、辽宁沿海经济带已形成一定规模的产业集群，形成了较强的区域竞争力。加快沿海地区发展，应遵循产业发展规律，大力发展特色产业集群，提升沿海地区核心竞争力，为建设经济强省提供强大支撑。目前，我省的产业集群还处在初级阶段，有影响的产业基地和产业集群还不多，尤其是沿海地区产业集群发展较晚，行业企业组织形式比较单一，企业分散小规模经营，行业集中度低、竞争力弱，专业化分工水平不高。从市场主体看，全国500强企业

70%集中在东部沿海地区，而我省入围企业只20家，不到山东、江苏、浙江的一半，其中沿海三市只有5家企业，全部是钢铁、煤炭国有企业；从临港产业看，错位发展、产业衔接、联合共赢的基地化、集约化发展模式是世界沿海港口发展趋势，我省港口资源处于分散经营状态，港口功能以物流、仓储为主，临港产业发展缓慢。因此，需尽快打破传统小规模经营方式，加快产业转向开发区、聚集区步伐，实现集约化发展，使企业在更大范围、更高层次上开展竞争与协作，形成区域发展合力与产业竞争力，增强沿海地区对建设经济强省的支撑力。

四、产业结构实现由低层次向高层次转变

从我国沿海地区产业转型升级历程看，改革开放以来，沿海地区积极引进外资，大力发展加工贸易，成功加入全球价值链，并凭借劳动力资源丰富、生产成本低廉的优势，出口导向、劳动密集型产业带动了沿海地区率先发展；上世纪90年代，跨国公司对沿海地区的资本输入逐步转向了资本、技术密集型产业，加工贸易获得更快发展；近年来，随着人民币升值、劳动力成本优势减弱，依靠大量资源消耗，却处于全球价值链中附加值最低的生产环节的产业发展模式已难以为继，沿海发达省份开始将传统产业转移出去，转而依靠自主创新，大力发展高技术、高附加值产业和产品，推动产业转型升级。我省沿海地区在经济全球进程中，未能分享到产业转移与转型升级带来的经济快速发展，却形成了资源消耗高、开放水平低的资源加工型产业结构，多数行业仍处于产业链的低端。2011年，我省沿海地区装备制造业增加值占规模以上工业的18.1%，规模以上工业总资产贡献率低于全国平均水平。在加快沿海地区发展过程中，应摒弃单纯的比较优势思维方式，防止走沿海先进省份的老路，成为初级产品和劳动密集型产品的产地，长期停留在全球产业链低

附加值生产环节；应提升自主创新能力，积极参与价值链高端产业分工，拓展沿海地区更大的发展空间。在产业发展上，利用沿海港口有利条件，高起点布局先进制造业、现代物流、电子信息、旅游业和现代服务业，承接京津辐射，吸引优质生产要素，实现产业转型发展，这也是促进沿海经济转型和发展方式转变的必由之路。

五、城市规模实现由中小城市向区域中心城市、城市群带转变

沿海地区城市，特别是沿海港口城市发展水平与区域经济发展水平紧密相关，城市的发展引起人员、物资、资金、技术等生产要素的聚集和流动，港口的发展使临港产业衍生延伸，实现港城互动、产业依存，推动经济社会发展。世界著名港口城市和我国深圳、青岛、苏州、杭州、大连以及天津，都是在港口城市基础上发展起来的。我们对河北、辽宁、山东、浙江、江苏、广东等省 87 个地级以上城市进行聚类分析[①]，结果表明：规模较大的城市，经济发展水平较高，人口产业聚集能力、辐射带动作用也较强。当城市人口处于 50 万人以下较低水平时，其聚集创造能力相对不足，市区人口和 GDP 占全市的比重、全市的人均 GDP 均处于最低水平；随着城市规模扩大，三项指标出现“跃升”。特别是城市规模达到 100 万人、200 万人时，全市人均 GDP 出现跃升，表明城市辐射带动区域经济实力显著增强。城市规模达到 200 万人、400 万人时，人口聚集速度进一步加速跃升；城市规模达到 400 万人，城市的经济核心地位加速得到强化和巩固。

我省沿海地区城市规模小，大城市数量少，加快沿海地区发展，建设经济强省，必须培育和建设沿海城市群，发展壮大区域中

① 本部分所用城市数据资料取自于《2011 中国城市统计年鉴》，人口数据为公安户籍口径，人均生产总值数据按户籍人口计算。

心城市规模，增强聚集能力和辐射带动力。目前，我省还没有400万人以上城市；人口最多的唐山市2010年市区人口为308万人，但市区人口和GDP占全市的比重低于沿海6省200万—400万人口城市的平均水平，分别低1.6和13.2个百分点，人均GDP低17.3%，与先进省份大城市发展仍有较大差距。秦皇岛、沧州市区人口不足100万人，秦皇岛市三项指标均高于沿海6省50—100万人口城市平均水平，沧州市经济实力强于平均水平，但人口和产业聚集水平有待提高。根据城市发展规律，城市功能要经历由聚集到扩散的过程，我省沿海地区城市都处于生产要素加快聚集的发展阶段，应通过落实《沿海规划》，进一步完善城镇体系，形成中心城市、滨海城市带、中小城镇协调发展的格局，加快沿海城市由小向大、城市群由聚集向扩散的转变。

加快我省沿海地区发展系列分析之五

加快沿海地区发展的突破口

加快沿海地区发展，核心是打造增长极，重点应在新区、港口、开发区建设与产业聚集上寻求突破，增强对经济强省的支撑力。

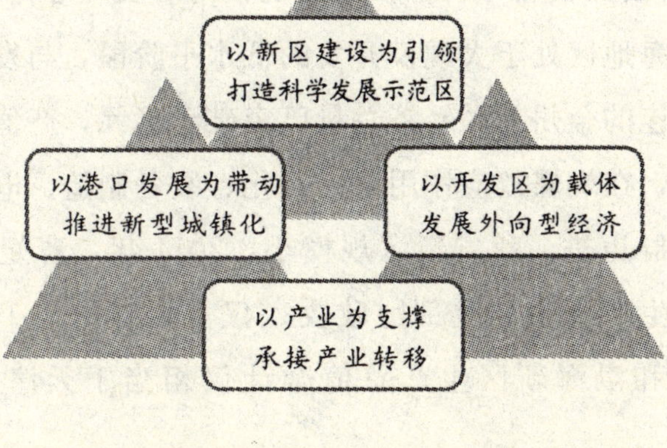

一、以新区建设引领打造科学发展示范区

沿海地区新区建设有基础、有潜力，也有差距，亟需加快发展、壮大实力。按照滨海开发带和秦唐沧“一带三组团”开发格局，应加快曹妃甸新区、渤海新区和北戴河新区建设，在生产力布局、要素、经营、产业和城市建设等方面实现突破。

（一）新区建设加快推进，具备了发展的基础

各个新区成立以来，一批重大项目相继竣工，有力地促进了新区经济的发展。曹妃甸新区加大港口建设力度，基础设施日趋完善，产业加速聚集；渤海新区发挥资源优势，石油化工、装备制造、电力能源、港口物流四大产业逐步形成规模。2011年，曹妃甸新区和渤海新区生产总值分别为347.1亿元和412亿元，分别比上年增长13.8%和18.3%，高于全省增速；占沿海地区生产总值的8.3%，增长贡献率为10.8%（现价）；全部财政收入分别完成37.1亿元和70.6亿元，占沿海地区的10.2%，高于GDP比重1.9个百分点，两大增长极建设初具规模。北戴河新区着力培育文化娱乐、温泉度假、商务会展等新型旅游业态，重点发展以旅游为主的现代服务业，有力支撑了中国滨海名城建设。2011年，秦皇岛市旅游总收入172.8亿元，占全省的比重为14.2%；其中，创汇1.5亿美元，占33.5%。

（二）新区规模相对较小，做大规模尚有较大潜力

我省沿海地区处于大规模开发的低水平阶段，与发达省份差距较大，如大连的金州新区经济总量已突破千亿元，产值超百亿元的企业有6个，在蝴蝶效应作用下，石化、装备制造、电子信息向千亿元产业集群迈进。我省新区规模小，2011年，曹妃甸新区和沧州渤海新区生产总值和全部财政收入仅占全省的3.1%和3.6%，曹妃甸新区和渤海新区生产总值合计仅相当于天津滨海新区的

12.3%，远低于大连金州新区。同时，我省可供开发利用的滩涂和盐碱荒地资源丰富，做大新区经济规模有较大潜力。需在高起点上谋划和布局，强力打造科学发展示范区，重点发展循环经济，积极引进电子信息、先进制造、文化旅游等优质项目，加强环境保护，在集约利用资源中求发展，在保护生态环境中谋崛起。

二、以港口转型推进港城互动发展

沿海地区城市发展，必须挖掘港口的潜力，通过临港经济发展带动城市全面发展；同时，城市为港口提供强大支持和保障，港口依托城市基础设施、社会经济环境实现可持续发展。加快沿海地区发展，应通过港城互动，促进增长极加快形成。

（一）港口建设奠定了港城互动的基础

港口是沿海地区加快产业聚集、促进沿海区域发展的载体。2011 年，河北港口吞吐量位居全国沿海省份第 5 位，前 4 位分别为广东、山东、浙江和辽宁；比上年增长 18.2%，快于“十一五”时期年均增速 1.0 个百分点。其中，唐山港在全国港口排名上升，由上年的第 9 位上升到第 8 位；秦皇岛加大港口物流集散基地建设力度，物流业增加值突破 100 亿元，2010 年物流业增加值占全市生产总值的 12.1%；黄骅港着力打造综合港口，吞吐量首次突破亿吨，达到 1.16 亿吨，港口功能进一步完善。

（二）港口发展带动城镇化加快发展

港口发展与城镇化进程同步发展，对加快推进城镇化进程带动效应非常显著。利用 2003－2010 年河北沿海地区城镇化率、沿海港口货物吞吐量进行线性回归分析，结果表明二者高度正向相关，相关系数 0.93，且港口货物吞吐量每提高 1 亿吨，可以带动沿海地区城镇化率提高 10.5 个百分点，加快港口发展、促进港城互动，对增强沿海地区增长极带动具有重要作用。2011 年，河北沿海地区城镇化率达47.8%，高于全省平均水平2.2个百分点；到2015年达到《沿海规划》58%的发展目标，需要年均提高2.6个百分点，应借助港口经济的推动加快城镇化进程。

（三）优化港口功能推动港口转型发展

我省港口功能单一制约了港口发展，进出港货物集中在煤炭、金属矿石等资源型产品，2011年，煤炭及制品、金属矿石两类货物吞吐量超亿吨，分别为4.9亿吨和1.4亿吨，合计占全省货物吞吐量的87.9%。集装箱发展处于起步阶段，集装箱吞吐量完成77.1万标准箱，仅占全国的0.5%，相当于上海港的2%、大连港的12%左右。按照《沿海规划》要求，到2015年，秦皇岛港、唐山港和黄骅港集装箱吞吐量分别达到80万、240万和170万吨，届时三大港口的总规模才相当于目前江苏连云港的规模，而且需要年均增长58%。由此可见，加快港口转型发展任务艰巨、潜力巨大。

三、以开发区（园区）为载体大力发展外向型经济

沿海地区在利用全球资源和拓展国际市场方面具有极大的比较优势，外向型经济是沿海地区兴起和壮大的主要驱动力量，开发区作为对外开放的载体，成为推动经济发展的重要增长极。

（一）开发区贡献突出，支撑增长极加快形成

近来年，沿海地区开发区（园区）逐步发展壮大，主要指标增长较快、占全省比重提高，对全省带动作用明显。2011年，统计的109家省级以上开发区（园区）中沿海地区有26家，占23.9%；沿海地区省级以上开发区（园区）完成工业主营业务税金及附加134.7亿元，比上年增长1.1倍，增速比全省开发区高15.2个百分点，占全省开发区的29.1%，提高2.1个百分点；完成外商直接投资8.7亿美元，比上年增长1.3倍，增速高于全省

87.2 个百分点，占全省的比重为 39.1%，提高 14.7 个百分点。

（二）充分发挥载体功能，着力提高引资能力

我省沿海地区开发区（园区）企业主体相对较少，制约着开发区载体功能的有效发挥。一要改变沿海开发区发展落后全省平均水平的状况。2011 年，全省有 36.8%的三资企业集中在开发区（园区），而沿海地区比重为 36.1%，比全省低 0.7 个百分点；沿海地区开发区工业总产值、主营业务收入、外商直接投资分别占沿海地区的 26.7%、29.6%和 44.1%，比全省低 8.6、10.1 和 3.3 个百分点。沿海地区必须切实加大引资力度，提高园区聚集优质产业的能力。二要加快追赶先进省份的发展差距。先进省份沿海开发区在全省具有重要地位，2010 年江苏省开发区外商直接投资占全省的 78%，山东省开发区工业主营业务收入占全省的 42.4%，我省沿海地区有较大差距。据测算，要到 2015 年沿海地区开发区占沿海地区的比重达到目前上述两省的发展水平，分别需要年均提高 8.5 和 3.2 个百分点，虽有较大难度，但也是发展潜力。

四、发挥后发优势夯实产业支撑

河北沿海地区是我国沿海发展的塌陷地，处于综合开发的较低水平，但也面临与以往不同的国际国内发展环境，完全可以在更大范围内吸引国际资源、承接京津产业，实现开放创新发展。应发挥后发优势，以港口为依托，通过合理布局，使沿海地区的产业结构相互适应、相互衔接，形成分工协作体系，避免重复建设和同构化发展，通过资源合理利用提高资源配置效率和生产效率。

目前，我省沿海地区与先进省份有较大差距，打造增长极必须强化主导产业支撑力。2011 年，沿海地区生产总值占全省的比重为 37.5%，比广东、天津低 45.9 和 17.9 个百分点，规模实力偏弱。沿海地区主导产业集中在钢铁、石化、装备制造和建材 4 个行

业，增加值占沿海地区规模以上工业的80.9%，高于全省11.3个百分点；利用2006－2011年四个行业增加值数据，建立沿海主导产业支撑力模型：

$$GT_{全省}=-333.1+2.1GT_{沿海地区} \quad (R^2=0.8216)$$

$$SH_{全省}=61.3+1.9SH_{沿海地区} \quad (R^2=0.9619)$$

$$ZB_{全省}=76.4+2.3ZB_{沿海地区} \quad (R^2=0.8216)$$

$$JC_{全省}=-2.0+2.6JC_{沿海地区} \quad (R^2=0.8216)$$

（GT、SH、ZB、JC表示钢铁、石化、装备制造、建材行业增加值。）

测算结果显示：沿海地区主导产业支撑力不强，不足以形成增长极的战略基点。4个行业对全省相应行业的支撑系数分别为2.1、1.9、2.3和2.6；其中只有建材行业支撑力高于全省平均水平，钢铁、石化、装备制造业支撑力均低于全省平均水平，分别低0.43、2.09、0.18。因此，从产业支撑力角度，需要主动承接京津产业转移，加大基础设施投入力度，加强项目谋划，有针对性的开展招商引资，努力做大沿海地区主导产业规模，增强对建设经济强省的支撑力。

加快我省沿海地区发展系列分析之六

加快沿海地区发展的几点建议

实现建设经济强省、和谐河北奋斗目标，必须加快沿海地区发展，应认真贯彻落实省第八次党代会精神，把推动《沿海规划》的加快实施、实现沿海再造作为一项系统工程，在优化环境、产业布局、创新能力、对外开放、港产城协调、城镇化发展等重点环节上做文章、抓落实，实现突破。

一、加强政策体制推动，在优化环境上力求突破

加快沿海地区发展，应在优化发展环境上下功夫、求实效。一是政策形成合力。制定扶持沿海发展的优惠政策，通过政策集成、资源配置、体制机制创新、具体政策实施等向沿海地区倾斜，在产业、科技、税收、资金、土地、服务等各方面予以支持，打破体制机制制约，赋予先行先试权力，促其加快发展。二是政策落实到位。用足用好国家和我省已经出台的促进沿海地区发展的各种优惠政策，加大财税政策支持力度，对符合产业政策的重大项目，开辟“绿色通道”，做到特事特办，随到随办。三是政策共建共享。抓紧制定市、县详细规划实施意见，加快市、县总体规划审批进度。四是破解土地瓶颈制约。优先保障用地用海指标，合理确定新增建设用地规模、结构、时序，在安排年度计划时予以适当倾斜，更好地集约利用土地；充分利用沿海地区重点项目、重大外资项目开发建设有利时机，加大跑办力度，争取获得更多用地指标；继续用足、用好土地复垦置换政策，提高土地利用率，对新项目在容积率、投资强度、建筑密度、税收贡献率等方面制定更高标准和准入条件。五是推进体制机制创新。广泛应用网络信息技术，建立完善快速、高效、成本低、服务好的港口运行机制。推进审批体制、管理体制、工作机制、用人机制、项目代办机制和考评机制创新，最大限度促进沿海开发建设。六是优化服务环境。提高港口管理的科学性，提升综合服务功能和服务效率，创造更加人性化的软环境，促进人流、物流、信息流的尽快聚集。

二、优化产业布局，在结构调整优化上力促升级

跟踪新一轮世界科技潮流，坚持高起点发展。在巩固现有优势的同时，实施集群化和链条化发展，逐步形成产业集聚、技术集聚

和企业集聚的新格局。一是以项目为载体优化沿海产业布局。以重大项目引进为牵动，瞄准世界500强和行业内100强企业作为沿海地区招商的攻坚目标，促进产业集群发展。二是打造优化的产业体系。坚持沿海经济带产业布局与全省产业结构优化升级相结合，摆脱对资源型产业的依赖，大力发展海洋经济、先进装备制造业、战略性新兴产业、现代服务业和现代农业等具有竞争优势的产业，积极承接先进产业转移。搭建沿海地区开放合作平台，有效利用国内国际两个市场、加速承接国内外产业转移和区域产业结构升级，推动产业结构深刻变革，由单一品种向多品种发展，由初加工向深加工转变，最大限度地提高科技含量和附加值，向高端迈进。三是加快高水平工业聚集区（园区）建设。加快建设在高新技术支撑下的先进制造业、船舶制造、新材料、新能源等高附加值的临港产业，建设绿色增长的、循环经济模式的重化工业，努力构筑符合河北沿海特点的港口经济圈和产业梯次发展格局，尽快培育起与区位优势相称的沿海经济体系，构建现代蓝色产业体系。

三、提升创新能力，在创建科技创新平台上强化支撑

重点从制度、科技、人才等建设中发展提高创新能力。一是加强产业创新平台建设。积极组建多层次产业技术研究院，支持建设产业技术创新平台和特色产业集群创新公共服务平台，着力吸引一批技术水平高、研发能力强的企业落户沿海地区，鼓励和支持国内外企业在沿海地区设立研发中心，开发一批具有自主知识产权、掌握核心技术、有较强竞争力的产品，不断提高临港临海产业的科技含量和附加值。二是强化企业创新主体地位。以提高自主创新能力为重点，建立以企业为主体、市场为导向、产学研有机结合的区域创新体系，使沿海成为高新技术的原创地、高端人才的聚集地和科技成果产业化基地。三是积极吸引外向型经济人才和高层次人才参

与建设。以人才体制机制改革为动力，实施重大人才政策和重大人才工程。引进和培育高层次创新创业人才和高技能人才，创建人才特区。借助沿海地区开发建设的有利时期，以良好的创业环境积极吸引外经外贸、金融、港口管理、复合型人才参加沿海建设。四是加快推进体制机制创新。建立责权一致、分工合理、决策科学、执行顺畅、监督有力的行政管理体制，形成科学有序、运转高效的运行机制，以及低成本、高收益的投资创业环境，更好地吸引各类要素加速向沿海地区流动。

四、提高对外开放水平，在经济发展上构筑高地

一是扩大对外经贸规模。实施“走出去”战略，加快转变沿海地区外贸发展方式、扩大进出口和利用外资规模，创新招商引资方式，拓宽领域和渠道。二是优化引资环境。开展对外承包工程和劳务合作，依托临港经济技术开发区，建设产业转移的承接平台，大力推进央企走进河北战略合作协议和项目的落实。三是加强与腹地优势互补，实施“飞地”政策，加强与省内纵深腹地及鲁、豫、辽等毗邻地区的合作，积极推动优质项目入驻沿海地区。四是加大金融支持，打造金融堡垒。依托北京、天津建分部，推动总部转移到曹妃甸新区和北戴河新区，创建“金融创新试验区”，鼓励内、外资银行到沿海地区设立分支机构，设立沿海开发产业投资基金。支持符合条件的企业通过资本市场直接融资，提高直接融资比重。五是建设海关特殊监管区域，推进口岸开放，支持符合条件的地区申请设立海关特殊监管区域。引进重点产业国内外协作配套厂商，做大做强沿海地区重点产业。

五、完善港口功能，在统筹港产城协调发展

按照“以港促产、以产兴城、港产城一体化发展”的思路，以港口为依托，以产业为支撑，统筹产业、港口、港城协调发展，真正发挥沿海优势，充分发挥港口龙头带动作用。一是加快港城建设步伐。提早谋划唐山丰南港区和曹妃甸西港池项目的前期工作，争取早日立项，早日开工建设。实施沧州黄骅港综合港区二期工程，提升黄骅港口功能的多元性和吞吐能力，使之成为综合性大港，能源、原材料和各种制成品的集散中心，拉动临港产业快速发展；秦皇岛实施“西港东迁”工程，优化城区岸线功能分区，改善主城区发展环境，提升中心城市的综合服务功能。以海滨路东段和东南山片区开发改造为突破口，建设集休闲旅游、商务会展、金融商住多功能的城市新地标和港口经济发展中心。二是加快临港产业聚集。加速临港产业聚集区建设，谋划实施一批重大项目，大力发展满足港口发展需求的重化工业、劳动密集型产业、物流等产业，打造竞争优势的临港产业集群。主动开展招商活动，吸引一批战略性新兴产业和战略投资伙伴在沿海落户，筛选一批重大项目在沿海地区落户，推动产业聚集。三是夯实基础配套体系。加快滨海大道、滨海公路、铁路等建设，不断完善港口集疏运体系，尽快完善水、电、通讯等生活配套设施，为项目落地和城市建设创造良好条件。着力抓好为港口和产业发展配套的服务设施建设，大力改善港区和产业聚集区生产生活环境。四是发挥港口枢纽作用。积极发展沿海地区现代物流、滨海旅游、服务外包等产业，发挥西北、华北和东北亚的港口枢纽作用，使沿海港口承担起省内、省外内陆腹地物资中转，成为拉动内陆经济成长的重要支撑点。

六、强化城镇化引领，在城市设施建设上夯实基础

一要增强沿海城市聚集能力。发挥沿海城市的承载力、竞争力和辐射带动力。推进城市新区建设，聚集优势资源要素和产业，推动城市转型发展。二要加快港城基础设施建设。推进港口及出海通

道建设，发挥沿海港口、港城优势，加强港口作业区、产业聚集园区和港口城市设施配套建设。按照适度超前、一步到位原则，加快港口作业、工程建设、城市环境等各项基础设施建设。加快配套服务设施建设，全力抓好水、电、路等基础设施建设，坚持引水和海水淡化相结合。三要完善综合运输体系。建立层次清晰、功能完备的铁路、公路、航空与海运沿海交通运输体系，加快与京津、省内等城市城际铁路建设。四要统筹城镇和新农村建设。落实新十年扶贫开发规划，加快制定黑龙港流域发展与扶贫攻坚规划，加大对特困区域扶持力度，因地制宜开展扶贫攻坚，促进贫困地区快速发展。鼓励以城带乡、城市反补农村，缩小城乡差距。统筹城乡产业发展、生态建设和环境保护，建立健全公共财政、公共服务、公共管理政策体系，以及以城带乡、以工促农的长效机制，推动城乡一体化发展。

课题组组长：郭洪波
副　组　长：杨景祥
成　　　员：田　艳　张志强　张　红
梁义科　彭永明　白　洁
史广燕　靳占恒　姚立云
李春光　沈肖楠　郝　明
姬廷祥　顾少华

“一产抓特色”统计评价体系研究及实证分析

为全面贯彻落实“一产抓特色、二产抓提升、三产抓拓展”经济发展战略，省统计局围绕开展“一产抓特色”统计评价进行了研究，初步建立了“一产抓特色”统计评价指标体系，并利用该体系对全省“一产抓特色”进程进行了评价和分析，提出加快发展的建议。

一、构建体系

（一）总体思路

省八次党代会提出“一产抓特色”发展战略，是立足于河北农业生产的实际，着眼于现代农业发展的要求，全面实施农业生产结构的战略性调整，加快推进农业发展方式转变的根本性方针。

“一产抓特色”从产业发展的战略高度，明确了农林牧渔业发展的目标和方向，就是依据区域内整体资源优势及特点，紧紧抓住一产业发展的地域特色，以市场需求为导向，以科技为先导，通过高效配置各种生产要素，围绕特定生产对象进行适度规模生产，形成特色突出、效益良好、市场竞争力强的产品生产格局和产业发展体系，实现最大经济效益、最优生态效益、最佳社会效益的有机统一和协调发展。

为此，我们紧紧围绕全面、科学、客观反映河北的农业生产特色及其对经济发展的积极作用进行体系构建和设计。

1. 河北农业生产的主要特色和优势

通过对河北农林牧渔业生产规模、产品构成、市场销售、经营模式、生产效益等多方面的分析，我们认为，河北农业生产的特色主要可以概括为以下几个方面：

一是生产规模大。主要农产品产量位居全国前列，在全国农产品生产中具有举足轻重的重要地位。禽蛋、牛奶、蔬菜、果品等多种农产品产量位居全国前三位，是全国农产品主要生产基地之一。

二是支柱产业贡献突出。畜牧、蔬菜和果品产业在全省农业生产中的比重高、实力强，是我省农林牧渔业生产的支柱产业和重要增长点，占全省农林牧渔业总产值的比重已经超过三分之二。

三是农产品市场供给和保障作用突出。一直以来，河北都是全国主要农产品供应基地，禽蛋、牛奶、蔬菜、果品等产品在全国市场中占有重要地位。

四是生产经营模式加快转变。产业化经营已经成为河北农业生产的重要方式和发展方向，特色产业＋龙头企业＋生产基地＋农户的新型生产格局正在加快形成，并有力地促进了农业特色发展的进程和农民增收步伐。

2. 设计思路

以省八次党代会和省委、省政府《关于以改善农民生产生活条件和增加农民收入为首要任务　加快推进社会主义新农村建设的实施意见》精神为指导，深入贯彻落实科学发展观，紧紧扭住“一产抓特色”发展战略，以河北农业特色为基础，构建科学、系统的统计评价指标体系，对“一产抓特色”发展情况进行量化描述，同时全面反映“一产抓特色”对农村经济社会发展带动成效，促进“一产抓特色”发展战略在发展现代农业和建设“经济强省、和谐河北”进程中发挥更加重要的作用。

（二）基本原则

依据“一产抓特色”统计评价体系的设计思路，我们对反映

“一产抓特色”进程和成效的指标进行了系统研究，确定了统计评价体系设计主要遵循的四个原则：

第一，系统性原则。统计评价体系要能够全面反映“一产抓特色”的主要成果，要统筹兼顾到“一产抓特色”在培育产业发展、提高农业市场化水平、增强对经济的带动能力、提升农业经营水平、促进农业增产和农民增收等多个方面，要体现省委、省政府“一产抓特色”发展战略的新任务、新要求。因此，需要通过选择既相互独立、又交叉互补的指标，构建一个能够比较系统、完备地描述和评价“一产抓特色”发展情况和发展成果的指标体系，达到系统、全面、客观反映的目的。

第二，客观性原则。构成评价体系的每一项指标都必须具有严格规范的统计口径、范围、取材渠道和计算方法，要确保评价体系中所有指标数据都具有科学性和严谨性，从而确保描述评价结果的客观性。

第三，可行性原则。对所选取的统计评价指标要能够进行定量描述，便于理解、计算和比较。同时又要在保持科学描述和反映的基础上，尽量精简指标。

第四，综合性原则。指标体系中的每一个指标所反映的内容各有侧重。为便于观察和评判，要通过构建和计算一个包含各种发展成果信息的特色指数，来综合体现和反映“一产抓特色”发展进程和成效。

（三）主要内容

根据“一产抓特色”统计评价体系的设计思路和基本原则，在对“一产抓特色”目的意义和发展方向进行研究和分析的基础上，结合我省农林牧渔业生产的实际状况，我们初步构建了由六大模块十四项指标组成的“一产抓特色”统计评价指标体系。

六大模块是产业集中、市场占有、经济带动、区域影响、产业化经营、农民增收。

1. 产业集中，是从横向和平面来描述特色农业发展的规模和集中程度。包括畜牧产值占全部农林牧渔业产值比重、蔬菜产值占全部农林牧渔业产值比重、果品产值占全部农林牧渔业产值比重三项指标。

2. 市场占有，体现特色农业发展的市场影响程度，包括国内市场和国际市场两个方面。包括主要特色农产品比重、主要特色农产品市场占有率、特色农产品出口创汇额三项指标。

3. 经济带动，重点考察特色农业带动整体经济和相关产业发展的能力。包括三大支柱产业对农林牧渔业增长的贡献率、主要特色农业增长贡献率两项指标。

4. 区域影响，反映特色农业发展对区域经济和相关产业的拉动和影响系数。包括特色农业发展带动农户数量、特色农业生产农户参与度两项指标。

5. 产业化经营，体现特色农业产业链形成和延伸情况，是对特色农业纵向发展的刻画和描述。包括农业产业化经营总量、农业产业化经营率两项指标。

6. 农民增收，反映特色农业发展对农民收入增长的贡献程度和增收比率。包括农户从事特色农业生产增收额、特色农业生产农户增收比率两项指标。

（四）评价方法

在评价指标体系设计基础上，根据各项指标在“一产抓特色”中的作用和阶段性特征，我们以总权重为100对六大模块十四项指标分别赋予不同权重，并构建特色指数评价模型：

$$Zn=\Sigma〔（Xn/Yn）*Qn〕/\Sigma Qn$$

其中，Zn表示特色指数，Xn表示某项指标的报告期数据，Yn表示某项指标的基期数据，Qn表示权重。为便于对比分析，我们把 Yn（基期数据）固定在2010年（“十一五”规划的最后一年）。特色指数以100为中间值，小于100，表明“一产抓特色”发展进程趋缓；大于100，表明“一产抓特色”发展进程加快。

二、实证分析

我们利用评价指标体系和评价模型，根据调查取得的数据，对2011年“一产抓特色”指数进行了测算。结果显示，2011年全省特色指数为104.7，表明“一产抓特色”在2011年取得了稳定发展。具体发展情况分析如下：

（一）通过“一产抓特色”，有力地促进了经济带动能力的提升

评价数据显示，2011年“一产抓特色”经济带动指数达到125.0，是纳入评价体系的六个模块中发展最快的方面。反映出通过紧紧扭住“一产抓特色”，有效地促进了全省农林牧渔业生产的发展。从指标分析看：

一是支柱产业对生产发展的贡献快速上升。2011年，在全省农林牧渔业生产增长中，畜牧、蔬菜、果品三大支柱产业的贡献率达到70.2%，比上年提高了10.2个百分点。

二是特色农产品增长对生产增长的支撑有力。2011年，特色农产品增长对全省农林牧渔业生产增长的贡献率达到62.0%，比上年提高15.7个百分点，形成了对生产发展的强力支撑。

（二）通过“一产抓特色”，加快了农业产业化发展进程

2011年，全省农业产业化经营总规模达到4757.1亿元，比上年增长17.1%，实现了快速发展。农业产业化经营率达到60.0%，比上年提高1.4个百分点。产业化经营的发展指数为108.7，处于较快发展区间，反映了农林牧渔业生产方式和经营模式快速转变的进程特点。

（三）通过“一产抓特色”，有效地增加了农民收入

2011年，全省特色农业生产经营农户平均每户从农业特色生产中获得纯收入7743元，比上年增长7.1%。农业特色生产收入已经占到全部收入的40.4%。但由于农民务工报酬的快速增长，使工资性收入增长幅度较大，超过了特色生产收入的增长，使农户的特色农业生产增收比率略降0.9个百分点。加权测算，农业特色生产促进农民增收的指数为102.8，表明特色农业收入实现了稳定增长。

（四）通过“一产抓特色”，扩大了农业特色生产的影响

农业的特色经营成效，吸引了愈来愈多的农民加入到特色农业生产中来，影响逐步扩大，2011年农业特色发展的区域影响指数为102.0。全省已有818.3万户农户从事特色农业生产，农户参与度达到53.2%，比上年提高0.8个百分点。超过半数的农户从事农业特色生产，必将进一步促进特色农业的更大发展。

（五）产业集中和市场占有两个方面发展趋缓

一是产业集中发展趋缓。产业集中指数为98.8，处于发展趋缓区间。主要原因是粮食价格的持续上升，导致蔬菜、果品等产业的产出速度相对放缓，形成支柱产业集中程度趋缓的局面。2011年，全省畜牧、蔬菜、果品三大特色支柱产业总产值为3348.4亿元，占全省农林牧渔业总产值的比重为68.4%，比上年下降了0.5个百分点。从三大支柱产业比重变化的具体情况分析，2011年，畜牧产业比重为34.2%，提高了0.7个百分点；蔬菜和果品产业比重则分别下降了1.0个百分点和0.2个百分点。

二是市场占有发展趋缓。评价指数显示，2011年，市场占有指数为96.8。从指标分析看，导致市场占有发展趋缓的主要因素是特色农产品出口出现较大幅度下降。全年出口创汇14.4亿美元，比上年度减少5.9亿美元，下降幅度达到29.3%。特色农产品比

重和市场占有率均呈现较快发展，其中特色产品比重提高了2.8个百分点，市场占有率提高了3.1个百分点。

三、农业在特色发展中需要着力解决的主要问题

贯彻落实“一产抓特色”经济发展战略，着力于当前实际情况，应落实好“四个需要”：

（一）特色生产规模需要进一步扩大

2011年，全省特色种植业产值占全省种植业产值的41.1%，特色畜牧养殖业产值占全省畜牧业产值的45.6%，特色水产养殖产值占全省渔业产值的40.9%。特色农业产值低于10亿元的县（市）达到53个，占全部县（市、区）数量的30.8%。由此可以看出，特色农业在全省各地具有巨大的潜力和空间，发展前景值得期待。

（二）特色生产结构需要进一步优化

全省有59.9%的县（市、区）建设蔬菜基地，有49.4%的县把果品作为特色农业发展重点，有41.3%的以生猪养殖作为特色农业发展方向，出现生产内容单一、特色产品雷同等问题，导致白菜占蔬菜总产量的25.5%、瓜菜类中81.4%是黄瓜、西红柿占到茄果类蔬菜58.2%等“特色不特”现象的产生，成为困扰各地“一产抓特色”持续健康发展的重要因素。

（三）特色农产品市场化水平需要进一步提升

目前，我省绝大部分特色农业生产者仍然是通过较为随机的市场供求关系，来实现特色农业生产成果的市场转化，农产品基地实行订单生产的农户比例仅为13.7%。由于农户没有稳定的生产合同和利益联结机制作保障，生产的不稳定性无法消除，农产品的市场供需矛盾时有发生。因此，需要建立和完善良好的市场机制和市场环境，在最大限度保护生产者利益的同时，实现特色农业生产和

市场相互促进、协调发展。

（四）特色农业发展政策需要进一步完善

庆黎书记提出“一产抓特色”发展战略后，有些地方对原有发展政策还没有进行认真梳理，没有根据当地发展条件和实际状况，通过横向对比和纵向分析，认真研究，制定具有地方特点的特色农业发展机制，还缺乏系统完善的发展政策和措施支撑。作为引导、促进特色农业发展的前提和加快、提升特色农业发展的保障，需要加快制定科学全面、切实可行的发展政策和实施措施。

四、几点建议

实现“一产抓特色”发展战略，必须全面优化农业特色发展环境。

（一）制定好农业特色发展规划

产业发展，规划先行。加快全省农业特色发展，首先需要制定出关于特色农业发展的省级规划。规划的制定应紧密结合“十二五”全省农村经济发展规划和要求，突出特色农业发展目标，针对当前特色农业发展中需要重点关注和解决的问题，完善相应的调整措施，确立更加科学、明确的特色农业发展指导方向，协调、规范全省的特色农业建设和发展，指导各地特色农业的科学发展。

各地应以省级特色农业发展规划为指导，结合本地区农村经济发展规划，建立针对当地特色农业发展阶段特征和方向的总体规划。规划内容需要在遵循省级规划布局和总体要求的基础上，更加具体明确，实施性强，指导特色农业实践的作用更加显著。

（二）用现代农业模式推进特色农业发展

建设现代农业就是用现代物质条件装备农业，用现代科学技术改造农业，用现代产业体系提升农业，用现代经营形式促进农业，用现代发展理念引导农业，用培养新型农民发展农业。现代农业是特色农业的载体。各地在发展现代农业过程中，要以特色农业为引领，把特色农业建设贯穿现代农业发展的全过程，以特色农业发展促进现代农业进程，以现代农业建设推进特色农业发展。

一要在特色农业发展中汲取现代农业的科技元素及其广泛应用效应，通过先进科学技术提升特色农业，提高特色农业产品优质化、多样化、市场化、标准化水平。

二要在特色农业发展中形成现代农业生产组织形式，使农产品的生产、加工、销售等各环节一体化，农业与工业、商业、金融、科技等不同领域相互融合，进一步加快特色农业区域化布局、专业化生产、企业化经营、社会化服务、标准化生产的崭新格局。

三要在特色农业发展中实施可循环发展，实现特色农业资源的可持续利用，实现特色产业经济与生态环境、社会发展的统一与协调。

（三）优化农业特色发展环境

一是优化生产环境。主要是大力培育和引进优良品种，加强示范推广，加大结构调整力度，优化特色农业品种环境。继续加强设施农业建设，推进规模化生产经营，扩大集约效应，优化特色农业规模环境。创新生产模式，着力培育合作社等性质的农业生产体系建设，优化特色农业机制环境。加强信息技术服务体系建设，提高生产技术，提升产品品质，优化特色农业技术环境。进一步加强污染治理，大力推进绿色、无公害、有机生产，优化特色农业自然环境。

二是优化政策环境。优化政策制定环境。通过制定进一步加快特色农业发展的政策，完善相关配套措施，清理制约和阻碍特色农业发展的政策，调整不利于特色农业发展的措施。优化政策运行环境。对在特色农业发展政策实施过程中出现的问题进行及时调整和解决，确保政策落实到位，措施执行有力，为特色农业发展提供更加广阔的空间和平台，营造更加宽松的氛围，提供更加有力的保障。

三是优化市场环境。通过建立和完善县乡村各级农业信息服务体系建设，加强对特色农业生产市场信息的分析、提供和反馈等服务，加强特色农业生产与市场需求的结合，优化市场信息环境。通过探索、建立和完善各种机制和形式下的统一供种、统一采购生产资料、统一生产技术培训、统一生产技术标准等环节，优化市场供应环境。通过进一步建设集中交易市场、扩大农超对接范围、提升农产品冷储冷藏能力、加强品牌建设和管理等举措，构建多种形式的流通销售渠道和产品销售机制，优化市场销售环境。通过加强龙头企业建设，引导企业和农户形成更加密切的利益联结机制，实现农产品生产和企业加工的有效对接，保障特色农业经营户的生产利益，形成企业和特色农业生产者的互利双赢，优化市场利益环境。

（四）强化对农业特色发展的支撑

一是强化政府支撑。必须加强生产、供应、流通、销售、金融、信息、技术、质量、品牌等领域的工作协调，使各有关部门形成扶持和促进特色农业发展的合力，实现特色农业生产成果的快速增长和发展水平的有效提升。各地、各部门通过制定一系列有针对性的政策措施，保护和扶持特色农业在良好的政策环境下发展、壮大、提高。要制定一系列有关特色农业发展的考核激励机制，加大贯彻落实力度，以特色农业发展促进生产力发展，促进产业结构调整，促进产业竞争力的提高。

二是强化资金支撑。从某种意义上讲，特色农业仍是弱势产业，需要各级各部门在财政资金上予以更多倾斜和支持。特别是随着特色农业发展的进一步深入，设施化生产和规模化经营比重逐步提高，特色农业生产已经由传统的劳动密集型产业向资金密集型产业转变。因此，需要通过政策调节，鼓励和引导信贷资金和社会资金向特色农业领域转移，更好地解决特色农业发展对资金的快速增长需求。要抓紧制定、完善和开展特色农业领域保险业务，为特色农业发展提供有效的风险保障。

三是强化舆论支撑。通过加强对“一产抓特色”发展战略的学习教育和宣传，进一步提高各地各部门对发展特色农业生产的认识，打破思想上的禁锢、束缚和偏见，营造大力发展特色农业的社会环境和氛围，把特色农业发展融入到区域经济发展的大格局中进行谋划和实施，全面推进特色农业发展壮大。

撰稿：刘海涛

抓转型 促提升 建强省

——河北工业抓提升的基础和动因分析及评价指标体系研究

省第八次党代会提出了建设经济强省、和谐河北的奋斗目标和"一产抓特色、二产抓提升、三产抓拓展"经济发展战略。河北工业占 GDP 一半以上，占第二产业近九成，工业强则河北强，"二产抓提升"关键在工业。"十二五"乃至更长时期，工业抓提升，推进工业大省向工业强省迈进，已成为必然抉择，并进入攻坚阶段。为此，我们深入分析了工业抓提升的现实基础、动因和需要，建立了评价指标体系并进行了进程监测，提出了思路建议和保障措施。

一、"工业抓提升"的基础条件

建国以来，特别是改革开放以来，河北工业规模和效益都取得了长足发展，全部工业增加值位居全国第 6 位，基本形成了以钢铁、装备制造、石油化工、食品、医药、建材、纺织服装等产业为主导的工业体系，现代企业制度不断建立完善，已建设成为具有一定竞争力的工业大省，具备了加速工业转型提升的基础和条件。

（一）工业大省地位进一步巩固

党的十六大以来，按照走新型工业化道路的要求，推进河北工业发展从重视速度逐步进入到更加重视质量和效益的新阶段，工业经济实现了大跨越，在国民经济中的主导地位逐步巩固。2011 年全部工业增加值 11770.4 亿元，位居全国第 6 位，占 GDP 的比重达到 53.5%，比重超过了第一、三产业比重之和，对全省 GDP 增长贡献率达到 58.7%。规模以上工业增加值突破一万亿元大关，为10509.4亿元；实现利润和利税分别达到2639.0亿元和4067.1亿元，2005－2011年间年均增长26.9%和25.0%。许多产品产量居全国前列，钢材、粗钢、生铁、平板玻璃、铁矿石、焦炭等产量居全国首位。

（二）工业结构调整稳步推进

按照存量调强、增量调优的方针，大力推进工业结构优化升级，特别是在做大做强装备制造业、改造提升传统产业、培育壮大战略性新兴产业等方面不断加大工作力度，取得积极成效。

第一，战略支撑行业带动作用不断增强。钢铁、装备制造、石化是河北三大战略支撑产业，2011年共实现增加值6804.2亿元，占全省工业比重为64.7%，比2005年提高7.3个百分点。主营业务收入、利税总额、利润总额为25323.1亿元、2607.2亿元和1743.7亿元，分别占全省工业的63.0%、64.1%和66.1%，比2005年分别提高4.3、4.4和2.4个百分点。

第二，装备制造业和高新技术产业正在培育壮大。“十一五”以来，河北高度重视装备制造业发展，积极培育壮大高新技术产业，相继出台了一系列加快振兴装备制造和高新技术产业的相关政策，装备制造业实力显著提升。2011年，全省装备制造业实现增加值1906.3亿元，比2005年增长3.8倍，年均增长22.7%，比规模以上工业快6.4个百分点；占规模以上工业增加值的18.1%，比2005年提升5.8个百分点。高新技术产业规模不断扩大，完成工业增加值由2005年的242亿元增加到2011年的1100亿元，占规模以上工业的比重由7.5%提高到10.5%。

第三，高耗能行业比重明显下降。认真落实国家和省加大节能减排、淘汰落后产能等政策措施，严控高耗能行业过快增长，高耗能行业比重明显下降。“十一五”期间，全省共淘汰落后炼铁产能3696万吨、炼钢产能1888万吨、水泥产能6140万吨、平板玻璃产能5622万重量箱。2011年，黑色金属冶炼及压延加工、石油加工炼焦及核燃料加工、非金属矿物制品、电力热力的生产和供应、煤炭开采和洗选、化学原料及化学制品制造等六大高耗能行业增加值占规模以上工业的47.2%，比2005年下降1.9个百分点。

（三）工业行业竞相发展

第一，钢铁行业正由大向强迈进。河北是钢铁大省，钢材产量在2009年跃上亿吨台阶的基础上，2011年接近2亿吨，为19226.8万吨，占全国总量的1/5强，为21.8%。2011年，规模以上钢铁主营业务收入13525.4亿元，占全国的比重为18.3%，其中黑色金属冶炼和压延加工业主营业务收入11380.6亿元，占全国的17.3%。近年来，钢铁产业着重解决低水平重复建设问题，加快了优化整合和产品升级步伐，正由大向强迈进。

行业竞争力有所增强。2011年，全省钢铁工业企业1179家，比2005年增加116家；总资产10434.5亿元，增长2.9倍；完成工业增加值3523.4亿元，增长2.5倍；实现利润771.0亿元，增长2.3倍。工业增加值和资产总计的增长速度分别比全省平均水平高24.3和80.0个百分点，占全省规模以上工业的比重分别为33.5%和35.1%，分别比2005年提高2.3和7.1个百分点。

企业集中度明显提高。户均规模达到8.9亿元，比2005年增加6.4亿元。唐山钢铁集团有限责任公司、邯郸钢铁集团有限责任公司、唐山国丰钢铁有限公司、河北敬业集团、河北津西钢铁集团股份有限公司、承德钢铁集团有限公司、唐山瑞丰钢铁（集团）有限公司等7家企业的主营业务收入超过300亿元。

产品结构得到优化。钢铁产量快速增长，2011年粗钢产量达到16450.7万吨，板带材比为57.1%，比2005年提高14.4个百分点。

第二，装备制造业发展步伐加快。近几年，装备制造业连续保持20%左右的高速增长，支撑作用不断增强，2011年完成增加值1906.3亿元，对全省工业增长的贡献率达到26.8%。建设了保定输变电设备及新能源设备、保定皮卡及乘用车、定州微型车、邢台冶金轧辊、邯郸专用车、邯邢紧固件、盐山孟村管件、泊头铸造及模具、临西轴承、固安汽车零部件等一批特色产品基地、园区和集群；培育了大型输变电设备、风电设备、动车组、冶金轧辊、皮卡车、微型车、索具等一批优势产品；形成了保定天威、保定长城、河北长安、唐山轨道客车、中钢邢机等一批在国内外有重要影响的骨干企业。

第三，石化工业正处于高成长阶段，具有较大的发展空间。2011年，拥有规模以上石化工业企业1196家，比2005年增加156家，完成工业增加值1374.5亿元，增长2.1倍；实现利税606.7亿元，增长2.2倍；主营业务收入4595.7亿元，增长2.3倍，占全国的比重为3.9%。形成了华北油田、冀东油田、华北石化、石家庄炼油厂、中捷石化、唐山三友、沧州大化、冀衡集团等一批在国内具有较大影响的大型骨干企业。合成氨、纯碱、原油加工等一批产品产量居全国前列。

第四，电子信息产业是重点培育的新型产业。“十一五”以来电子信息产业保持了年均20%以上的快速增长态势。2011年电子信息产业完成工业增加值76.9亿元，主营业务收入304.3亿元，2005—2011年年均增长24.9%和35.4%，远远超过全省规模以上工业增长速度。太阳能光伏电池、通信网络设备、平板显示、半导体照明、安防电子、医疗电子等优势产业成为重要支撑。太阳能单晶硅与太阳能电池、消防报警和楼宇自控产品成为全国的主要生产基地，液晶显示、半导体照明和医疗电子产业在全国占有重要位置。

第五，医药工业具备良好的发展基础和相对的竞争优势。2011年，拥有规模以上医药工业企业189家，完成主营业务收入632.6

亿元，工业增加值160.1亿元，实现利税71.6亿元，主营业务收入占全国的4.4%。维生素C、青霉素、土霉素、链霉素、阿莫西林等产量均居全国前列，是国内重要的生产和出口基地，掌握了一批核心技术，形成一批优势产品。华药集团、石药集团是全国著名的原料药生产企业，保定安国是全国著名的中医药生产和集散地。

第六，食品工业具有得天独厚的资源优势。河北是全国小麦主产区之一，也是我国重要的优势葡萄产区之一，面积和产量均列全国第2位。目前已初步形成了一批生产企业密集区和多个优势农产品生产、加工隆起带，呈现出集群式发展和较为合理的区域布局。2011年，拥有规模以上食品工业企业987家，完成工业增加值686.3亿元，实现利税336.3亿元，主营业务收入2837.1亿元，主营业务收入占全国的比重为3.7%。方便面、葡萄酒、小麦粉、植物油、乳制品、味精等产品产量居全国前列。培育了今麦郎、老白干、梅花味精、长城葡萄酒、三河汇福、君乐宝等一批优势企业和名牌产品。其中秦皇岛金海粮油、三河汇福、保定宝硕、邢台隆尧华龙等企业在国内具有较大影响。

第七，纺织工业基础较好，具有资源丰富、产业链较完备、制造成本低廉等优势。近年来，通过实施积极扩大出口、加快“退城进郊”进程、推进企业兼并重组等一系列措施，纺织工业在困境中得到了稳步发展。2011年，拥有规模以上纺织工业企业1398家，完成主营业务收入2400.5亿元，工业增加值644.1亿元，实现利税248.6亿元，主营业务收入占全国的比重为3.9%。布、纱、服装产量均居全国前十位。拥有石家庄常山纺织、邯郸海盛威、高阳宏润等一批国内知名的大型纺织企业。产品主要销往美国、日本、伊朗等50多个国家和地区。

（四）工业聚集区和企业集群初具规模

2011年，全省工业聚集区71个，聚集区内规模以上工业企业

1923家，完成主营业务收入9668.0亿元，占规模以上工业的24.0%。其中，唐山迁安西部工业区、唐山迁西栗乡产业聚集区、承德双滦钒钛冶金产业聚集区、承德宽城龙城新型材料产业聚集区、石家庄循环经济化工示范基地、唐山丰南小集镇工业区等6个聚集区主营业务收入均超过300亿元。近年来，河北通过重点扶持、项目建设、资源整合等措施，促进优势企业做大做强，先后涌现出了一大批具有国内外竞争力的大型骨干企业集团，钢铁、能源、港口、煤化工、水泥等行业集中度显著提升。河北钢铁集团产能居国内首位，冀中能源集团、河北港口集团、开滦集团、冀东水泥优势明显。2011年，全省主营业务收入超百亿的工业企业达到49家，其中冀中能源峰峰集团有限公司、唐山钢铁集团有限责任公司、开滦（集团）有限责任公司、邯郸钢铁集团有限责任公司等5家法人企业主营业务收入超过500亿元。

二、“工业抓提升”的动因及需要

深入分析工业抓提升的动因和现实需要，有利于我们准确把握促进工业提升的主要因素和方向。河北是工业大省，但目前还没有跻身于工业强省行列。近年来，随着工业地位的不断提升和发展速度持续加快，长期积累的结构性矛盾日益突出，粗放型发展模式越来越成为制约工业可持续发展的瓶颈，抓工业转型提升已成为当前经济工作中刻不容缓的首要任务。

（一）“偏粗放”的发展模式难以为继

改革开放三十多年来，河北工业经济建设取得了令人瞩目的成就，但工业经济的快速增长，在一定程度上靠的是过度依赖资源能源消耗，过度依赖产量扩张和规模扩大，过度依赖低成本生产要素。2011年，在全省规模以上工业总量最大的前六个行业中有五个是高耗能行业，国内市场占有率仅为3.1%，而能源消耗占全国的8%左右，居全国第二位，消耗全国41.7%的铁精粉、8%的煤炭和6.5%的电能，规模以上工业万元增加值能耗2.733吨标准煤，比全国平均水平高43%。2011年，六大高耗能工业行业完成增加值4958.1亿元，占规模以上工业的47.2%；主营业务收入占53.8%，比全国平均水平高20.4个百分点，在全国排第6位。而广东这六个行业比重仅为19.6%，江苏和浙江为27.3%和25.5%，山东、辽宁、河南为32.9%、37.9%和36.5%。

工业增长主要靠拼资源、拼能源的“粗放”发展模式，在当前全国乃至全球资源能源日趋紧张，由国家宏观调控强力推动的节能减排、淘汰落后、保护生态环境、发展循环经济已形成刚性的硬任务和约束性目标的大背景下，显然难以为继。

（二）“中低端”的产业特征举步维艰

河北是资源大省，多年来，由于资源型产业始终是工业利润和财政收入的主要来源，大规模、高强度资源开发，形成了资源加工占主导的工业体系，原材料工业比重大，高加工度产业成长不足，处于产业链的中低端，突出表现为“两小一多”：

一是装备制造业规模小，竞争力不强。2011年，全国装备制造业主营业务收入比重为25.6%，而河北装备制造业主营业务收入为7201.9亿元，占规模以上工业的17.9%，低于全国7.7个百分点，居全国第18位，而山东、广东、辽宁、江苏的比重在23.7%—33.1%之间。河北装备制造业主要集中在基础类制造领域，重大成套装备比重低，多数行业处于产业链低端，缺乏龙头企业支撑，在全国的竞争优势系数仅为0.7，在全国排第18位，而辽宁、江苏、广东均超过1，山东接近1。

二是高技术产业比重小，发展明显滞后。2011年，规模以上工业高技术产业企业370家，而江苏、浙江、山东、广东分别为4061、1923、1514和4601家，占规模以上工业的比重为1.7%，四个先进省份的比重在7.0%—21.2%之间；主营业务收入1041.4亿元，占规模以上工业的1.2%，比重居全国第17位，而四个先进省份比重在4.1%—26.5%之间。在全国41个行业大类中，电子及通信设备制造业已跃居为第二位，全国该行业主营业务收入占规模以上工业的比重为7.5%，而河北仅为0.8%。

三是低端产品多，知名品牌产品缺乏。山东有海尔、海信、青岛啤酒，广州有立白、珠江啤酒、白云山制药，江苏有雨润、红豆、维维等全国知名品牌，与之相比，河北工业产品居全国前列的是生铁、粗钢、水泥、平板玻璃、纱、布等初级产品，而高技术含量、高附加值的产品少，甚至有些是空白。多年来，大多数企业技术研发投入低，重生产轻管理创新、文化创新和经营机制创新，新产品开发、产品生命周期升级和名牌产品创建的能力及手段落后，导致企业自主创新、集成创新和引进吸收再创新能力远远落后于东部先进省市的企业，最终形成了工业产品低层次徘徊、知名品牌缺乏的格局。

产业结构低级化直接导致竞争力弱，市场占有率小，已成为经济发展的羁绊。近年来，河北规模以上工业国内市场占有率一直在4—5%之间徘徊，2011年为4.8%，与江苏的12.7%、山东的11.9%、广东的11.0%、浙江的6.6%相比差距甚远。

（三）“低水平”的工业效益面临困境

目前，河北工业仍为规模效益型，利润增长主要来源于规模扩张，而不是效率提高。2011年规模以上工业资产总额和利润总额均居全国第6位，但总资产贡献率仅为15.1%，成本费用利润率为7.0%，分别居第18位和第23位。增加值占规模以上工业1/4强的黑色金属冶炼和压延加工业，近几年由于透支发展，造成了总量规模过大的局面，资源供应紧缺造成价格升高，而高成本、重复性建设严重又造成同质化竞争剧烈、产业集中度低，最终导致行业控制力差、盈利空间越来越小，不得不进入微利时代，成本费用利润率由2005年的5.8%下降到2008年的3.7%、2011年的3.0%。

低水平的工业效益直接影响着可持续发展的动力和活力。2008年以来，河北规模以上工业增加值增速在全国位次后移，由2005年的第6位、2006年的第16位、2007年的第17位后移到2008年的第20位、2010的第22位、2011年的第21位。而周边的河南和辽宁，中部的湖北和湖南，西部的重庆和四川呈现出强劲发展势头，近几年增速都快于河北，河北工业面临着不进则退，甚至于不快进则退的较大危机。

三、“工业抓提升”评价指标体系及进程分析

省第八次党代会提出了“二产抓提升”的发展战略。“二产抓提升”即为“工业抓提升”，立足于河北省情实际，“工业抓提升”的实质是优化结构、转变发展方式，目的是提高运行质量和效益，增强可持续发展能力，推进工业强省建设。

“工业抓提升”的基本内涵应包括五方面：一要调优产业结构。加快传统优势产业改造升级，培育壮大高技术产业，提升高加工度产业比重，促进工业体系从产业链中低端向高端转化，突破长期以来的结构性矛盾。二要提升运行质量和效益。由过去注重数量增长转为更加注重质量提升。通过有效地、合理地配置资源，加强管理，提高盈利能力，改变利润增长主要靠规模扩张的模式。三要做大总量规模。在结构优化的基础上，实现有效益、有质量的平稳较快增长，最大可能地开拓市场、占领市场、扩大市场，具备更多的市场话语权和支配权。四要增强素质和活力。通过有效运用创新资源，建立新的技术平台或改变核心技术，获得持续竞争优势，增强持续创造经济财富和抵御各种风险的能力。五要冲破资源能源、环境约束。建立现代产业体系，转变资源能源依赖型工业格局，减少

污染排放，促进可持续发展。基于以上内涵，本着科学性、客观性、可行性原则，本文共选取5大模块18项指标构成评价体系，并计算出2005年、2008年、2011年各指标数据。

根据国际经验标准、沿海先进省份设定各指标的标准值，按照专家法原则确定各指标权重，采用综合指数法计算出综合得分。测算结果显示：2005年、2008年、2011年河北工业提升的综合评价指数分别为64.6%、69.7%和73.6%，呈现逐年上升的趋势，表明工业提升在稳步推进。从五个方面分析：

第一，结构调整取得积极进展。2005－2011年的六年间，高新技术制造业比重、装备制造业比重、超50亿元企业主营业务收入比重分别提高3、5.8和13.7个百分点；高耗能行业比重下降8个百分点。但这六年间由于受到国际金融危机的影响，出口市场有所萎缩，出口交货值比重降低1.3个百分点。

第二，效益水平基本保持稳定。2005－2011年的六年间，企业总体盈利能力基本保持7%的水平，但国有及国有控股企业成本费用利润率下降1.8个百分点。资本效率逐步提高，总资产贡献率提高1.6个百分点。投入产出效率有所下降，增加值率由2008年的28.8%降到2011年的25.4%。

第三，市场占有率没有实现大的突破。2005－2011年的六年间，规模以上工业整体市场占有率徘徊在4%－5%之间，仅提高0.5个百分点。工业增加值增速在波动中有所下降，2005－2007年的三年间，随着汽车制造业、房地产业及相关产业的快速发展，规模以上工业呈现18%以上的快速增长态势，受国际金融危机影响，2008年增速回落到13.5%，2011年回升到16.1%。

第四，经济素质与活力稳中略有增强。2005－2011年的六年间，反映研发能力的R&D经费支出比重基本保持稳定，仅提高0.05个百分点、R&D从业人员比重提高较多，由2005年的1%提高到2.1%；反映核心技术能力的工业企业新产品产值比重提高0.9个百分点、每亿元产值拥有发明专利申请数基本稳定。

第五，控制能源消耗与环境保持成效显著。万元工业增加值工业废水排放量和二氧化硫排放量均有所降低，分别由2006年的34.2吨/万元和0.03吨/万元，下降到2010年的14吨/万元和0.01吨/万元；万元工业增加值能源消耗降低率由2006年的5.6%扩大到2011年的6.7%。

四、"工业抓提升"的有效途径及保障措施

"工业抓提升"的总体思路应是：坚持以科学发展为统领，以建设工业强省为目的，以科技创新为动力，加快调整工业结构，转变发展方式，使传统产业焕发生机活力，战略性新兴产业形成优势，促进工业经济由低水平扩张向高端化发展演进，实现发展方式由粗放型向集约型转变。

（一）有效途径——切实抓好"三个提升"

第一，提升产业结构——强力推进"做强、做大、做优"，打造钢铁、装备制造两大行业增长极。一是做强钢铁工业。严控钢铁总量规模，坚决淘汰落后产能，鼓励一些大型企业，加快产品结构优化调整，加大研发力度，培育高端产品，提高产品的技术含量和附加值，提高资源配置效率，大力发展循环经济，实现由钢铁大省向钢铁强省的转变。二是做大装备制造业。积极谋划能源、铁路、海洋工程、节能减排等装备项目，以重大项目的建设推动装备制造业做大做强。创建一批影响力强的大型装备制造业产业集聚区，高新技术产业基地和产业园，使其成为全省工业结构调整的重要引擎。三是做优石化、医药、食品、纺织服装等传统产业。充分运用以信息技术为代表的现代科学技术，加快传统产业升级改造步伐，组织实施一批关键共性技术重大专项，建立健全专业县和特色产业

基地的技术创新服务体系，大力提高企业自主创新能力，增强对工业经济的支撑力。四是壮大战略性新兴产业。坚持培育与引进并重、自主研发与开拓市场结合，推动新兴产业扩规模上水平。发挥好战略性新兴产业发展专项资金的引领作用，启动实施信息产业升级、生物产业创新发展、半导体照明产业化、新材料特色产业链壮大等重大工程和百企千人技术创新能力提升工程，着力突破一批前沿性、关键性技术，抓好一批重大产业化项目，培育一批创新型龙头企业，形成一批新兴产业集群。

第二，提升产品结构——实施“品牌示范工程”，培育千项省级以上名牌产品。一是要大力推进自主创新、模仿创新等产品创新工程，尤其是在纺织服装、食品饮料、革塑制品、日常生活用品等领域，要将文化创意融入到产品设计中，研发一批节能、环保、时尚、适应市场需求、具有自主知识产权的新产品。二是大力实施名牌战略，重点扶持技术含量与附加值高、有市场潜力的名牌产品企业扩张规模，做强做精；推进以品牌为纽带的资源整合，加大名牌培育和推介力度，着力打造区域品牌，提升品牌的国内外知名度。三是大力推进“质量对标行动”，鼓励企业争创名牌产品和驰名商标，重点在研究开发、设计、营销、技术服务等关键环节下功夫，加速培育自主品牌，促进产品从产业价值链的低端向高端转移。

第三，提升组织结构——实施“龙头带动工程”，着力培育打造一批“行业巨人”和“航空母舰”。一是加快推进省内企业的联合、与央企的联合、与国内外大企业的联合，着力提升企业集团整合资源和市场竞争能力，打造能够影响、辐射、带动相关产业发展的龙头企业，打造产业龙头，增强辐射带动作用，提高行业集中度。二是大力实施大企业大集团战略。采取政策引导、骨干示范、大项目带动等综合措施，推动拥有知名品牌、市场占有率较高、发展前景好的优势企业开展强强联合，促进优势互补、资源共享。支持企业跨地区、跨行业、跨领域实施兼并重组，加强资金、资产、资本、资源的统筹运作，整合产业资源，形成一批大企业集团。

（二）保障措施——力求实现“五个突破”

第一，延伸产业链要有大突破。河北工业结构具有明显的原材料产业特征，处于产业链的中低端，按照产业经济学理论属于中间产品型产业，应双向延伸产业链，由零部件生产、组装向试制品开发和售后服务扩展，提高产品附加值；同时加大对产业关联度高、具有较强的技术扩散外溢效应的行业技术改造力度，由传统制造向高端制造形成“链式”转型。鼓励龙头企业将一些零部件及特定的生产工艺、技术、产品分离出来到园区发展，形成一批专业化配套企业，提高产品本地化配套率。引导中小企业参与产业和产品的细化分工，在大型工程配套、重大产品研发、服务外包中与大企业建立协作关系，延伸产业链，形成专业互补的中小企业群。

第二，企业自主创新要有新突破。通过自主创新，推进传统产业提升和产品升级换代，加快形成一批占据产业发展前沿阵地、引领产业发展方向的高新技术和高端产品。一是实施重大科技专项和科技示范工程，突破关键共性技术，培育壮大一批高新技术企业和科技型中小企业，抓好国家级高新区建设和创新型特色产业集群试点。二是加快建立有利于高技术产业、创新型企业的投融资机制和环境条件。建立市场主导、政府引导的技术创新机制，鼓励企业与高校、科研院所联合攻关。三是加大企业研发投入，省财政设立专项资金引导投向自主创新重大专项，集中力量突破一批关键领域的核心技术。

第三，园区和聚集区建设要有大突破。充分发挥工业聚集区资源和创新优势，以及先进制造、新能源等产业基础优势，引导优质要素向聚集区聚集。建设引领特色产业集群的高端园区，谋划一批优势工业高端制造产业园区，规划一批城市高端服务产业功能区，吸引跨国集团公司设立加工制造基地及研发、采购和物流中心，提升园区的产业层次和水平，培育一批特色产业集群和具有国际影响力的企业集群。

第四，调整优化区域特色产业布局要有新突破。环首都绿色经济圈、沿海经济隆起带、冀南新区要充分利用国家和省的特殊政策，提升产业承接力和辐射力，推动区域特色产业布局调整，彻底改变区域产业同质化发展格局。强力打造曹妃甸新区、渤海新区两大增长极，在培育壮大具备国际竞争优势的临港产业集聚区上取得重大突破。积极承接北京高新技术产业、先进制造企业的产品制造功能，优化资源配置，推进转型升级。

第五，低碳经济和循环经济发展要有新突破。把调整结构与节能减排任务相结合，加快淘汰落后产能，推进污染减排重点项目建设，推广节能和新能源利用，积极发展低碳经济和循环经济。按照“减量化、再利用、资源化、生态恢复”原则，以龙头企业为中心，延伸拓展接续产业和资源再生产业项目，形成产业间循环系统。科学规划、合理布局各个产业功能区和企业群，集中治污，清洁生产，最大限度地确立现代产业的生态优势。

注：竞争优势系数用区位商来反映。区位商计算公式为：$LQ_{ij}=(L_{ij}/L_i)/(L_j/L)$，式中$LQ_{ij}$表示i地区j行业的区位商，$L_{ij}$表示第i个地区第j个行业的产出，$L_i$表示i地区的全部产出；$L_j$表示整个区域内j行业的全部产出，L表示整个区域所有行业的总产出。竞争优势系数大于1表示具有优势，小于1表示不具有优势。文中区位商均由主营业务收入计算。

撰稿：周国华　高　娓　韩　红

"三产抓拓展"统计评价指标体系研究及综合评价

服务业是国民经济的重要组成部分，服务业发展水平是衡量现代社会经济发达程度的重要标志。加快发展服务业，提高服务业在三次产业结构中的比重，是推进经济结构调整、加快转变经济方式的必由之路。河北省第八次党代会提出了"一产抓特色、二产抓提升、三产抓拓展"的经济发展战略，为全省经济发展指明了前进方向。为进一步拓展服务业发展领域，调整优化服务业行业结构，培育新的经济增长点，更好地服务于建设经济强省、和谐河北，本文对河北省需拓展的服务业领域做了简介，确立了统计评价指标体系，并进行了综合评价。

一、建立"三产抓拓展"统计评价指标体系

（一）拓展领域及统计范围的确定

在深入分析研究全省服务业发展现状，借鉴相关研究成果的基础上，确定了全省需要拓展的服务业领域。

1. 拓展原则。围绕建设经济强省、和谐河北的发展目标，立足更好地满足全省生产和生活需要，以优先发展生产性服务业，加快发展生活性服务业，大力发展高端服务业，积极发展农村和社区服务业为目标，所确定领域能够充分挖掘全省服务业优势资源，促进现代技术的推广运用，创新服务模式，丰富服务品种，完善服务网络，增强服务功能，扩大服务范围和拓宽服务需求，在全省形成链条完整、业态齐全、功能先进、层次分明、产品多样的现代服务

业产业体系。

2. 拓展领域及统计范围。根据拓展原则，按照“市场有需求而发展薄弱的服务业行业、发展潜力较大的新兴服务业、发展海洋经济的临港服务业、能够培育成支柱产业的行业”选择依据，确立服务业需要拓展的领域：

为便于统计评价指标体系的计算，需根据以上十二大领域，参照国家统计局制定的《国民经济行业分类注释》，甄选出相应的统计行业做为统计评价指标体系的行业范围。在十二大领域中，除去“现代物流”、“旅游业”等复合性行业外，其他领域的统计行业类别①主要是：

金融业，科学研究、技术服务和地质勘查业（含海洋服务），信息传输、计算机服务和软件业，租赁和商务服务业（含企业总部管理），超级市场零售△，货摊、无店铺及其他零售业*，文化、体育和娱乐业，居民服务和其他服务业，卫生、社会保障和社会福利业。

将以上七个门类、一个中类、一个小类服务业和“现代物流”、“旅游业”两大复合性行业确定为拓展服务业的统计行业范围，并以此来计算拓展服务业发展状况。

（二）统计评价指标体系的建立

1. 建立的原则。评价指标体系是对拓展服务业发展评价的一种量化标准。该评价指标体系的建立，需要能够满足分析、监测、评价拓展服务业发展水平、从业水平和行业结构等方面情况，为促进服务业加快发展、增加就业、经济结构调整提供科学依据。体系的建立原则：

---

① 所列行业类别除带有特殊符号标记外，均为行业门类名称。带“*”号标记的为行业中类名称，带“△”号标记的为行业小类名称。

（1）科学性原则。指标体系的设计、评估方法要具有科学依据，以确保评价结果的客观、真实和公正。

（2）突出性原则。在当前发展阶段及统计状况下，在还不具备全方位、多层次反映拓展服务业全面状况的条件下，指标体系侧重于拓展服务业发展的主要方面，突出反映发展状况和发展结果。

（3）可操作性原则。确保指标体系中每一项指标数据都能在现有统计制度报表中取得，且每项指标均同时能在国家、省统计局报表中分别取得全国和河北数据。

（4）简易性原则。考虑到使用频率，体系建立尽量倾向简易，方便使用。

（5）动态性原则。评价指标体系要能够对不同发展阶段进程进行对比监测，反映动态发展特征，以揭示其动态发展规律。

2. 指标的甄选。依据以上原则，考虑服务业统计建立比较晚、基础薄弱、统计指标不全的现状，指标的甄选在评价指标体系理论框架的完整性和可操作性中做出了一定平衡。由此，舍弃了发展环境、发展动力、竞争力等方面内容，仅以发展结果为监测内容，确立反映发展结果的发展规模、发展速度和行业结构三方面内容、17个基础指标为评价指标体系的评价内容。

发展规模：采用增加值和从业人员两个基础指标来反映发展规模。在增加值指标方面，具体考察拓展服务业增加值占GDP比重、占全部服务业增加值比重和人均增加值；拓展服务业从业人员比重。

发展速度：侧重评价以增加值计算的发展速度。具体考察增加值发展速度、拓展服务业发展对GDP发展弹性系数，对服务业发展弹性系数。

行业结构：侧重评价拓展服务业主要行业发展状况。具体考察分行业增加值占服务业增加值比重。

3. 综合评价体系模型的建立。由于指标体系中指标属性不同，需要采用综合评价法，将众多指标逐级合成一个数值进行综合评价。

首先，确立评价指标的标准化处理方法。根据简易性原则，对评价指标无量纲化处理，采用线性无量纲方法中的比值法，对基础数据进行标准化处理，得到基础数据的标准化系数，计算公式为：

$V_j=(X_j/Y_j)\times 100\%$（j=1，2，…，n）公式中，$V_j$为第 j 项指标标准化处理后的指标数值，$X_j$为第 j 项指标正向化处理后的指标数值，$Y_j$为第 j 项指标的标准值。

其次，确立评价指标的权重确定方法。指标权重的确定，采用主观赋权法中的德尔菲法，即专家法，由专家根据评价体系评价内容的导向性、指标的重要性权衡确定，各指标权重见上表。

最后，确定综合评价模型。考虑使用频率，根据简易性原则，综合评价模型采用综合指数评价法中的加法评价模型。公式为：

$$Z=\sum_{j=1}^{m} w_j v_j$$

公式中，Z 为综合评价值，w_j为第 j 个指标的权重，权数之和设定为 100，V_j为第 j 项指标标准化处理后的指标数值。

二、拓展服务业综合水平评价

近年来，在省委、省政府领导下，全省服务业不断拓宽发展思路，优化发展环境，服务业发展水平不断提高，但和全国先进水平相比，潜力较大。结合全省发展实际，利用本文所建综合评价模型，评价结果如下：

（一）发展效果

2011 年，全省服务业法人单位数达 24.1 万个，占三次产业全部法人单位数的 65.9%，其中，拓展服务业法人单位为 5.25 万个，占全省服务业法人单位数的22.0%。发展特点如下：

1. 规模逐步扩大。2011年，全省服务业增加值为8483.17亿元（2010年居全国第7位），其中，拓展服务业增加值为5287.4亿元，分别占全省GDP、全部服务业增加值比重21.6%和62.3%，比2009年分别提高0.29和1.76个百分点；全省服务业就业人员达1203.0万人（2010年居全国第10位），占全省全部就业人员比重为30.4%，其中，拓展服务业就业人员803.4万人，占全省全部就业人员比重为20.3%；拓展服务业人均增加值为7303元，增长21.7%；拓展服务业从业人员占全部服务业从业人员比重为66.8%，提高0.3个百分点。综合评价指标体系中“发展规模”模块中的四项二级指标总分值为43.4，比2010年提高5.2。

2. 发展不断加快。2011年，全省拓展服务业增加值比2010年增长22.5%，增速比2010年提高6.3个百分点，拓展服务业发展速度与GDP发展速度、全部服务业发展速度之比分别为1.02和1.03，说明拓展服务业发展速度快于GDP和全部服务业发展速度。综合评价指标体系中“发展速度”模块中的三项二级指标总分值为30.5，比2010年提高1.4。分行业看，生产性服务业和消费性服务业均较快发展。

生产性服务业较快发展。国际金融危机后，具有创新性的生产性服务业较快增长。2011年，“金融业”、“租赁和商务服务业”、“科学研究、技术服务和地质勘查业”、“信息传输、计算机服务和软件业”法人单位数分别为2300个、13791个、5975个和4772个，比2008年分别增长1.6倍、76.4%、44.3%和19.5%；增加值分别增长77.3%、55.9%、50.6%和38.0%，其中银行业、商务服务业、专业技术服务业、计算机服务业增加值快速增长，增速分别达90.4%、60.6%、73.8%和63.7%。

消费性服务业较快发展。随着居民生活水平不断提高，消费性服务业快速发展。“居民服务和其他服务业”、“文化、体育和娱乐业”法人单位数分别达4851个和2354个，增速分别为72.4%和18.8%；增加值分别增长53.3%和98.1%，其中，其他服务业、新闻出版业、“广播、电视、电影和音像业”、文化艺术业、体育、娱乐业增加值分别增长73.5%、80.5%、98.8%、90.9%、1.2倍和1.2倍。

拓展服务业发展速度快于全国平均水平。2009年，全省拓展服务业增加值发展速度为115.8%，比全国平均水平快1.15个百分点，拓展服务业发展速度快于GDP发展速度，二者弹性系数为1.08，高于全国平均水平0.02，拓展服务业发展速度也快于全部服务业发展速度，二者弹性系数为1.01。

3. 结构继续优化。2011年，综合评价指标体系“行业结构”模块中的二级指标总分值为31.7，比2010年提高1.5。其中，全省现代物流业增加值占全省全部服务业增加值比重为21.1%，金融业占8.8%，“科学研究和技术服务业”、“信息传输、软件和信息技术服务业”、“居民服务和其他服务业”、“卫生和社会保障业”比重均在3%左右，“租赁和商务服务业”、“文化、体育和娱乐业”分别为2.1%和0.7%。

行业结构比重提高较快的是金融业、“租赁和商务服务业”、“文化体育和娱乐业”，所占比重分别比2009年提高0.13、0.07和0.11个百分点。

4. 综合水平提高。通过综合评价模型计算，2011年，全省拓展服务业发展综合指数为105.6，比2010年综合指数提高8.1。

（二）主要问题

1. 企业法人单位数比重偏低。2011年，全省服务业企业法人单位数占全部服务业法人单位数的55.6%（事业法人单位、机关法人单位、社会团体法人单位、其他法人单位数分别占13.2%、5.0%、2.2%和24.1%），与全国相比，2010年比重为52.1%，居全国第18位，比全国平均水平低11.23个百分点，比最高的上海低39.6个百分点。虽然全省服务业法人单位总数规模较大，但一半的量却为非服务业企业。

2. 产业比重偏低。2011年，全省服务业增加值占全省GDP比重为34.6%，其中，拓展服务业增加值占全省GDP比重为21.6%。从全国看，服务业发展水平基本分三个层次：一是服务业水平基本达到发达国家水平的地区，如北京市，服务业增加值占GDP比重达75.1%（2010年数据）；二是接近发达国家水平的地区，如上海市，比重为57.3%（2010年数据）；三是发展中国家水平的地区，全国大部分地区处于此区间，河北服务业增加值占GDP比重居全国第26位。

3. 就业结构不优。2011年，我省服务业就业人员比重为30.4%（2010年为29.8%，居全国第28位，低于全国平均水平6.6个百分点）。就业人员较多的六大行业是“批发和零售业”、“交通运输、仓储和邮政业”、“住宿和餐饮业”，“居民服务和其他服务业”、“教育”和“公共管理和社会组织”，就业人员分别为326.4万人、183.9万人、151.9万人、126.2万人、121.7万人和98.5万人，而需拓展行业“文化、体育和娱乐业”、“租赁和商务服务业”、“金融业”、“信息传输、计算机服务和软件业”仅分别为17.4万人、37.8万人、29.5万人和17.9万人，占服务业从业人员比重分别为1.4%、3.1%、2.5%和1.5%。

分城乡区域看，城镇就业人员为676.6万人，乡村就业人员526.4万人，分别占56.2%和43.8%。

在城镇，单位就业人员占47.3%，就业人员最多的行业是教育，其次是公共管理和社会组织，第三是卫生、社会保障和社会福利业，就业人员分别达 88.8 万人、81.0 万人和 30.0 万人（2010 年教育、公共管理和社会组织就业人数分别居全国第 4 位、第 5 位）；私营个体占 33.3%，就业人员最多的行业是批发和零售业，其次是住宿和餐饮业，第三是居民服务和其他服务业，就业人员分别为 101.4 万人、67.3 万人和 27.6 万人；灵活就业及其他占 19.4%，就业人员最多的行业是居民服务和其他服务业，其次是住宿和餐饮业，第三是批发和零售业，就业人员分别为 36.9 万人、22.5 万人和 22.0 万人。

在乡村，就业人员最多的是批发和零售业，其次是交通运输、仓储和邮政业，第三是居民服务和其他服务业，就业人员分别为 179.6 万人，130.9 万人，59.6 万人。

从最具活力的私营企业和个体（含城乡）就业人员情况看（2010 年数据），全省服务业私营企业和个体就业人员比重仅居全国第 27 位，比全国平均水平低 8.0 个百分点，比居全国第 1 位的上海市低 47.1 个百分点。私营企业和个体就业人员最多的是批发和零售业，就业人员比重达 66.5%，说明河北私营企业和个体服务业近七成人在从事贸易活动，而“信息传输、计算机服务和软件业”、“租赁和商务服务业”、“文化、体育和娱乐业”就业人员比重分别为 2.1%、3.3%和 0.5%，分别居全国第 17 位、第 30 位和第 29 位。

4. 投资结构欠佳。2011 年，全省服务业固定资产投资达 8336.4 亿元（2010 年为 7893.2 亿元，居全国第 5 位），其中，内资投资占 98.1%，而港澳台商、外商投资仅分别占 0.5%和 1.4%（2010 年港澳台商、外商投资额分居全国第 24 位和第 23 位）。从内资看，股份制投资所占比重最大，达 30.9%，其次是国有投资，为 28.1%，私营个体投资仅占 26.8%。外资、民间资本投资欠活跃。

分行业看，2011年，全省房地产业投资最多，达4438.6亿元，占全省服务业全社会固定资产投资比重为53.2%；其次是交通运输、仓储和邮政业，投资额为1433.1亿元，占17.2%；第三是水利、环境和公共设施管理业，投资额为1066.6亿元，占12.8%。从需拓展的主要行业看，“信息传输计算机服务和软件业”、金融业、“租赁和商务服务业”、“科学研究技术服务和地质勘查业”、“居民服务和其他服务业”、“卫生社会保障和社会福利业”、“文化体育和娱乐业”投资额分别为78.6亿元、23.1亿元、80.8亿元、73.3亿元、69.3亿元、91.0亿元和157.8亿元，所占比重分别为0.9%、0.3%、1.0%、0.9%、0.8%、1.1%和2.0%，投资力度偏弱。

5. 区域发展不平衡。全省服务业区域发展差距较大。石家庄市位于京津冀都市圈第三极，拥有省会政治、经济、文化中心的优势，交通运输业、金融业、信息服务业发展都较为成熟，2011年，全市服务业增加值为1635.8亿元，唐山、秦皇岛和沧州市依托港口沿海优势，服务业较快发展，增加值分别为1686.0亿元、510.7亿元和930.7亿元。环京津的廊坊和保定市增加值分别为561.6亿元和768.4亿元，古城邯郸市为911.0亿元，其他设区市增加值在500亿元以下，增加值最小的设区市仅为最大市的15.8%。

6. 体制性障碍依然存在。部分服务业行业市场化程度较低，仍存在进入门槛高和行业垄断情况，如金融、保险、电信等部门，这些行业的国有化，优势在于能够通过中央政府的指令性计划，以较低的成本在全社会范围内集中调配资源和服务，但同时也限制了民间资本和外资的进入，制约了服务业的快速发展。

（三）着力发展的行业

监测表明，一些行业在全国位次靠后，需要着力发展，以在拓展中做大做强。

之一：文化、体育和娱乐业。河北文化、体育和娱乐业法人单位数占全国同行业比重在各行业中居倒数第3位（2010年数据，下同）。全省图书出版种数居全国第26位，出版录像制品种类居第24位，出版儿童读物种类居第23位，有线广播电视入户率居第24位。

之二：租赁和商务服务业。全省租赁和商务服务业法人单位数占全国同行业的比重仅为1.9%，在各行业中最低。

之三：科学研究、技术服务和地质勘探业。全省科学研究、技术服务和地质勘探业法人单位数占全国同行业的比重居倒数第2位。

之四：金融业。全省金融业增加值占全省服务业的比重居全国倒数第8位。

之五：旅游业。河北省接待入境旅游者人数居全国第23位，国际旅游收入居第22位，而我省拥有国家级文物保护单位数居全国第3位，世界文化遗产占全国的1/9，沧州武术、吴桥杂技等国家级非物质文化遗产数居全国第2位；红色文化旅游资源数居全国前列，旅游业还有较大的宣传、发展空间。

之六：卫生、社会保障和社会福利业。全省平均每千农业人口村卫生室人员数居全国第28位。

三、对策建议

省第八次党代会以来，省委、省政府对加快发展服务业极为重视，提出“三产抓拓展”，为加快服务业发展营造了很好环境，全省服务业发展面临着重大机遇，尤其是当前经济背景下，大力拓展服务业尤为迫切，拓展服务业事关经济社会发展大局，解放思想，创新发展思路，深化体制和机制改革，促进服务业的快速健康发展。

（一）深化体制改革，解除发展制约

一是加快垄断行业改革步伐，放宽市场准入领域，培育多元化的竞争主体。把打破行业垄断与发展多种经济所有制经济有机结合起来，准许新的市场主体特别是非国有经济进入非法律法规禁止的一切行业。进一步调整优化服务业国有经济布局，特别对国有经济比重较大的金融、保险、电信、对外贸易等行业，加快改革步伐，进一步放开搞活国有服务业中小企业，采取更加灵活的方式，从经营领域、经营方式、市场准入以及相关政策等方面，为中小企业创造更为广阔的发展空间。二是加快推进医疗卫生体制改革，大力兴办多种所有制的医疗服务机构，努力提升、扩大乡镇卫生服务机构的实力，探索建立新型农村合作医疗制度，进一步提高农民就医条件和医疗消费水平。三是深化文化体制改革，以建设文化强省为目标，创新体制，转换机制，加强传统文化宣传力度，加快文化产业发展。

（二）拓宽融资渠道，加大资金投入

一是争取政府资金的支持，选择一批带动作用大、经济效益和社会效益好的重点项目，给予贴息或补助。二是加大金融支持力度，不断提高银行对服务业的信贷比重。三是加大服务业利用外资力度，吸引国内外知名企业来河北投资发展。四是鼓励民间资本投资服务业项目，加快发展以中小服务企业为服务对象的担保、征信服务体系。

（三）启动重点项目，带动服务业发展

重点在旅游业、现代物流业、文化产业和社会事业产业、居民社区服务等领域，确定一批园区、平台、业态、品牌，启动一批重点示范项目，通过典型引导带动相关服务行业发展。

（四）规范市场秩序，创建良好发展环境

清理阻碍拓展服务业的各类法规、政策和文件，避免部门之间

在法规、政策方面的相互矛盾、相互撞车、相互扯皮的现象。加强对拓展服务业乱检查、乱收费的监督，杜绝对拓展服务业不合理的重复收费、超标准收费，为拓展服务业发展提供健康良好的市场环境。

（五）加强队伍建设，提升人才素质

加大服务业管理人才的培养和引进力度，每年选派一定人数的管理人才，到服务业发达的国家和地区培训学习，开拓视野，拓宽思路，同时，制定人才引进优惠政策，吸引高端管理人才入驻河北，努力打造一支高层次、高素质的管理人才队伍，力促发展。

（六）因地制宜，分类推进

根据全省各地自身特点，充分挖掘自然资源和区位资源优势，针对不同行业，采取不同方法，有效拓展服务业。一是金融业。在各大中心城市，加快引进国内外的金融机构入驻河北步伐，积极发展为小微企业服务的金融机构，做多小额贷款担保公司；加快发展新型金融组织，鼓励和支持民间资本参与地方金融机构改革。二是科学研究、技术服务和地质勘探业。重点发展研发设计服务业、成果转移转化服务业、创新创业服务业，大力发展科技中介服务机构。用政策吸引人才和成果，加快科技创新、战略性新兴产业服务业发展。三是现代物流业。以物流园区为基点，以港口物流为龙头，以电子交易平台为支撑，加快组建第三方物流企业。四是文化、体育和娱乐业。依据各地的文化、旅游资源优势，大力发展文化创意、动漫游戏等文化产品，加强传统文化宣传，将传统文化产业做大做强，做成全国品牌，将传统文化发展与旅游有机结合起来，以文化市场带动旅游市场，以旅游市场促进文化市场发展。

撰稿：赵丽丽

如何突破“贫困链”

——燕山—太行山连片特困地区贫困现状及扶贫对策

省第八次党代会确定了建设经济强省、和谐河北的奋斗目标，实现这一宏伟目标，最艰巨的任务在农村、在贫困地区，张庆黎书记明确指出，要举全省之力打好新一轮扶贫开发攻坚战。我省贫困人口多，分布区域广，扶贫开发任务十分艰巨。按照农民人均纯收入2300元的新扶贫标准测算，我省农村贫困人口在870万左右。我省贫困地区主要包括燕山—太行山区、张承坝上地区、黑龙港流域干旱盐碱区和环首都贫困县，其中燕山—太行山区已列入国家连片特困地区。本文对燕山—太行山连片特殊困难地区的贫困现状、贫困原因进行了重点分析，提出了扶贫建议。

一、燕山—太行山连片22个贫困县的贫困现状

燕山—太行山连片特殊困难地区[①]（以下简称“燕太特困区”）地处我省北部山区，自然条件差，经济基础薄弱，社会事业滞后。深入了解“燕太特困区”的贫困现状，有针对性地制定政策和采取措施，是打好扶贫攻坚战的重要前提。

（一）县域人口少，贫困人口多

2011年，“燕太特困区”总人口806.6万人，占全省县域总人

---

① 燕山—太行山连片特殊困难地区包括唐县、阜平县、顺平县、涞源县、易县、曲阳县、涞水县、望都县、蔚县、阳原县、怀安县、万全县、张北县、沽源县、尚义县、康保县、宣化县、丰宁满族自治县、围场满族蒙古族自治县、隆化县、平泉县、承德县等22个县。

口的13.5%，县均人口36.7万人，比全省县均水平少7.4万人；按2011年的标准统计，2010年贫困人口271.84万人，占乡村人口的38.7%，比全省县域平均水平高21.8个百分点。

（二）地域面积大，基础设施差

“燕太特困区”行政区域土地面积6.6万平方公里，县均3015平方公里，是全省县均水平的2.3倍。辖6685个村民委员会，其中自来水受益村数4558个，占68.2%，比全省县均水平低18.5个百分点；通有线电视的村3847个，占57.5%，比全省县均水平低6.6个百分点；还有20个村未通电话，占全省未通电话村的83.3%；县均污水处理厂0.91座，比全省县均水平少0.35座；县均垃圾处理站1.36个，比全省县均水平少0.52个。

（三）经济总量小，发展水平低

2011年，“燕太特困区”地区生产总值、财政收入等主要经济指标保持了较快增长，经济实力有所提高，但与全省平均水平相比，仍有较大差距。

第一，人均生产水平低，一产比重高。2011年，“燕太特困区”地区生产总值达到1241.3亿元，现价（下同）比上年增长19.5%，占全省县域总量的7.4%。其中，第一产业增加值309.7亿元，比上年增长15.7%；第二产业增加值508.7亿元，增长27.1%；第三产业增加值423.0亿元，增长14.1%。从人均水平看，“燕太特困区”人均生产总值15390元，仅为全省县均水平的55.3%。

从产业结构看，“燕太特困区”一产比重过高，二产比重明显不足。第一产业增加值占地区生产总值的比重为24.9%，比全省县均水平高9.1个百分点；第二产业比重为41.0%，比全省县均水平低13.0个百分点。

第二，财政收支差异大，科教支出低。从地方财政收支情况看，“燕太特困区”财政收入少，财政支出高，收支差异大。2011年，“燕太特困区”地方财政一般预算收入56.1亿元，比上年增长29.1%；人均地方财政一般预算收入695元，比全省县域平均水平低329元。地方财政一般预算支出为245.1亿元，比上年增长23.1%；人均地方财政一般预算支出3038元，比全省县域平均水平多149元。人均财政收支比为1∶4.4，比全省县域人均水平高1.6个比值。

从人均支出结构看，由于自然条件和居民生活状况的差异，“燕太特困区”用于农林水事务支出和医疗卫生支出较高，而在科技和教育方面的支出偏低。2011年，燕太特困区人均农林水事务支出453元，比全省县均水平多70元，高18.3%；人均医疗卫生支出348元，比全省县均水平多8元，高2.4%；人均科技支出13元，比全省县均水平少7元，低35.0%；人均教育支出653元，比全省县均水平少15元，低2.4%。

第三，通讯落后。在通讯方面，“燕太特困区”虽发展迅速，但从人均水平看，仍显落后。2011年，“燕太特困区”移动电话年末用户415.7万户，比上年增长23.2%；互联网宽带接入用户41.2万户，增长37.1%。从人均水平看，“燕太特困区”万人移动电话年末用户5153.2户，比全省县域平均水平少1028.1万户，低16.6%；万人互联网宽带接入用户510.3户，比全省县域平均水平少234户，低31.4%。

第四，贸易水平低，投资带动弱 。经济贸易方面，无论是国内外贸易还是使用外资，“燕太特困区”虽然增速较快，但整体水平仍处于全省落后状态。2011年，“燕太特困区”社会消费品零售总额405.2亿元，比上年增长17.2%；出口总额3.2亿美元，增长23.0%；当年实际使用外资金额1.0亿美元，增长188.6%。从人均情况看，“燕太特困区”人均社会消费品零售额5024元 ，比全省县域人均水平低3462元，低40.8%；人均出口总额40美元，比全省县域人均水平低171美元，低81.0%；人均使用外资金额12.9美元，比全省县域人均水平少24美元，低65.0%。

在目前的经济发展模式下，固定资产投资是拉动经济增长的主要因素。在固定资产投资方面，无论是增长速度还是人均投资水平，“燕太特困区”都大大低于全省县域平均水平。2011年，“燕太特困区”全社会固定资产投资1083.6亿元，比上年增长8.0%，比全省县均增速低1.7个百分点；房地产开发投资完成额118.7亿元，增长10.5%，比全省县均增速低20.8个百分点。从人均情况看，“燕太特困区”人均全社会固定资产投资1.34万元，比全省县域人均水平少0.37万元，低21.6%；人均房地产开发投资完成额1471元，比全省县域人均水平低379元，低20.5%。

（四）收入水平低，生活质量差

近年来，“燕太特困区”人民在各级党委和政府的关怀和引导下，拓宽致富思路，增加收入渠道，收入水平不断提高，但与全省县域平均水平相比差距明显，且生活质量不高。2011年，“燕太特困区”农村居民人均纯收入3979元，比上年增长15.7%，比全省县域人均水平低2795元，低41.3%；农村居民人均生活消费支出4026元，比全省县域人均水平少644元，低13.8%；农村居民人均住房面积24.2平方米，比全省县域人均水平少6.6平方米，低21.4%；农村居民电脑普及率5.5%，比全省县均水平低5.9个百分点。

（五）社会事业发展滞后

随着经济发展状况的不断改善和人民生活温饱问题的基本解决，“燕太特困区”的教育、体育、文化、卫生等各项社会事业发展取得了长足的进步。2011年，“燕太特困区”普通中学数317所，比上年增长0.3%；体育场馆数22个，增长29.4%；医院、卫生院床位数 19793 床，增长 1.8%；医院、卫生院技术人员数 15981 人，增长 3.9%。但从县均发展水平看，比全省县域平均发展水平明显滞后。

（六）发展潜力大

土地与廉价劳动力资源短缺已成为制约未来经济发展的重要因素。“燕太特困区”虽然自然条件较差，自有资金短缺，但由于地域广阔，土地资源较为丰富，同时，“燕太特困区”人民勤劳淳朴，吃苦耐劳，脱贫致富愿望十分强烈，拥有大量廉价劳动力，丰富的土地资源和大量廉价劳动力会成为“燕太特困区”吸引投资和项目建设的重大优势。另外“燕太特困区”山清水秀，环境优美，空气新鲜，有大量的文化名胜，旅游资源十分丰富，在开发旅游业方面也有较大的发展潜力。

二、造成贫困的因素分析

“燕太特困区”22 县大都属于农业大县、工业弱县。从总体产业结构看，第一产业增加值占地区生产总值的比重超过 20%，比全省县均水平高近 10 个百分点；第二产业增加值占地区生产总值的比重只有 40%左右，比全省县均水平低 10 个百分点以上。从各县产业结构看，第一产业增加值占地区生产总值比重最高的是沽源县，达到 43.5%，比全省县均水平高 27.8 个百分点；工业增加值占地区生产总值的比重为 16.6%，比全省县均水平低 32.4 个百分点。“燕太特困区”22 个县中，有 18 个县的一产比重高于 20%，19 个县的工业比重低于 40%。工业发展滞后，经济发展方式转变不快，产业结构低级化，是“燕太特困区”的主要特征。

“燕太特困区”的贫困是当地自然、社会、经济等诸多因素长期综合作用的结果，造成贫困的原因是多方面的。

（一）自然因素

一是供水不足。"燕太特困区"属于北方干旱半干旱气候类型，水资源严重不足，加之水利设施落后，水资源的使用效率较低，有效灌溉率为33.0%，比全省县均水平低36.5个百分点，造成供水不足，对农业生产和农民生活造成较大影响。二是矿产资源匮乏。现阶段，资源经济是贫困地区摆脱贫困局面、实现快速发展的有效途径，但这些贫困县大多缺少矿产资源，其他资源的开发也严重滞后。三是交通不便。交通运输是经济发展的命脉。"燕太特困区"大多山大沟深坡陡，地理位置偏僻，修路成本较高，道路建设严重滞后，致使路况差、交通不便，严重限制了贫困村与外界的商品、信息交换。

（二）人力因素

由于经济落后，基础教育条件差，"燕太特困区"教育文化事业的发展受到制约，农民受教育的程度普遍偏低。2011年，"燕太特困区"农村劳动力平均受教育年限为8.6年，比全省县均水平低0.2年。文化素质低下，思想观念落后，接受劳动技能、农村适用技术、科学技术培训少，致富能力不足。

（三）经济因素

一是经济基础差。"燕太特困区"受资源、环境、资金、传统技术等方面的制约，经济发展相对滞后，经济总量小，产业结构单一，产业层次低，园区建设落后，农民致富缺少产业发展载体，居民收入增长缓慢，消费需求小，经济发展的内生动力不足。二是资金投入不足。从"燕太特困区"的财政能力来看，受经济基础薄弱的制约，县财政收入规模小，增长慢，而支出却不断膨胀，投入开发和建设的资金非常有限。三是产业化水平低。走产业化道路，注重农产品的规模化、专业化和标准化生产，不断强化产加销、贸工农一体化经营，是促进农村经济发展和农民增收的重要途径。而

"燕太特困区"受小生产为特征的传统生产经营方式的制约，长期被局限在狭小、低层次的商品活动中，阻碍了农业的市场化进程，使生产的商品化、社会化程度较低，农业劳动生产率低。2011年，"燕太特困区"农业劳动生产率为12728元，比全省县域劳均水平低7245元，低36.3%。

（四）社会因素

一是人口增长快。长期以来，"燕太特困区"人口自然增长速度快、人口素质低，严重制约了贫困地区人民生活水平的提高，而且加大了教育压力和劳动力就业压力。二是农村经济组织规模小、程度低。目前"燕太特困区"农村经济组织绝大多数经济实力不强，缺乏参与市场竞争和抵御市场风险的能力。有些农村经济组织中的农民带头人适应市场经济的意识和能力还不够，特别是少数合作组织带头人精明不开明，服务意识差，很大程度上制约了农村经济组织的创新和发展。三是政策支持针对性不够。表现为贫困地区不能对本地区的资源进行合理的配置和有效的使用，致使贫困地区的利益以各种方式"合法"地流失。由于各地经济发展水平上存在着差异，同样的政策在不同地方实施时会带来效果上差异。如县级财政包干，在发达地区，由于经济条件好、财源广，包干后通过增收节支财力会不断壮大；但在贫困地区，包干之后，由于经济发展水平较低，财政收入来源少，收不抵支，赤字不断增长。

（五）已形成"贫困链"

在"燕太特困区"，在各种不利因素的相互作用下已形成一条束缚经济发展和农民致富的"贫困链"。一是由于自然禀赋低，先天条件不足，基础设施建设成本高，资金缺口大，造成基础设施建设落后，生产生活条件落后。二是由于地理位置偏僻，交通闭塞，经济基础差，文化教育发展滞后，造成思想观念陈旧，缺乏脱贫致富的创造性，自我发展能力不足。三是由于思想意识落后，投资环境差，吸引外资少，固定资产投资增长不足，项目建设不快。四是由于投资规模小，产业发展不足，造成园区建设滞后，产业单一，结构低级化。五是由于矿产资源匮乏，项目建设不快，财政收入增长缓慢。六是由于自我发展能力不足，缺少产业发展载体，居民缺少增收渠道，居民收入增长较慢。

三、如何打破“贫困链”

针对“燕太特困区”的贫困特征和贫困原因，要明确工作思路，抓住主要环节，扎实做好扶贫开发的各项工作，力争打破“贫困链”，使贫困地区的贫困状况尽快得到改善。

（一）创新工作思路

推动“燕太特困区”脱贫致富，应以解放思想、破除思想障碍为突破口。一是破除等靠要思想，树立创先争优理念。加快转变贫困地区发展观念，加快由“输血”的外源开发向“造血”的内源开发转化。二是破除地域区划思想，建立全区域共同发展理念。根据各地区特色在全区范围内统筹规划一批中心城市、市场、产业园等，集中优势资源统筹开发，共谋发展之路。三是破除急功近利思想，确立可持续发展理念。突出实施生态保护、农村能源、生态移民等三大工程，争取在产业发展、生态环境、社会事业方面取得全面进展。四是破除官本位思想，深化服务型政府建设理念。强化各级政府以民为本，进一步减少和规范行政审批，在精简环节、压缩时限、提高效率上下功夫，为贫困地区脱贫致富创造良好的发展环境。

（二）实施对标行动

在“燕太特困区”22个贫困县中，有17个县属于环京津贫困带。“燕太特困区”22个贫困县中，地方财政一般预算收入最大的平泉县，2011年是5.9亿元，而北京市同期地方财政一般预算收入最小的延庆县是 8.1 亿元，两县相差 37.3%。“燕太特困区”2011 年农民人均纯收入最高的望都县为 5799 元，而北京市同期农民人均纯收入最低的延庆县是 12761 元，两者相差 120.1%。

要加强与京津郊县对标，通过对标，学习他们先进的发展理念、发展方式、发展措施和发展经验，取人之长，补己之短，加快扶贫攻坚和脱贫致富的步伐。

（三）强化政策倾斜

健全配套政策体系，提高政策扶持效应。一是健全社会保障制度。坚持公开、公平、公正原则，进一步完善农村低保、合作医疗、养老保险等贫困地区农民的社会保障体系。二是完善人才保障制度。落实九年制义务教育经费保障制度，加大贫困学生救助力度，为贫困地区经济发展增加人才储备；加大对贫困地区干部和农村实用人才的培训力度，完善长期在贫困地区工作的干部鼓励政策，发挥创业人才在扶贫开发中的作用。三是改善基础设施条件。针对农民生产生活中的实际问题，统一规划，分步实施，切实改善贫困地区基础设施条件。四是完善各项产业扶持政策。注重项目倾斜，积极引导扶持农民根据山区特点和资源优势，培育发展特色产业。

强化效率原则，加大财政金融扶持力度。一是财政扶持。在积极争取中央财政支持的同时，加大各级财政投入，提高各项专项转移支付倾斜和专项拨款，缓解贫困地区公共产品供求矛盾。继续实施和完善激励型财政政策，提高贫困地区的造血和自我发展能力。二是金融支持。加大对“燕太特困区”优势产业、特色农业的融资扶持力度，适度增加对“燕太特困区”支农再贷款指标和放贷规模，积极支持发展小额贷款公司、农村互助资金社等新型农村金融服务机构，进一步深化农村信用社改革，壮大资金实力。

（四）促进扶贫变革

一是加强项目建设。各级各有关部门要积极创造良好的发展环境，引导“燕太特困区”的企业抢抓机遇，加大投资，通过项目建设和产业发展，带动贫困地区经济快速增长，拓宽农民增收渠道。二是突出地方特色。把丰富的自然资源和深厚的人文内涵结合起来，把改造提升传统产业与培育新兴产业结合起来，发挥比较优势，突出地域特色，依靠科学技术，提高经济效益。三是积极推进产业化扶贫工作。加快扶贫龙头企业发展，积极帮助扶贫龙头企业在贫困地区建立生产基地，推进农业产业化经营。健全利益联结机制，大力培育农民专业合作经济组织，提高农民组织化程度，使企业与农户结成更加紧密的共同体，实现互惠互利、共同促进、共同发展。

撰稿：张春风 王振涛

纵向看：成效明显　横向比：差距尚存

——“十一五”以来河北装备制造业发展状况分析

装备制造业是为国民经济发展和国防建设提供技术装备的基础性、战略性产业，具有技术含量高、产业关联度大、带动能力强和资源能源消耗低的特征。近年来，河北省委、省政府高度重视装备制造业发展，2009年提出了将装备制造业打造成继钢铁工业之后的第二大支柱产业，装备制造业发展势头迅猛，“十一五”以来的六年间，装备制造业占规模以上工业的比重以年均近1个百分点的幅度提高，但与先进省份相比差距还较大，竞争力明显偏弱。“十二五”乃至更长时期，应立足现有基础，发挥区位优势，做大规模、做长产业链、做强龙头企业，使其成为产业结构调整的重要引擎。

一、装备制造业发展成效

（一）生产快速增长，对全省工业的贡献突出

“十一五”以来，全省装备制造业保持了快速发展态势。2006—2011年的六年间，装备制造业增加值年均增长22.7%，高于同期全省规模以上工业增速6.4个百分点。其中2006年、2007年、2010年和2011年的四年增速均在23%以上，分别为23.4%、25.3%、26.7%和24.9%；2008年和2009年，在国际金融危机冲击的背景下，装备制造业仍保持了快速增长态势，增速分别为18.8%和17.2%，分别高于同期规模以上工业增速5.3和3.8个百分点。特别是近年来随着结构调整的需要，钢铁工业对工业增长

的贡献有所减少，装备制造业的拉动作用明显增强，对全省工业增长的贡献率由2005年的14.7%提高到2011年的26.8%。

（二）实力有所增强，在全省工业中的份额明显提高

全省年销售收入500万元以上的装备制造业企业由2005年的2444家增加到2010年的4312家，2011年年销售收入2000万元以上的装备制造业企业3390家；装备制造业主营业务收入占全国同行业的比重由2005年的2.5%提高到2010年的3.1%。形成了保定天威、长城汽车、河北长安、唐山轨道客车、中钢邢机等一批具有较强市场竞争力的骨干企业。在大型输变电设备、风电设备、动车组、皮卡车、冶金轧辊、工程机械、管道装备等部分装备制造领域处于国内较为领先水平，在轨道交通、新能源、环保和资源综合利用装备等高新技术领域开发了一批适应市场需求、具有较好发展前景的产品。增加值总量迭创新高，由2005年的502亿元，发展到2009年突破千亿元大关，达到1033.5亿元，2011年为1906.3亿元；占规模以上工业增加值的比重由2005年的12.3%提高到2011年的18.1%，六年间提高了5.8个百分点，平均每年提高近1个百分点。

（三）企业区域布局相对集中，产业优势逐步显现

全省装备制造业区域集中度较高。从区域分布来看，保定、石家庄、唐山、沧州等4个设区市较多，2011年装备制造业企业分别为414、495、345和832家，总计占全省装备制造业工业企业的61.5%。从产业支撑作用来看，保定、沧州两市装备制造业聚集度较高，已发展成为该地区的主导产业。保定、沧州装备制造业主营业务收入占该地区工业的比重分别为43.7%和32.9%，实现利润分别占本地区工业利润总额的45.4%和34.7%，均超过全省平均水平；这两个市装备制造业主营业务收入分别占全省工业比重分别为21.5%和17.7%，特别是保定市已成为全省装备制造业专业化程度

较高的地区。装备制造业区域布局的相对集中，有利于及时的交流、扩散和产业升级；专业化程度高则有利于形成技术突破，成为全省装备制造业发展的技术源和辐射源，带动全省装备制造业的发展。

（四）效益水平不断提升，实现利润成倍增长

随着生产快速增长，经济效益逐步提升。全省装备制造业主营业务收入利润率由 2005 年的 6.3%提高到 2011 年的 7.1%。2011 年完成主营业务收入 7052.8 亿元，实现利润 503.6 亿元，利税总额 683.9 亿元，分别比 2005 年增长 3.4 倍、4.1 倍和 3.6 倍；占规模以上工业的比重分别为 17.3%、22.3%和 19%，比 2005 年分别提高 5.0、10.3 和 8.6 个百分点。其中，通用设备制造、交通运输设备制造两个行业实现利润超过百亿元，分别为 128.5 亿元和 132.3 亿元，比 2005 年增长 6.5 倍和 5.1 倍；专用设备制造、金属制品、电气机械及器材制造、仪器仪表及文化办公用机械制造等 4 个行业实现利润分别增长 6.1 倍、5.3 倍、3.0 倍和 4.6 倍。

（五）产品竞争力增强，部分行业成为全省出口的主体

2011 年，全省装备制造业完成出口交货值 612.2 亿元，是 2005 年的 4.2 倍，年均增长 31.5%；占规模以上工业企业出口交货值的比重为 42.3%，比 2005 年提高 19.4 个百分点。其中，电气机械及器材制造、通用设备制造和交通运输设备制造 3 个行业出口交货值分别由 2005 年的 9.8 亿元、28.2 亿元和 31.5 亿元，增加到 2011 年的 187.1 亿元、131.6 亿元和 133.1 亿元；在全省 38 个行业大类中的总量位次分别由 2005 年的第 16、第 10 和第 9 位，跃居到 2011 年的第 1、第 4 和第 3 位。

二、与先进省份的差距

“十一五”以来的六年，河北装备制造业得到了快速发展，但由于前期发展步伐相对不快，错失较多机遇，导致目前发展水平依

然相对滞后，与江苏、山东、广东、辽宁等先进省份相比差距较大。

(一) 规模相对偏小

2010年，河北规模以上装备制造业企业4312家，主营业务收入为5632.9亿元，分别相当于江苏的17.8%和19.2%，山东的34.0%和27.2%，广东的26.9%和24.8%，辽宁的49.1%和51.5%。在规模以上工业中，河北装备制造业主营业务收入比重为17.8%，而全国为25.6%，山东、江苏、广东、辽宁分别为24.8%、32.2%、27.0%、30.4%。江苏的电气机械及器材制造业总量居本地区38个行业大类的第3位；广东的交通运输设备制造、电气机械及器材制造业居第2、3位；山东的通用设备制造业居第3位；而河北交通运输设备制造、通用设备制造、电气机械及器材制造这3个行业居38个行业大类的10位左右。

(二) 产业层次偏低

河北装备制造业主要以基础装备为主，重大技术装备较少，高端、整机产品较少，中、低端零部件产品较多，高附加值产品少，整体结构层次低端化。突出表现为：一是深加工产品比重低。金属制造业中，建筑、安全用金属制品制造、结构性金属制品制造和金属丝绳及其制品制造3个行业增加值占81%，而集装箱及金属包装容器制造、不锈钢及类似日用金属制品制造和搪瓷制品制造3个行业增加值仅占7%。二是最终消费产品比重低。在电气机械及器材制造业中，电线、电缆、光缆及电工器材制造、电池制造和输配电及控制设备制造3个行业增加值占84%，家用电力器具制造仅占6%。三是重大成套装备比重低。在交通运输设备制造业中，汽车制造占工业总产值的74.5%，其中汽车零部件及配件制造占47.8%，而整车制造仅占39.2%。四是高技术装备比重低。在通用设备制造业中，金属铸、锻加工和通用零部件制造及机械修理两个行业增加值占60.5%，而泵、阀门、压缩机及类似机械的制造增加值占9.3%，锅炉及原动机制造增加值仅占4.4%。

（三）市场竞争力偏弱

主要表现为国内市场占有率偏低、竞争优势不强。2010年，河北装备制造业在全国的竞争优势系数仅为0.695，在全国排第20位，而辽宁、江苏、广东均超过1，分别为1.188、1.258和1.055；山东接近1，为0.957。装备制造业主营业务收入占全国的比重仅为3.1%，比江苏、山东、广东和辽宁分别低13.3、8.5、9.6和3.0个百分点。其中交通运输设备制造业、电气机械及器材制造业、通用设备制造业和金属制品业等4个主要行业占全国同行业的2.4%、3.1%、3.3%和5.6%，分别比山东低7.2、7.1、13.4和4.3个百分点，分别比辽宁低2.8、1.0、7.0和0.3个百分点；专用设备制造业和仪器仪表及文化办公用机械制造业相对更加薄弱。

三、加快装备制造业发展的建议

“十二五”期间，装备制造业发展面临的机遇和挑战并存。国家把发展先进装备制造业提升到前所未有的战略高度，装备制造业将成为经济发展过程中的一个产业热点，同时，全国区域间行业竞争也日益激烈。为此，应抢抓机遇，加速发展，发力赶超，推进产业振兴，实现晋位升级。

第一，做大规模。按照发展壮大整机、做精做专零部件、推进产业聚集的思路，支持长城汽车和河北长安微型车等交通装备扩能力、上水平，加强汽车零部件专业化分工，培育汽车零部件生产的领军企业；加快修造船基地和船舶配套产业园建设；大力发展推土机、挖掘机、装载机等工程装备产品和冶金设备、纺织设备、水泥设备、农业设备等专用设备产品，形成一批整机带动能力强、配套体系较为完整的装备制造业集群和制造基地，做大总体规模，提高市场占有率。

第二，做强龙头企业。集中力量培育一批主业突出、拥有自主知识产权和自主品牌、核心竞争力强的大企业大集团。以工程配套、主机配件结合为主要途径，推动装备制造企业跨行业、跨地区进行资源整合，力争培育一批装备制造业大型企业，充分发挥龙头企业带动作用。在发展大企业、大集团过程中，要高度重视品牌建设，把二者有机结合起来，依托大企业，培育大品牌，在装备制造业中形成几个叫得响、影响大、实力强的驰名品牌。

第三，做长产业链。围绕主导产品和下游产品做好配套，从生产环节向研发、设计、配套、服务等领域延伸。在鼓励重大装备制造企业集团集中力量加强关键技术开发和系统集成的同时，通过市场化的外包分工和社会化协作，带动配套及零部件生产的中小企业向“专、精、特”方向发展，形成若干各有特色、重点突出的产业链。充分发挥河北钢铁工业作为第一大支柱产业及为装备制造业发展就近提供原材料的资源优势，促进钢铁工业与装备制造业协调互动支撑发展。

第四，调优结构。重点发展具有自主知识产权的重大技术装备和重要基础装备，有计划、有重点地研究开发重大技术装备所需的关键共性制造技术、关键原材料及零部件。大力发展高技术产业装备，加快培育固废、污水处理设备制造等环保、节能产业方面符合产业发展方向的装备。全面提升一般机械装备的制造水平，进一步提高装备的产品质量和技术含量，增加产品的附加值。加强电子信息技术与装备制造技术的相互融合，以信息技术促进装备制造业的升级。

撰稿：高 娓 李 涛

河北省消费率偏低的成因及对策分析

党的十八大报告指出，改善需求结构是解决制约经济持续健康发展重大结构性问题的重点，要牢牢把握扩大内需这一战略基点，加快建立扩大消费需求长效机制，释放居民消费潜力，使经济发展更多依靠内需特别是消费需求拉动。2000年以来，随着经济的增长，我省消费需求规模的不断扩大，居民消费水平大幅度提高，但消费率却持续走低，消费需求对经济增长的贡献作用减弱。为此，我们通过梳理总结我省不同时期消费的特点，分析研究了影响消费率偏低的深层原因，并提出提高消费率的建议。

一、消费率变动情况

消费率是指最终消费支出占GDP的比重，它反映的是在一定时期最终生产成果中消费需求的比例。从2000年以来的数据分析，消费需求的变化呈现两个特点，一是消费规模扩大，二是消费率下降。

消费规模扩大。2011年，全省最终消费支出9633.8亿元，占GDP比重为39.3%，按不变价计算，比2000年增长2.3倍，年均可比增速11.4%。其中，居民消费支出6892.7亿元，政府消费支出2741.2亿元，分别比2000年增长2.2倍和2.7倍，年均可比增速分别为11.3%和12.7%。居民消费占最终消费支出比重逐年下降，由2000年的75.1%下降到2011年的71.5%；政府消费占最终消费支出比重由2000年的24.9%上升到2011年的28.5%。在居民消费中，农村居民消费比重和城镇居民消费比重变化方向相反，农村居民消费比重不断下降，由2000年的54.3%下降到

28.4%；城镇居民消费比重由45.7%提高到71.6%。

消费率下降。我省最终消费绝对数量增长的同时，消费率总体呈现下降的趋势。由2000年的44.4%下降到2011年的39.3%，降低了5.1个百分点，期间消费率2002年最高时的47.2%比2011年高出7.9个百分点。

2000—2002年，消费增长略高于经济增长，消费率微幅回升。亚洲金融危机过后，经济平稳运行，政府加大投资力度，刺激消费需求增长。2000—2002年，经济年均增长9.1%，最终消费支出年均增长10.5%，2000年消费率44.4%，比上年提高0.6个百分点，2002年回升至47.2%，两年回升了2.8个百分点。同期，消费需求、投资需求和外需对经济增长的贡献率分别是52.8%、29%和18.2%，以消费需求为主，三大需求共同拉动了本期经济增长。

2003—2011年，经济持续平稳较快增长，消费率明显下降。2001—2011年，宏观调控措施发挥了积极的作用，多年实施积极财政政策和稳健的货币政策累积效应的释放，国民经济进入持续扩张期。2003—2011年，经济增长在10%—13.4%之间，年均增长11.95%；最终消费支出年均增长11.89%，增速基本持平。但由于这一时期固定资产投资增长加快，资本形成总额的增长高于同期GDP和最终消费支出的增长速度，投资率逐年提高，消费率从2003年开始下降，2003年为43.8%，与2002年相比，仅一年就下降了3.4个百分点，后退到1999年水平。到2011年下降到39.3%，与2003年相比，下降了4.5个百分点，为改革开放以来的最低点。投资率从2005年起超过消费率，这一时期投资需求对经济增长的贡献大于消费，9年间，投资需求贡献率平均为53.14%，消费需求贡献率平均仅为43.25%。这一阶段的经济增长是投资主导型。

二、消费率偏低对经济社会生活的影响

2011年，我国消费率为55.5%，远低于发达国家80%、中等收入国家67%左右的消费率。而我省的消费率比全国平均水平低16.2个百分点，在全国31个省市排第29位。我省消费率明显偏低，对经济社会生活产生诸多不利影响：

一是对经济增长的带动作用减弱。2011年，我省消费率仅为39.3%，导致消费需求对经济增长的贡献率只有42.8%，比全国平均水平低12.7个百分点，比投资需求对经济增长的贡献率低17.1个百分点，反映出消费需求对经济发展的影响作用不突出，与投资对经济的拉动作用相比，消费的带动能力明显偏弱。

二是制约人民物质文化生活水平的提高。发展经济、建设小康社会的目的是为了提高人民生活水平，消费率偏低，表明人民生活水平普遍提高的程度有限，经济总量用于消费的部分相对较少，这在一定程度上影响城乡居民生活水平的提高。2011年，按不变价计算，全省最终消费和居民消费仅为1978年的23.9倍和22.3倍，而GDP、资本形成总额已经达到1978年的30.9倍和47.6倍。居民消费提高的倍数仅为GDP倍数的72.2%，资本形成总额倍数的46.8%。今后8年是全面建成小康社会宏伟目标的关键时期，因此必须改变最终消费率偏低的问题。否则，将会影响到人们生活水平的提高，进而影响到小康社会建设进程。

三是制约产业结构调整和第三产业发展。居民消费升级已经成为产业结构调整和中长期经济增长的重要动力源。改革开放30多年来，城乡居民的生活水平经历了由温饱不足到总体小康、再到迈向全面小康的里程碑式变化，消费结构也随之由生存型向改善型和发展型转变。过去以改善吃穿用为主的消费热点，只能拉动农业、轻工业、纺织业等少数行业。现在以改善居住、出行和交往条件为

主的新的消费热点可以拉动住宅、建材、装修、钢铁、机械加工、橡胶、化工、电子、旅游等更多行业，并催生一些新兴服务行业。2011年全省人均GDP已达5136美元，国际经验表明这一收入水平正是消费需求层次上升、服务业加快发展的时期。2011年年底，我省城镇居民家庭平均每百户耐用消费品拥有量，包括摩托车、家用汽车、洗衣机、电冰箱、彩色电视机、计算机、组合音响、照相机、空调和移动电话等，都低于东部地区平均水平；城镇居民家庭人均现金消费支出中的住房消费，交通通信、文化娱乐教育、医疗保健等消费均低于全国平均水平。这反映了我省居民的消费层次、消费水平及消费的商品化程度较低。我省居民消费增长很快，但与经济增长和投资增长相比，明显偏慢。这在制约我省居民消费升级的同时，制约了产业结构的调整和第三产业的发展，居民的这种消费结构难以为第三产业的发展开拓空间。

四是制约经济增长质量的提高。消费需求作为最终需求是拉动经济增长的第一动力，如果消费率长期偏低，投资与消费关系失衡，就会使投资增长失去最终需求的支撑，不可避免地造成重复建设、低水平建设和盲目建设，生产能力闲置浪费和企业库存积压，直接影响企业经济效益和企业还贷能力，使国民经济陷入恶性循环。由于扩大消费需求能为增加有效的投资需求创造更大空间，因此，在某种意义上扩大消费需求比增加投资需求更重要。如果消费率逐步上升，那么消费增长将明显刺激生产的增长，从而明显拉动GDP的增长，并且这种增长相对于投资拉动具有更强的刚性和持久力。消费和投资的协调增长必然扩大市场容量，最终促进我省经济协调、稳定、持续地发展。

五是制约就业率的提高。目前消费不足已成为就业不足的重要原因之一。在国民经济的两大主力产业中，第三产业单位增加值所能吸纳的就业人数应该是第二产业的2倍以上，服务业已经成为劳动力就业的主要行业。但是由于近几年我省消费不足，需求不旺，使得市场活力不足，影响了社会用工增加。2011 年，我省第三产业就业人员比重为 30.4%，比全国平均水平低 5.3 个百分点。因此大力拓展消费空间，扩大消费需求，从而带动服务业的发展，是增加就业的有效途径。

三、消费率偏低的主要原因

分析影响我省消费率偏低的原因，主要是：

第一，消费需求增长的自身规律。我省正处于工业化和城镇化快速发展阶段，固定资产投资容易通过刺激政策在短期内迅速扩张，对经济的带动作用见效快，因此，近期内要保持经济的较快发展，投资需求仍会保持较长时间内的快速增长；而消费需求刚性强，增长稳定，在短期内超过投资需求增速不易。另外，最终消费中的政府消费（主要指政府日常性开支和公共服务开支）可以通过财政开支直接调节，而居民消费行为属于家庭和个人自主决策，政策刺激作用比较间接。

第二，居民收入水平低。居民消费的增长从根本上取决于收入水平和购买力的提高。从居民收入的增长看，除个别年份外，城乡居民人均收入增长率都普遍滞后于经济增速。2001－2011 年，我省 GDP 年均现价增长 15.5%，而城镇居民人均可支配收入年均增长 11.3%、农村居民人均纯收入年均增长 10.1%，分别低于 GDP 年均现价增速 4.2 和 5.4 个百分点。居民收入增幅不高，直接影响购买力水平的提高，造成我省居民消费需求偏弱。

第三，收入分配格局不合理。收入分配格局不合理，已成为制约扩大消费需求的重要原因。在城乡居民收入水平普遍提高的同时，近年来分配领域中的矛盾和问题逐步凸显，主要表现在：一是国民收入分配格局不合理，居民收入在国民收入分配中的比重偏低且呈下降趋势。2011年我省居民可支配收入占国民可支配收入的比重为53.4%，比1996年的67.3%下降13.9个百分点，而企业提高了10.1个百分点；劳动报酬占GDP的比重从1996年的54.1%下降到2011年的51%。二是城乡之间、行业之间、不同社会成员之间收入差距扩大，农民和城市低收入群体收入增长较慢，部分低收入群众生活比较困难。城、乡居民人均可支配收入之比，由1981年的1.97∶1扩大到2011年的2.57∶1；2011年全省城镇单位就业人员平均工资为35309元，工资最高的科研技术服务地勘业是全省平均工资的1.68倍，是工资最低的农林牧渔业的4.61倍；2011年城镇居民低收入户人均可支配收入增长8.8%，比全省平均水平低3.7个百分点，农村居民低收入户人均纯收入增长7.8%，比全省平均水平低11.7个百分点。三是垄断行业收入水平高、增长快，一些不合理的收入没有得到规范。这些问题严重抑制了居民消费能力的提高，影响了居民消费需求扩大，以及居民收入增长与经济增长和劳动生产率增长的协调同步，进而也影响到经济发展和社会和谐稳定。

第四，社会保障水平低，消费预期高。虽然我国在和谐社会建设的进程中，社会保障制度逐步健全，且有了长足的进步，但与发达国家相比，差距仍然很大。教育、住房、医疗预期仍然是制约百姓消费的重要因素。

四、提高消费率的建议

针对影响消费率低下的因素，提出扩大消费需求的几点建议：

第一，合理调整收入分配结构。“十二五”时期应采取切实有效的举措，规范分配秩序，加强税收对收入分配的调节作用，加快推进垄断行业改革，有效调节过高收入，努力扭转城乡、区域、行业和社会成员之间收入差距扩大趋势。努力实现居民收入增长和经济发展同步，劳动报酬增长和劳动生产率提高同步。

1. 打破行业垄断，缩小收入差距。一是扩大市场准入范围。通过放宽市场准入等手段，打破行业垄断和市场垄断，强化公平竞争，最大限度地消除垄断利润。二是加强对垄断行业收入分配的管理和调控。采取有效措施限制垄断性行业工资收入和福利待遇的过快增长，促进其工资水平逐步合理化。三是实施对垄断行业工资总额和平均工资水平的双重调控，缩小行业差距。四是深化税制改革。加大税收对收入分配的调节力度，减轻中低收入者的税收负担，加大对高收入者的税收调节。通过再分配环节提高中低收入群体工资水平，促使不同行业间职工收入水平保持合理差距。

2. 降低企业税负，加快产业结构调整，增加企业员工收入。建议国家对企业降低税率，或者对企业员工增加收入的一部分可以在所得税内予以抵扣，让企业有能力在初次分配当中扩大员工的收入；允许企业用于科研投入技术改造的一部分经费可以在所得税内进行抵扣，让企业有实力、有积极性进行技术改造，加快推进产业结构调整与产品升级换代，促进企业发展。通过调动职工积极性促进企业加速发展，扩大税基途径，保持税收不会减少。

3. 构建工资、社会保险、职工福利三位一体的薪酬体系，改进最低工资标准，通过提高就业质量和推进工资增长协商机制来促使劳动者报酬得到持续提高。一方面，最低工资标准应随着经济社会发展水平和社会平均工资的增长而同步增长。另一方面，扩大社会保障覆盖面和提高社会保障水平也应与经济社会发展水平和地位相适应，同时发挥好企业福利在利益分配的补充作用。

第二，着力提高城乡中低收入居民收入。要按照党的十八大提出的初次分配和再分配都要兼顾效率和公平，再分配更加注重公平的要求，进一步调整和优化初次分配和再分配的各个环节。在初次分配领域，要健全扩大就业和提高劳动报酬的发展环境和制度条件，保障职工工资正常增长和支付，逐步提高最低工资标准，建立健全中低收入居民收入稳定增长机制，提高居民收入水平和消费能力。在再分配领域，要增加政府支出用于改善民生和社会事业的比重，扩大社会保障制度覆盖面，逐步完善基本公共服务体系，提升居民消费预期。此外，经济发展到一定阶段，人力资本对经济增长的作用和影响明显增大。低收入群体受收入水平影响，往往受教育程度较低。着力提高城乡中低收入居民收入，也有待提高低收入人群的受教育水平，增加人力资本积累，增强经济可持续增长的动力。

第三，高度重视和大力发展服务业，开辟就业途径，拓展消费空间，提升消费层次，提高消费水平。我省服务业增加值占GDP比重偏低，服务业增长速度趋缓，影响到总体经济增长和年度目标，“十二五”规划以及小康社会的实现。为保持整体经济平稳持续增长，消费需求扩大，消费层次升级，应加快我省服务业发展，优化产业结构，促进经济增长由工业独大、主导拉动，向三次产业协调带动转变。一是合理摆布工业发展，给第三产业留出空间。要提高第三产业在经济总体中的比重，迫切需要从经济总体发展及行业发展目标制定上，产业结构调整具体规划上合理安排工业发展，扶持和确立第三产业地位，明确二者之间的协调发展关系。二是加大力度，加快服务业发展。按照十八大的要求，将加快服务业发展作为加快转变经济发展方式的重要主攻方向，纳入全省改革、发展和建设战略部署的重要内容，明确服务业发展牵头部门，明确各职能部门职责任务，制定积极的服务业发展规划和目标，严格检查落实，通过坚持不懈地加大力度、强化措施，推动我省服务业特别是现代服务业成长壮大。按照省第八次党代会“三产抓拓展”要求，制定实施服务业分行业的产业政策措施，进一步加大支持力度，使我省服务业在量的扩张和质的提升两方面都取得较快较大进展。

第四，提高政府支出用于改善民生和社会事业比重。提高政府支出用于改善民生和社会事业比重，意味着政府必然要增加在扩大社会保障制度覆盖面、提供更多更好基本公共服务等方面的支出，而这些方面的支出，除了本身可以拉动消费需求外，还可以长期有效地扩大和增加社会消费需求。

第五，尽快完善社会保障体系，促进居民购买力的实现。社会保障制度的完善是改善人们消费取向，提高居民购买力实现程度的关键。扩大社会保险覆盖面，提高个体私营等非公有制企业社会保险参保率，完善灵活就业人员参保办法。完善社会统筹和个人账户相结合的基本养老保险制度。妥善解决关闭破产企业退休人员医疗保障问题。积极探索建立农村居民最低生活保障制度。要从社会保障体系上和各项政策措施上让居民对自己未来的利益保障心中有数，从而增强居民即期消费能力和消费信心。对于养老、医疗、就业等涉及城乡居民切身利益的改革，要建立公众参与机制，合理把握改革的力度和节奏，提高改革的科学性和透明度，避免居民负担加重，降低人们对未来预期的不确定性，促进居民购买力实现。

第六，有序推进农业转移人口市民化，提高城镇化水平。中国经济未来的动力在自主创新，未来的空间在城镇化。每一个百分点的城镇化率，对应的是上千万人口和数以万亿元的投资和消费。中国城镇化率还没有达到与经济发展水平相适应的高度，潜力巨大，而我省的城镇化水平还低于全国平均水平。大量农村居民正向城市转移，使他们真正成为市民，对产业升级、消费升级都至关重要。

第七，大力发展生产，保证经济持续平稳较快增长。经济的可持续发展，财富增多，国力增强，政府才有实力完善社会保障体系，提高社会保障水平，居民的收入才会提高，人们自主消费的欲望和积极性才能真正焕发出来，从而进一步促进经济良性循环发展。

撰稿：解一平

蔬菜产业规模扩大　制约因素有待破解

2011 年，全省各地按照蔬菜产业“扩规模上效益、壮龙头活机制、创品牌拓市场、提质量增效益、抓示范强带动”的发展要求，不断扩大蔬菜生产规模，着力推进设施蔬菜建设，通过调整生产结构，创新经营机制，提升品质效益，蔬菜生产实现平稳较快发展，不仅为农民增加了收入，也极大地丰富了城乡市场，取得了较好的经济效益和社会效益。

一、蔬菜产业发展态势良好

（一）蔬菜生产稳定增长

2011 年，全省蔬菜播种面积 1157.9 千公顷（1736.8 万亩），比上年增加 19.3 千公顷，增长 1.7%；总产量达到 7384.3 万吨，增加 310.7 万吨，增长 4.4%。实现产值 1214.5 亿元，占农林牧渔业产值的比重达到 43.8%，居种植业首位；实现增加值 938.6 亿元，占农林牧渔业增加值的比重达 50.0%。

（二）设施蔬菜建设快速推进

在政策扶持和市场带动下，全省设施蔬菜生产快速发展。播种面积达到 323.3 千公顷，产量 2050.7 万吨，分别比上年增长 12.6% 和 16.1%；设施蔬菜播种面积和产量占蔬菜总播种面积和产量的比重分别达到 27.9%和 27.8%，比上年提高 2.7 和 2.8 个百分点。设施蔬菜产量居前十位的县依次为：永年县、乐亭县、青县、藁城市、固安县、永清县、丰南区、饶阳县、滦南县、定州市。

（三）蔬菜产业示范县迅速发展

全省 24 个蔬菜产业示范县进一步加大对蔬菜产业发展的支持

力度，在政策、资金、技术等方面给予扶持和倾斜，加快推进蔬菜产业发展方式转变，把蔬菜产业示范县打造成为开拓京津高端市场、带动全省蔬菜产业又好又快发展的高标准生产基地。24个蔬菜示范县蔬菜播种面积346.1千公顷，比上年增加11.0千公顷，增长3.3%；蔬菜产量2204.5万吨，增加88.5万吨，增长4.2%，示范县蔬菜面积和产量占全省的比重均为29.9%。其中，设施蔬菜播种面积15.8万公顷，产量1009万吨，分别占全省设施蔬菜播种面积和产量的49.0%和49.2%，比上年提高5.9和6.0个百分点。示范县蔬菜生产优势初显，对全省蔬菜产业发展起到了较好的示范和带动作用。

二、蔬菜产业化经营步入快车道

（一）蔬菜产业化龙头快速发展

2011年，全省共有蔬菜产业化龙头经营组织191家，比上年增加13家。其中，年销售收入500万元以上的蔬菜加工企业91家，增加4家；年服务收入50万元以上的中介服务组织30家，增加9家。蔬菜类龙头经营组织销售收入144.2亿元，比上年增加20.8亿元，增长16.9%。其中，蔬菜加工龙头企业销售收入75.7亿元，增加12.0亿元，增长18.8%；专业市场销售收入65.5亿元，增加8.0亿元，增长13.9%；中介服务组织收入3.0亿元，增加0.8亿元，增长36.4%。

（二）品牌建设大力推进

2011年，我省蔬菜产品农产品地理标志登记保护取得新进展，经农业部农产品质量安全中心审查和组织专家评审，任县高脚白大葱和崇礼蚕豆申请并获得了农业部农产品地理标志登记保护。至此，继平泉香菇、灵寿金针菇、威县三白西瓜等3个产品之后，我省已有5个蔬菜产品获农产品地理标志登记保护。同时，河北省蔬菜行业发展联合总社注册集体商标“冀园一品”和统一标识的申请已经国家商标局受理注册。首批124个蔬菜专业合作社将全部使用集体商标和标识。目前，河北省蔬菜行业发展联合总社所属的15个蔬菜产业示范县的124个蔬菜专业合作社作为会员单位已经获准使用这一集体商标，极大地拓展了我省的蔬菜品牌覆盖面，有力地促进了蔬菜生产的发展。

(三) 富农作用日益突出

蔬菜产业的发展，有效地带动了农民增收和致富，全省农产品生产（加工）基地119家，联系农户140.0万户，平均每个联系农户从蔬菜经营中得到的纯收入达到10005元，占全部纯收入的49.6%。

三、主要矛盾及制约因素

近年来蔬菜产业较快发展，同时也还存在一些不可忽视的问题。

(一) 蔬菜深加工水平亟待提高

目前，全省蔬菜生产的发展主要是种植规模和产量的扩大，近几年开始注重种植品种的调整和优化，但从整个产业发展看，仍停留在较低层次和水平，产业整体发展质量亟待提高，特别是蔬菜加工业发展滞后，加工企业数量少、规模小、增长缓慢，种植、加工、营销、流通一体化的格局尚未形成。大部分龙头企业主要以蔬菜冷藏、冷储等初加工产品为主，精深加工企业少，产品附加值低。

(二) 蔬菜生产科技应用仍需进一步增强

一是蔬菜生产技术应用水平低。现有技术主要集中在种子、设施等生产环节，蔬菜产后保鲜处理技术尚待开发应用，各类蔬菜产后损失较大，生产效益受到很大影响。二是缺乏技术指导。新技术难以普及，制约了经济效益的提高。由于各地采取了许多鼓励设施蔬菜生产的优惠政策，在一些地方形成了生产热潮，蔬菜大棚、温室生产发展较快，随之而来的突出问题是，许多农民面对新建起来的塑料大棚，管理上摸不透“脾气”，生产中掌握不了“火候”，特别是反季节种植的普通菜，外地引进的新、奇、特及“洋”菜，生产过程中一旦出现问题就会束手无策。

（三）蔬菜生产组织化程度较低，以单定产难以推广

由于农户种植蔬菜的土地比较分散，导致蔬菜生产既不能集中连片集约化经营形成规模，又因品种多而杂，技术、管理和生产标准难以控制和统一，降低了市场供应能力和水平，引不来长期大型客户，不利于发展稳定的订单生产和供应。2011 年，在蔬菜主导产业基地联系的农户中，建立起订单关系的农户仅占 16.1%，比重虽比上年提高 1.0 个百分点，但仍处于较低水平，大部分农户依旧根据自己的种植意愿和有限的市场信息进行生产安排，在市场快速波动变化的情况下，抵御市场风险的能力较弱。

（四）蔬菜保险机制缺乏

目前，我省政策性农业保险险种较少，蔬菜生产没有纳入农业政策性保险范围，商业性农业保险中开展蔬菜大棚保险的仍为少数。蔬菜大棚成本高、抗风险和自然灾害能力弱，没有相关保险的支持和保障，菜农种植蔬菜大棚的风险不能得到有效化解，生产积极性将会受到制约，从而影响设施蔬菜的稳定发展。

四、加快发展的建议

在多措并举加快推进蔬菜产业发展的同时，应着力做好以下几个方面的工作：

一是抓好生产关键环节和重点建设。通过扩大标准化示范面积，确保优质安全产品供应。建设和推广高起点、高标准、规模化

的设施生产模式，提升稳定供应能力。以组织化带动生产水平提高，突出蔬菜专业合作社建设，推行“一村一社、一社五化”，力争蔬菜标准园全部入社，做到组织运行规范化、生产技术标准化、经营销售品牌化、社员技能职业化、产品质量安全化。履行好“护城河”职责，全面推行标准化，提高蔬菜质量安全水平，健全产地准出制度，每个蔬菜生产示范村均建立一个蔬菜质量速测点，开展产地自检；加大对产地环境认定、标准化生产、产品质量监控和追溯等监管力度。无公害农产品，要牢牢把握“推进农业标准化、保障消费安全”这条主线，进一步加强对生产主体质量控制能力的把关，稳步推进发展，提升产品质量。绿色食品，要坚持高标准、严要求，提高认证门槛，走精品化路线，充分发挥品牌优势和市场竞争力，保持稳定的发展态势，不断提升产业素质。有机食品，一定要立足国情，因地制宜，重在依托资源和环境优势，在有条件的地方适度发展，满足国内较高层次消费需求，参与国际市场竞争。农产品地理标志，要坚持立足传统农耕文化和特殊地理资源，科学合理规划发展重点，规范有序实施登记保护，确保主体权益、品质特色和品牌价值。

二是抓好蔬菜生产平台建设。大力壮大以蔬菜专业合作社为主组成的全省蔬菜行业发展联合总社，增强省级蔬菜产业统一服务和统筹协调功能，在推动生产发展的同时，总社充当协调人开拓各类市场，为菜农搭建销售网络平台，推动合作社成员及区域之间的协调发展。联合社倡导“建网络、创品牌、进城镇、上超市”，蔬菜生产示范村都将建立产销信息网，加强市场信息发布，推动产销衔接；把“三品一标”认证作为推动蔬菜产业品牌化的重要抓手并予以补贴，培育省级蔬菜区域公共品牌，打造蔬菜全程产业链。建立一定规模的价格风险调节基金，必要时对重点产品市场价格进行干预，防止价格异常波动，增强价格调控监管能力。

三是抓好蔬菜销售流通渠道建设。在完善既有农超对接工作的基础上，着力增加对接数量和范围，积极引导和扶持各种形势的蔬菜专业合作社建设和发展，尽快使更多的蔬菜生产农户加入到合作社中来，有效规避市场风险。培育大型农产品流通企业，加快发展蔬菜冷储和流通，有效调节供需波动造成的滞销和积压，提高生产效益。继续完善、规范和畅通农产品流通渠道，合理降低流通成本。加强蔬菜加工龙头企业和基地的联结机制建设，使企业和农户通过密切协作，实现互利互惠，有效增强可持续发展的能力和水平。

撰稿：王　晖

加快港口建设步伐 推动沿海区域发展

2011年是“十二五”开局之年，河北加快港口建设步伐，大力推动环渤海地区经济发展，打造新的增长极，港航发展实现了历史性突破，港口货物吞吐量首次突破7亿吨，三大港口均跻身亿吨大港行列。但与先进地区相比，全省港口发展仍有较大潜力，需抓住机遇，举全省之力，以港口发展为支点，大力推动环渤海区域经济发展。

一、基本特点

（一）港口建设快速发展

近年来，全省港口建设掀起新高潮，投资快速增长，港口建设不断向专业化、大型化发展。2011年，全省港口固定资产投资完成148亿元，比2010年增长79.6%。分港口看，新港建设投资增长迅猛。秦皇岛港完成投资1.8亿元，新港黄骅港和唐山港分别完成投资32.6亿元和113.6亿元，其中，唐山港投资比2010年增长1.5倍。

港口生产能力大幅度增加。2011年比2010年新增生产性泊位14个，新增生产能力7470万吨，居全国第1位，新增海运船舶运力110万载重吨（其中沿海船舶运力新增15万载重吨），增长14.6%，为历史最多。截至2011年底，全省码头长度达33306米，增长13.3%，泊位个数达163个，其中万吨级以上泊位达121个，生产性泊位130个，万吨级以上生产性泊位111个，年设计通过能力达56036万吨。

集装箱泊位建设成为新的增长点。截至2011年底，全省集装箱泊位建设投资完成6.05亿元，共有专业化集装箱泊位5个，比2010年增加2个，年设计通过能力95万标准箱，增长2.17倍，含有集装箱能力的其他泊位共有7个，比2010年增加6个，年设计通过能力为50万标准箱，增长4倍。全省集装箱能力总共为145万标准箱/年，比2010年增长2.6倍。

曹妃甸、黄骅港建设成为新的增长点。近年来，环渤海区域港口群发展迅猛，各港口都在加快建设，力求以此带动区域经济的快速发展。伴随环渤海经济圈的建设，环渤海地区港口步入快速发展时期，河北的新港曹妃甸、黄骅港建设突飞猛进，成为全省港口发展新的增长点。

曹妃甸港作为国家“十一五”发展规划中举足轻重的北方能源大港，正处于高速发展时期。自2003年通岛公路开建始，2004年，《渤海湾区域沿海港口建设规划》经国务院审议并原则通过。2005年，国家发改委正式批复首钢搬迁唐山。2006年，曹妃甸港区25万吨矿石码头实现通航，这是迄今为止渤海湾内最大的矿石码头，曹妃甸港区成为国内重要的进口矿石中转港口。2010年，随着“新勇”号油轮的靠泊，拉开曹妃甸原油码头原油进口大幕。港口建设带动新区快速发展，曹妃甸新区“依港促工、重化立城、港城互动”，大力构建以现代港口物流、钢铁、石化、装备制造等4大产业为主导，电力、海水淡化、建材、环保等关联产业循环配套，信息、金融、商贸、旅游等现代服务业协调发展的产业体系，努力把曹妃甸建成以循环经济为特征的新型工业化基地。

黄骅港自1997年开工建设，2002年黄骅港煤炭港区建成通航，沧州结束了有海无港的历史。2010年，黄骅港综合港区一期工程通航，实现了由单一的煤炭港向综合港、单一的业主港向地主港的转变。2011年，综合大港两个年通过能力40万标箱的集装箱码头建成通航，结束了黄骅港没有集装箱的历史，通航的两个泊位，可以停靠装载10000标箱的集装箱货轮，用于集装箱装卸的核心设备技术规格在国内同类设备中处于先进水平。黄骅港成为我国中西部地区最便捷、最经济的出海口，对地方经济的带动能力明显增强，“从大运河走向渤海湾”的发展战略带动河北中南部和渤海新区快速发展，推动全省沿海经济隆起带迅速崛起。

（二）港口货物吞吐量实现新突破

近些年来，河北的港口建设与港口经济，特别是港口物流快速发展，推动港口生产较快增长。2011年，在宏观环境复杂严峻的形势下，全省港口货物吞吐量达7.13亿吨，比2010年增长18.2%，港口吞吐量规模在全国沿海省份中排在广东、山东、浙江和辽宁省之后，位居第5位。

分港口看，唐山港吞吐量首次突破3亿吨，占比迅速提升。2011年，唐山港完成货物吞吐量3.13亿吨（其中京唐港区完成1.38亿吨，曹妃甸港区完成1.75亿吨），比2010年增长25.2%，吞吐量占全省比重由2005年的12%升至43.8%，仅6年的时间就超越百年老港秦皇岛港，跃居全省第1位；黄骅港吞吐量首次突破1亿吨，完成1.13亿吨，增长25.6%，增速比2010年提高12.9个百分点。秦皇岛港是当今世界最大散货港和煤炭输出港，全年完成吞吐量2.88亿吨，比2010年增长9.4%，增速比2010年提高4.0个百分点。

分货类看，全省港口吞吐货物以煤炭及制品和金属矿石为主。2011年，全省煤炭及制品类货物吞吐量为48573.70万吨，比2010年增长14.2%，占全省总量的68.13%，比2010年下降2.38个百分点；金属矿石吞吐量为14117.39万吨，增长24.73%，占全省总量的19.8%，比2010年提高1.04个百分点。煤炭及制品类和金属矿石两类货物共占全省总量的87.93%。另外，增长较快的石油天然气及制品、钢铁类的吞吐量分别为2265.24和3539.43万吨，分别增长37.25%和29.91%，占全省总量分别为3.18%和4.96%，分别提高0.44和0.45个百分点。

从进出港情况看，全省货物以出港为主。2011年，全省港口货物出港量为52817万吨，比2010年增长16.8%，占总吞吐量的74.1%。其中仍以煤炭出港为主，全年共完成46794万吨，增长15.2%，占出港总量的88.6%；钢铁出港量完成3489万吨，增长29.9%，占出港总量的6.6%。全省货物进港量完成18483万吨，比2010年增长22.1%，占总吞吐量的25.9%。其中进港以金属矿石为主，全年共完成14034万吨，增长25%，占进港总量的75.9%；煤炭进港量完成1780万吨，下降7.3%，占进港总量的10%；石油天然气及制品进港量完成1632万吨，增长52.2%，占进港总量的9%。

从内外贸情况看，全省港口货物吞吐以内贸为主。2011年，全省港口货物外贸吞吐量完成16354万吨，比2010年增长20.2%，占总吞吐量的22.9%。其中金属矿石外贸吞吐量为12344万吨，增长29.1%，占外贸总量的75.5%。内贸货物吞吐量完成54946万吨，增长17.6%，占总吞吐量的77.1%。其中煤炭内贸吞吐量完成46737万吨，增长16.6%，占内贸总量的85.1%。

从全国看，河北港口是全国重要的运煤渠道，且三大港口吞吐量在全国居前列。2011年，全省港口货物吞吐量占全国全部货物吞吐量的29.73%，其中，煤炭及制品占全国同货类的63.59%，钢铁和盐分别占全国同货类的34.08%和34.23%，金属矿石占全国同货类的21.31%，石油天然气及制品占全国同货类的11.12%。

分港口吞吐量看，唐山港（含京唐港区、曹妃甸港区）排在天津港、青岛港之后，居全国第3位，秦皇岛港居全国第4位，黄骅港居全国第9位。从港口吞吐量增速看，曹妃甸港2011年比2010年增长39.0%，居全国第1位，黄骅港增速排在连云港之后，居第3位，秦皇岛港增速居第10位。

（三）水路运输能力实现新跨越

港口的大发展带动全省水路运输能力快速增长。截至2011年底，全省水运企业共有运输船舶147艘（其中沿海133艘，远洋14艘），净载重量达到345万吨（其中沿海136万吨，远洋209万吨）。沿海水运企业共完成货运量2672万吨，比2010年增长24.3%，完成货物周转量495亿吨公里，增长12.1%。其中，秦皇岛市完成货运量108万吨，货物周转量13亿吨公里，分别增长68%和110.9%；唐山市完成货运量1361万吨，货物周转量202亿吨公里，分别增长44.4%和24.6%；沧州市完成货运量1203万吨，货物周转量280亿吨公里，分别增长5.3%和2.5%。

二、发展潜力

（一）集装箱发展大有潜力

与集装箱发展发达地区相比，河北集装箱发展处于起步阶段。2011年，全省集装箱吞吐量完成77.1万标准箱，比2010年增长24.8%。其中秦皇岛港完成43万标准箱，唐山港完成34.1万标准箱。与全国相比，河北港口集装箱吞吐总量占全国总量约0.5%，增速比全国快13.4个百分点；从世界港口集装箱吞吐量前20位排名看，2011年，居世界第1位的上海港突破3000万标准箱，居世界第4位的深圳港突破2000万标准箱，宁波一舟山港、青岛港、广州港、天津港均突破1000万标准箱，分居世界第6、第7、第8和第11位，厦门港和大连港突破600万标准箱，分居世界第19和第20位。河北港口集装箱吞吐总量只相当于排名世界第1位上海港的2%左右，相当于排名世界第20位大连港的12%左右，发展潜力较大。

（二）港口向多功能发展大有潜力

世界港口的发展大体经历了三代。第一代港口功能定位为纯粹的“运输中心”，主要提供船舶停靠、海运货物的装卸、转运和仓储等。第二代港口功能定位为“运输中心＋服务中心”，除了提供货物的装卸仓储等，还增加了工业和商业活动，使港口具有了货物的增值功能。第三代港口功能定位为“国际物流中心”，除了作为海运的必经通道，在国际贸易中继续保持有形商品的强大集散功能，并进一步提高有形商品的集散效率之外，还具有集有形商品、技术、资本、信息的集散于一体的物流功能。目前，世界主要港口中第二代港口仍是发展的主流，随着经济全球化、市场国际化和信息网络化，一些大型港口已经开始向第三代港口转型。河北港口目前仍处于装卸、堆存、转运阶段，临港工业还不成规模，加工、商贸、物流、金融、信息等功能发育缓慢，对地方经济发展的直接带动作用仍有较大潜力。

（三）港口适应度仍有潜力

2011年，全省港口适应度[①]由2005年的1.12∶1下降到0.79∶1，而全国沿海港口适应度2010年为1.01∶1。港口能力不足的问题趋于严重，需大力提高通过能力，以总体能力适度超前国民经济发展为原则，加快建设新的泊位，使沿海港口总体能力基本适应国民经济发展要求，满足重要物资运输对大型化、专业化码头和航道的需求，适应临港工业园区、港口城市和腹地区域经济发展对港口的需求。

三、对策建议

2011年，国务院批准实施《河北沿海地区发展规划》，全省面临着又一次发展的良好机遇。加快建设秦皇岛、唐山、黄骅三大港口，以港口为依托，以产业为支撑，举全省之力打造曹妃甸新区和

---

① 港口适应度：是指设计能力和吞吐量之比。

渤海新区“两大增长极”，在确保国家能源运输基础上，优先发展散杂货泊位，重点支持集装箱和船队发展，全力打造现代化船队和综合性港口群，为促进沿海发展和全省经济发展提供强力支撑。

（一）加快港口集装箱发展

扩大对外合作，鼓励多元化投资，吸引各方资金，加快集装箱泊位建设。积极谋划集装箱运输发展的财税政策，对从事集装箱码头运营的公司和从事铁海联运集装箱业务的企业进行补贴；对从事集装箱支线运输的船舶公司、代理公司、企业均按集装箱运量给予一定的财政补贴。

（二）继续扩大港口功能

优化港口功能结构。完善港口结构，在确保煤炭运输的基础上，加快矿石、原油、液体化工、杂货等货种运输体系建设。港口设施建设以发展大型化、专业化煤炭、矿石和通用散杂货泊位为主，以适应进港船舶专业化、大型化的发展趋势，加快港口航道等级的提升。建立现代化港口运输体系，促进港口功能转型升级。

（三）大力发展港口物流

港口城市进一步加强软硬件环境建设，以临港产业为基础，以信息技术为支撑，以优化港口资源整合为目标，将港口功能从货物装卸、仓储和船舶靠泊服务到货物的加工、换装及与船舶有关的工商业服务，扩大到货物从码头到港口后方陆域的配送一体化服务，将传统港口物流“港到港”的服务提升到现代物流“门到门”的服务，构筑与港口物流业发展配套的现代综合运输网络与腹地市场体系，以港口物流带动港口经济，以港口经济带动区域经济，以区域经济带动全省经济发展。

撰稿：赵丽丽

壮大文化产业 建设文化强省

——2004—2011年全省文化产业发展状况分析

2004年以来，全省深入贯彻落实党的十六大、十七大精神，文化产业实现长足发展，文化软实力进一步增强，发展战略也从建设“文化大省”转为建设“文化强省”。2011年，借党的十七届六中全会和省委八届二次全会东风，在省委、省政府一系列建设文化强省政策措施的强力推动下，我省文化产业呈现快速增长的势头。但也存在区域间发展不平衡、文化消费需求有待开发等问题。现对我全省文化产业发展状况分析如下：

一、文化产业发展的特点

(一)文化产业快速发展,文化产业增加值占GDP的比重稳步提高

2004年以来，我省文化产业快速发展。2004—2008年，文化产业增加值年均增长19.9%，高于同期现价GDP年均增速2.7个百分点；2008—2011年，文化产业增加值年均增长25.2%[①]，高于同期现价GDP年均增速9.9个百分点；特别是2011年，文化产业增加值实现33.7%的增速，高于同期现价GDP增速13.5个百分点。可以看出，我省文化产业呈现加速发展的良好势头。

---

① 为便于分析研究，保证年度间数据的可比性，本文中2010、2011年文化产业增加值均采用按旧文化产业分类进行核算的数据。2012年7月，国家统计局印发了《文化及相关产业分类（2012)》，文化产业的统计范围由原国民经济99个行业小类扩大为120个行业小类。按新行业分类测算，我省2010、2011年文化产业增加值分别为410.8亿元和537.5亿元。

文化产业增加值在国内生产总值中所占的比重稳步提高。2011年全省文化产业增加值为472.8亿元，占GDP的比重为1.9%，比上年提高0.2个百分点，比2004年提高0.5个百分点。文化产业对经济增长的贡献率为2.9%，比上年提高0.8个百分点，比2005年提高1.5个百分点；拉动经济增长0.6个百分点，比上年提高0.2个百分点，比2005年提高0.3个百分点。

（二）文化产业结构不断优化

分单位类型看，2011年全省文化产品制造业、文化产品批发零售业、文化服务业法人单位分别实现增加值169.7亿元、28.9亿元和137.4亿元，占全部法人单位的比重分别为49.7%、8.4%和40.2%，文化服务业所占比重逐渐加大，比上年提高2.7个百分点，比2004年提高8.3个百分点。

分行业看，2011年全省文化用品、设备及相关文化产品的生产实现增加值116.8亿元，比上年增长为47.4%，占文化产业法人单位增加值的比重为34.2%，比上年提高3.2个百分点；网络文化服务实现增加值17.7亿元，增长40倍，占比为5.2%，提高5个百分点；文化休闲娱乐服务实现增加值35.7亿元，增速为61.1%，占比为10.5%，提高1.8个百分点。网络文化、文化休闲娱乐等新兴文化产业增加值的快速增长以及所占比重的提升，反映出我省文化产业越来越趋向于以创新和技术引领为发展特征，发展的活力进一步增强，潜在成长性更为巨大。

（三）文化消费市场不断繁荣

2011年，我省共拥有电视台12座，电视节目178套，比2004年增加82套；有线电视用户719.6万户，比2004年增加287.9万户，有线电视入户率提高到32.6%，比2004年提高10.3个百分点。文艺表演团体为312个，比2004年增加185个，演出场次43900场，比2004年增加18143场；网吧7048个，比2004年增长91.1%。图书报纸期刊出版3254种，发行14.0亿册；音像、电子制品出版95种，发行1074万盒。新闻出版发行、广播电影电视和文化艺术业增加值分别实现81.0亿元、28.5亿元和17.5亿元，比2004年分别增长2.4倍、2.6倍和1.7倍。文化消费产品种类和数量的不断增多，极大地繁荣了文化消费市场，也为广大人民群众带来了更加多样化的文化选择。

（四）文化体制改革成绩斐然

近年来，文化体制改革的顺利推进为我省文化市场的建立和健全提供了基础，国有文化单位转企改制，民间和社会资本涌入，我省文化市场主体日益增多，文化产品和服务更加丰富，以公有制为主体、多种所有制共同发展的文化产业格局正逐步形成。目前，全省11家出版社、158家新华书店、114家电影公司、92家文艺院团全部完成转企改制；省直、33家市级、221家县级公益性文化事业单位已进行内部机制改革；全省共有国家级文化产业试验园区1家，国家级文化产业示范基地10家，省级文化产业示范基地44家；建成“21世纪避暑山庄”文化旅游产业集聚区、张北县中都草原文化产业集聚区、石家庄国家动漫产业发展基地创业孵化园等多个文化产业聚集区，涌现出河北日报报业集团、河北出版传媒集团、河北广电网络集团、长城传媒有限公司、吴桥杂技文化经营集团和金音乐器集团等一大批经济效益、社会效益俱佳的国有或民营文化产业生力军。

二、文化产业发展存在的问题

（一）区域间文化产业发展差距仍较明显

2011年，全省文化产业呈现中部凸起、南北[①]凹落的“扁担

① 北部指张家口、承德、秦皇岛和唐山；中部指石家庄、廊坊、保定和沧州；南部指邢台、邯郸和衡水。

型”发展态势。从文化产业法人单位数量看，中部5101个，北部4597个，南部3628个，所占比重分别为38.3%、34.5%和27.2%；从文化产业法人单位从业人员来看，中部15.2万人，北部9.6万人，南部6.2万人，所占比重分别为49%、31%和20%；从人均创造文化产业增加值来看，中部11.5万元/人，北部8.6万元/人，南部8.5万元/人；从文化产业增加值占GDP的比重来看，中部为2.21%，南部为1.96%，北部为1.53%。

各设区市文化产业发展也很不均衡。文化产业法人单位数最多的邯郸是张家口的3.1倍，文化产业法人单位从业人员最多的石家庄是张家口的3.6倍；人均创造文化产业增加值超过全省平均水平的有石家庄、廊坊和保定，文化产业增加值占GDP比重超过全省平均水平的有保定、廊坊、承德、石家庄、衡水、邢台和秦皇岛。

（二）“龙头”文化行业和“旗舰”文化企业缺乏

从行业情况看，2011年对全省文化产业增加值贡献最大的行业是机制纸及纸板制造，其增加值为31.1亿元；书报刊印刷居第二，增加值为28.7亿元；雕塑工艺品制造居第三，增加值为27.8亿元。文化产业行业分布比较分散，难以形成行业优势。从企业情况看，缺乏引领文化产业发展的“旗舰”企业，全国文化产业“三十强”我省榜上无名。这两方面情况，导致我省文化产业聚集、辐射带动效应不明显。

（三）文化产业园区（基地）同质化，缺少竞争力

目前我省一些文化产业园区（基地）仅注重园区外在形态的发展，忽视园区内落地企业的自身性质和相互间的作用，导致产业园区（基地）目标趋同、功能重复、产业同构和形象单一。如动漫产业聚集区建设，有的市不管有没有条件、有没有人才，一哄而上，盲目上马，致使有些园区（基地）只具备“硬件”而没有“软件”，或东拼西凑一些企业入驻，出现“空壳化”或同质化现象。2011

年，我省虽建有石家庄、秦皇岛、唐山、邯郸、保定等多家动漫产业园区或基地，但全省动漫企业文化产业增加值仅为1.4亿元，占文化产业法人单位增加值的比例仅为0.4%，行业竞争力非常弱。

（四）文化消费需求不足

一是城乡居民文化娱乐支出水平较低。2011年，我省城镇居民人均教育文化娱乐服务支出为1204.0元，比全国平均水平少647.7元，占城镇人均消费性支出的比重为10.4%，低于全国1.8个百分点；农村人均文化娱乐用品及服务支出为315.4元，比全国平均水平少81元，占农村人均生活消费总支出的比重为6.7%，低于全国0.9个百分点。二是城镇化水平较低。2011年我省城镇化率为45.6%，低于全国平均水平5.7个百分点，居全国第二十一位。城镇居民文化消费水平远高于农村居民，较低的城镇化率进一步削弱了我省文化消费的总需求。

（五）文化产业管理体制有待规范

目前，我省文化产业还缺乏进行统一管理的部门，监管协调机制有待进一步完善，造成“有的文化行业没人管，有的文化行业多头管”的不良局面。如动漫、游戏的设计开发及周边产品的生产，没有明确的主管部门，工信部门、科技部门、文化部门、新闻出版部门、广播电影电视部门等都有管理权限，又不是全权管理，造成政出多门、企业无所适从的局面。又如会展业，没有专门的管理机构，没有统一的行业政策，政府可以办会展、商务部门可以办会展，农业部门、工业部门、工商部门、行业协会等等都可以办会展，而且往往委托一些中介公司予以实施，具体到全省会展场馆、会展机构数量和经营情况等，没有一个部门进行全面管理和统计。

三、对策和建议

针对我省文化产业发展过程中存在的问题，提出以下对策和建议：

（一）依托资源，扬长避短，促进区域文化产业均衡发展

发展文化产业很重要的一点就是要合理利用特色资源，扬长避短，因势利导，集少成多，培育龙头行业，辐射、带动、引领整个区域共同发展。各设区市、各县（市、区）一方面要充分挖掘本地的特色文化资源，通过资本运作和市场运营转化为特色文化产品，并逐步拓宽营销渠道、拓展产业链条，发展壮大为特色文化产业；另一方面可以借鉴外地的文化资源，赋予新颖的、别具一格的创意，对“他山之石”进行超越文化资源自身的产业化重塑，通过创新打造文化产业新品牌，拉动本地文化产业蓬勃发展。

（二）搭建市场平台，完善市场体系，壮大骨干文化企业

省委八届二次全会提出“到2015年，全省培育1至2家年销售收入超100亿元、3至5家年销售收入超50亿元的文化企业集团，力争实现3至5家重点文化企业在境内外多层次资本市场成功上市”。要实现这一发展目标，一是要降低准入门槛，大力破除行业壁垒和地区分割，为文化企业茁壮成长营造有利环境；二是探索建立文化投融资公司和担保公司，鼓励和支持民营资本进入文化产业领域，进一步丰富文化资本市场，扩大文化企业的投融资渠道；三是建立文化产业人才档案和人才信息库，健全文化产业人才培养、选拔使用和流动机制，为文化企业输送更多、更好的管理精英；四是要注重整合企业文化资源，实现企业间竞合式“双赢”发展。

（三）市场主导，政府推动，培育优势文化行业

省委八届二次全会还提出“到2015年，全省建成1至2个国家级文化产业示范园区、15个省级文化产业园区、80个省级文化产业基地”。要完成这一发展目标，一是将产业聚集由“政府导向”变为“市场导向”，即以市场为主导实现文化产业生产要素的快速

聚集和高效组合，使相关文化企业自发形成产业集群；二是打造宽松的创业氛围、发达的物流配套和优惠的创业政策，为文化产业集聚提供良好的发展环境和生态环境；三是选择部分文化产业优势行业，在资金、土地、税收和人才等方面给予重点扶持，推进其资源整合和吸纳扩张；四是选好“旗舰”企业，充分发挥其辐射和示范作用，引领行业整体跨越式发展。

（四）规范文化产业园区（基地）建设，实现由“量变”到“质变”的飞跃

一是拒绝文化产业“面子工程”，遏制文化产业投资的“虚热”和文化产业园区（基地）建设的“虚火”，实现文化产业科学、有序和可持续发展；二是建立科学的文化产业评价指标体系，深入开展文化产业园区、文化产业基地和文化产业项目建设的评估论证工作，树起文化样板；三是加强文化与科技的融合，不断创造和衍生新的文化业态，丰富文化产业园区（基地）建设的内涵；四是进一步完善文化产业知识产权体系，加强对文化知识产权的行政监管和政策引领，倡导文化企业加大自主知识产权的研发力度，提高核心竞争力。

（五）提升文化消费，扩大文化内需

按照国际经验，当一个国家或地区人均国内生产总值达到3000美元时，居民消费进入物质消费和精神文化消费并重时期；超过5000美元时，居民消费将进入精神文化需求的旺盛时期。2011年，全省人均生产总值为5449美元（按当前汇率计算），已超过5000美元，文化消费应进入高速增长期。提升城乡居民文化消费水平，变被动性消费为主动性需求，一要依靠政府大力提高城乡居民收入水平，加强对城乡文化消费的引导与支持，二要依靠企业从不同的消费需求出发，细分文化市场，提供高质量、差异化的文化产品和服务，以吸引大众主动进行文化消费。

（六）创新文化产业管理体制，强力助推文化产业发展

一是建立省级文化产业综合配套功能区，尝试文化产业新商业模式，试点文化产业土地、税收、金融、信贷、人才等政策的应用，探索高度整合的文化产业宏观管理机制，不断提供文化产业发展新模式和新的增长点；二是探索“大文化”管理体制，整合目前分散在文化、新闻出版、广电、商务、民政、旅游、住建等相关职能部门的管理性资源，组建新的文化管理部门；三是划定文化管理部门的职能是定政策、做规划、抓监管，将主管部门办文化向管文化、管微观向管宏观、单一行政方式管理向运用经济、法律等多种方式管理转变；四是遵循市场经济发展规律和文化传承创新规律，结合我省实际，建立健全文化产业政策和有关制度，加强对文化产品生产、运营的引导和规范，保持相关优惠政策的稳定性和持续性，为我省文化产业的厚积薄发保好驾、护好航。

撰稿：李树奇

装备要提升　创新促转型

——2011年河北省装备制造业[①]自主创新能力评价

近年来，河北省委、省政府把装备制造业放在区域经济发展的重要位置来推进，确定了六大主攻方向，采取了一系列有效措施，全省装备制造业得到了快速发展。“十一五”以来，全省装备制造业增加值年均增长22.7%，高于同期规模以上工业增速6.4个百分点。2011年实现增加值1906.3亿元，占全省生产总值的7.8%，比2005年提高了2.8个百分点。“十二五”期间，河北装备制造业要加速产业结构优化升级，实现平稳较快发展，必须坚持创新驱动，大力提高自主创新能力。

一、产业自主创新能力评价模型的构建

所谓自主创新是指通过拥有自主知识产权的独特的核心技术以及在此基础上实现新产品价值的过程。自主创新包括原始创新、集成创新和引进技术再创新。产业自主创新能力是一种综合能力，它既包括产业所拥有的技术实力，也包括产业有效配置内外部创新资源的能力，还包括产业向社会提供创新成果的能力等。从科技统计角度讲，研究与试验发展（R&D）是国际上通用的反映自主创新能力的核心指标。

---

① 装备制造业包括交通运输设备制造业、专用设备制造业、通用设备制造业、金属制品业、电气机械及器材制造业和仪器仪表及文化办公用机械制造业六个行业。

（一）评价指标体系的具体构建

按照科学性、导向性、整体性和简明性原则，从产业自主创新能力的内涵和受到的激励与制约因素出发，围绕自主创新的投入产出过程，影响产业自主创新能力的因素主要包含创新技术能力、组织能力、潜在能力、环境能力和产出能力五个方面。

一是创新技术能力。技术能力是指创新主体进行自主创新所具有的技术实力。技术能力是自主创新的技术源泉，是自主创新能力的技术前提和基础，主要体现在人员素质和经费投向等方面。

二是创新组织能力。组织能力是指创新主体有效配置、利用内外部创新资源的能力。一个具有良好创新组织能力的企业能够焕发创新活力和积极性，协调创新各环节、各部门的关系，减少自主创新风险，提高创新效率。另外，这种能力不单纯囿于创新主体内部环境，还表现在与外界环境（科研机构、高等院校和其他企业）的沟通与协作上。因此，应从自主创新活动的普遍性、计划性、专业性以及与外界协作、交流等方面来考虑。

三是创新潜在能力。潜在能力是指创新主体拥有或实际运作创新资源的能力。潜在能力是自主创新能力形成的基础，它在一定程度上体现自主创新能力的发展趋势和可能的作用空间，主要体现在人、产品结构、市场潜力等方面。

四是创新环境能力。环境是自主创新活动的社会支持系统，是技术能力、组织能力和潜在能力市场实现的体制、政策保障。环境能力是指特定区域对自主创新提供的支持程度和保障水平。我们主要从产业自主创新的主要外部推动力——政府角度来选择指标。

五是创新产出能力。产出能力是指创新主体运用创新资源，借助一定的组织形式，向社会提供创新成果的能力。一般来讲，创新成果具有显在和潜在两种存在形态，从这点出发，我们从创新的效率、水平、数量、效益等方面选择指标。

根据上述思路，我们建立了包括 5 大因素层、16 项指标组成的产业自主创新能力评价指标体系，见下表。

产业自主创新能力评价指标体系

目标层	主因素层	指　标　层	计量单位	权重
产业自主创新能力	创新技术能力（A）0.30	1. R&D 人员占科技活动人员比重（A_1）	%	0.24
		2. R&D 人员中研究人员比重（A_2）	%	0.34
		3. R&D 经费投入强度（A_3）	%	0.42
	创新组织能力（B）0.16	4. R&D 活动开展面（B_1）	%	0.29
		5. 科技机构拥有率（B_2）	%	0.43
		6. R&D 经费外部支出比重（B_3）	%	0.28
	创新潜在能力（C）0.23	7. 科技活动人员指数①（C_1）	人/万人	0.38
		8. 工业增加值率（C_2）	%	0.35
		9. 市场优势指数（C_3）	—	0.27
	创新环境能力（D）0.11	10. R&D 经费中政府资金比重（D_1）	%	0.37
		11. 使用来自政府部门的科技活动资金（D_2）	万元	0.33
		12. 享受政府技术开发减免税（D_3）	万元	0.30
	创新产出能力（E）0.20	13. 自主创新效率（E_1）	—	0.26
		14. 新产品销售率（E_2）	%	0.34
		15. 发明专利申请数（E_3）	件	0.18
		16. 全员劳动生产率（E_4）	万元/人	0.22

（二）综合评价模型的建立

1. 评价指标的标准化处理

① 反映某一行业科技活动状况应兼顾一般水平和规模，因此本指标采用平均数指数的形式来反映。其计算公式为：科技活动人员指数（人/万人）＝每万名从业人员中科技活动人员数×该行业科技活动人员比重。

数据的标准化处理，采用改进的功效系数法，其计算公式为：

$$P_{ij}=\frac{X_{ij}-X_{jmin}}{X_{jmax}-X_{jmin}}\times 60+40$$

公式中，P_{ij}是各产业第i个因素层的第j项指标标准化后的值，X_{ij}为第i个因素层的第j项指标的原始数值；X_{jmin}为第j项指标的最小值；X_{jmax}为第j项指标的最大值。

2. 评价指标权重的确定

采用主客观结合的综合集成赋权法确定权重。其中指标层权重采用客观分析法中的因子分析权数法，即利用SPSS11.5 for windows统计分析软件对各指标进行因子分析，对每个指标计算其共性因子的累积贡献率来确定各指标的权重。主因素层的权重采用Delphi法，由专家权衡确定。

3. 综合评价模型的选择

运用线性加权综合法，建立产业自主创新能力综合评价模型：

$$ITIC=\sum_{i=1}^{n}\left(\sum_{j=1}^{m}P_{ij}W_{ij}\right)*W_i$$

公式中，ITIC代表各产业自主创新能力综合评价分值，n为构成产业自主创新总体能力的因素层个数，m表示产业自主创新能力第i个因素层的指标个数，P_{ij}为第i个因素层的第j项指标标准化后的值，W_{ij}为第i个因素层的第j个指标的权重，W_i为第i个因素层的权重。

二、装备制造业自主创新能力优劣势评析

根据上述评价模型，我们对河北省2011年七个主要行业的自主创新能力进行了总体评价。评价结果是：医药工业的整体自主创新水平最强，装备制造业其次，石油化工工业和钢铁工业居中，建材工业、纺织工业与食品工业较弱。主要行业自主创新总得分依次为：医药工业（79.3分）、装备制造业（73.2分）、石油化工工业

(58.6分)、钢铁工业（57.8分)、建材工业（54.5分)、纺织工业(50.8分)、食品工业（50.8分)。

装备制造业自主创新总体水平较强，在七个主要行业中居第二位，仅次于医药工业。从各因素层来看，装备制造业的创新潜在能力、创新环境能力和创新产出能力都居第一位，创新技术能力居第二位，创新组织能力居第三位。从构成行业来看，交通运输设备制造业自主创新能力最强，电气机械及器材制造业和专用设备制造业次之，仪器仪表及文化办公用机械制造业、通用设备制造业和金属制品业较弱。

装备制造业是全省第二大支柱产业，也是全省自主创新能力次强的产业。与其他主要行业相比，装备制造业具有创新人才多、创新环境优和创新产出高的优势，但产品附加值低，科研骨干配比低。

（一）优势——多优高

第一，创新人才多。2011年，装备制造业科技活动人员指数为253.8人/万人，比2008年增长49.8%，远远高于其他主要行业，是第二位的石油化工工业的4.4倍，是最低的纺织工业的47.0倍。其中交通运输设备制造业、专用设备制造业和电气机械及器材制造业科技活动人员指数分别为154.5人/万人、75.9人/万人和46.3人/万人，分别居所有行业[①]（下同）第1、2和6位。

第二，创新环境优。装备制造业创新获得了各级政府的大力扶持，主要表现在两方面。一方面是政府直接或间接资金投入大。装

① 根据2002年国家统计局修订的《国民经济行业分类》（GB/T 4754—2002）标准，全部工业行业共分为39个大类，扣除2011年没有开展科技活动的三个行业：有色金属矿采选业、其他采矿业和废弃资源和废旧材料回收加工业，本文研究样本共包括36个工业行业。本文所用数据口径为规模以上工业企业。

备制造业共获得来自政府部门的科技活动资金2.7亿元，占规模以上工业的43.1%，居七个主要行业之首，其中电气机械及器材制造业和交通运输设备制造业受益最大，均获得1.1亿元的政府创新资金，分别居第2、第3位。另一方面是落实政府鼓励技术创新的减免税政策好。装备制造业共享受政府技术开发减免税14.8亿元，占规模以上工业的六成，居七个主要行业之首，其中交通运输设备制造业、电气机械及器材制造业、专用设备制造业和通用设备制造业享受政府技术开发减免税分别为5.6亿元、4.6亿元、2.4亿元和1.3亿元，分别居第1、第2、第4和第7位。

第三，创新产出高。一是自主创新效率高。装备制造业自主创新效率是21.5，即每投入一元R&D经费就可产出21.5元的新产品销售收入，居七个主要行业之首，是建材工业的3.2倍。其中交通运输设备制造业自主创新效率为41.8，居第2位。二是新产品销售率高。装备制造业新产品销售率居七个主要行业之首，为12.4%，比上年同期提高1.0个百分点。其中交通运输设备制造业、电气机械及器材制造业和专用设备制造业新产品销售率分别为34.6%、11.5%和10.5%，分别居第1、第4和第5位。三是发明专利申请数多。全省装备制造业共申请发明专利812件，居七个主要行业之首，占规模以上工业的46.2%。其中交通运输设备制造业、电气机械及器材制造业和专用设备制造业发明专利申请数分别为257件、220件和170件，分别居第1、第3和第5位。

（二）劣势——两低

第一，产品附加值较低。全省装备制造业工业增加值率为24.7%，在七个主要行业中居第5位，说明全省装备制造业产品整体附加值不高，盈利能力不强、投入产出效果欠佳。其中金属制品业、交通运输设备制造业和电气机械及器材制造业工业增加值率分别为23.6%、23.9%和24.3%，分别居第27、第26和第24位。

第二，科研骨干配比低。全省装备制造业R&D人员中研究人员比重为37.7%，在七个主要行业中居第6位，远低于居首位的钢铁工业34.1个百分点。其中金属制品业和电气机械及器材制造业R&D人员中研究人员比重分别为24.6%和31.3%，分别居第27和第25位。

三、装备制造业自主创新能力的主要差距

装备制造业在河北主要行业中自主创新能力较强，但与全国平均水平相比，还存在一定差距。

（一）创新组织能力偏弱

第一，创新活动开展面低。全省装备制造业有R&D活动企业比重仅为8.4%，不及全国平均水平（17.6%）的一半。其中金属制品业和通用设备制造业开展R&D活动的企业比重只有3.6%和5.8%。

第二，创新专业化程度低。全省装备制造业科技机构拥有率仅为9.2%，比全国平均水平（14.2%）相差5个百分点。其中金属制品业和通用设备制造业科技机构拥有率只有3.4%和6.7%。

第三，创新外部合作程度低。全省装备制造业R&D经费外部支出比重仅为2.4%，不及全国平均水平（5.7%）的一半。其中通用设备制造业、专用设备制造业和电气机械及器材制造业R&D经费外部支出比重较低，分别为1.0%、1.5%和1.5%。

（二）创新经费投入偏低

第一，R&D经费投入强度偏低。全省装备制造业R&D经费内部支出占主营业务收入比重仅为0.7%，比全国平均水平（1.2%）相差0.5个百分点。其中金属制品业和通用设备制造业R&D经费投入强度只有0.2%和0.3%。

第二，政府资金投入比重偏低。全省装备制造业R&D经费中

政府资金比重仅为2.8%，相当于全国平均水平（5.6%）的一半。其中通用设备制造业和专用设备制造业R&D经费中政府资金比重只有0.8%和1.8%。

（三）创新产出水平偏低

第一，自主创新效率偏低。全省装备制造业每投入1元R&D经费可产出21.5元的新产品销售收入，比全国平均水平（25.2）相差3.7。其中金属制品业、仪器仪表及文化办公用机械制造业和电气机械及器材制造业自主创新效率较低，分别为7.9、8.0和10.5。

第二，新产品销售率偏低。全省装备制造业新产品销售收入占主营业务收入比重为12.4%，比全国平均水平（21.2%）相差8.8个百分点。其中金属制品业、通用设备制造业和仪器仪表及文化办公用机械制造业新产品销售率较低，分别为1.0%、3.3%和9.2%。

四、提升装备制造业竞争力的建议

当前全国2/3以上的省、市、自治区都把装备制造业作为本地区支柱产业加以推动，河北要想在激烈的竞争中占有一席之地，就应在充分了解自身优势和差距的基础上，不断优化发展环境，创新发展思路。

（一）实施人才战略，造就科研骨干

科研人员是企业创新活动的主体，是科技活动中最直接的影响因素。提高装备制造业自主创新能力，必须重视科研人员的投入，针对科研队伍中的高端领军人才缺乏的状况。逐步建立人才培养机制，通过选派高级科技人员出国深造或者到国外优秀企业学习，吸引国内外优秀人才来冀创新等方式，加速培养和造就一批能够从事自主创新的技术带头人和科研骨干。

（二）完善政策支持，优化发展环境

装备制造业的快速发展，离不开政府的支持。一是加大资金支持力度。建议省财政在年度投资安排中设立装备制造业专项资金，对重大技术装备研究开发、技术改造项目和重点企业给予扶持；加大对装备制造产业的信贷支持，支持金融机构为中小装备制造企业提供更多融资服务；鼓励符合条件的企业进行上市融资。努力形成以政府投入为引导，以企业投入为主体，以金融贷款为扶持，以风险投资为保障，以引进外资和社会投资为补充的多元化社会化投融资体系，逐年提高自主创新经费投入占主营业务收入的比例。二是制定和用好相关政策。一方面，落实好国家、省支持装备制造业发展的现行优惠政策，鼓励企业加大技术创新力度，优化产品结构。另一方面，结合河北省实际，加快研究制定针对装备制造业的重点产业、重点企业、重点项目分别给予支持的政策内容。

（三）创新合作模式，构建创新联盟

在装备制造业自主创新模式构建过程中，应针对不同企业区别定位，构建各种形式的创新联盟。中小企业是最活跃的创新主体，应鼓励中小企业向其所在区域的产业集群集聚，加强与大企业的合作，参与到重大专项项目的研制中，既能扩大创新活动开展面，又能提高创新效率，共享共性技术。鼓励重点骨干企业和具备技术优势的高校、科研院所合作走产学研合作之路，围绕关键技术、重大项目的研制，组建一批带动性强的技术联盟，通过合作创新加快科研成果产业化进程。

撰稿：朱丽静

河北省老龄人口生活质量状况及养老模式的调查与分析

河北省人口已经具备典型的老年型社会的特征。关心、关爱老年人，保障老年人的合法权益、促进老龄事业的发展，是我省经济社会发展中面临的重大课题。老年人是社会的宝贵财富，老年人不仅要生存，还需要健康的生活方式，充实的精神世界，便捷、美好的生活环境，良好的经济条件，恰当的赡养方式。老年人的生活应具备一定的质量。为了解河北省老年人的生活质量状况及养老的模式，我们通过问卷的方式，在 2012 年 5—6 月对居住在河北省的 60 岁及以上的老年人进行了深入细致的抽样调查。

一、研究对象、方法及问卷内容

（一）研究对象及方法

以河北省 60 岁及以上的常住老年人为研究对象，通过分层、整群抽样的方法从河北省十一个设区市随机抽取 2000 人构成调查对象，采用面对面访谈的方式进行问卷调查。去除各种原因造成的失访者，共完成 1852 人，应答率达到 92.60%。

实际完成的 1852 份调查问卷构成如下：石家庄、承德、张家口、秦皇岛、唐山、廊坊、保定、沧州、衡水、邢台、邯郸调查的老龄人数分别为 411 人、185 人、83 人、101 人、214 人、69 人、336 人、69 人、37 人、167 人、180 人，占总调查人数的比重分别为 22.20%、10.00%、4.48%、5.45%、11.56%、3.73%、18.14%、3.73%、2.00%、9.02%、9.72%。调查对象的基本情况见表1。

表1 调查对象基本情况

单位：人

地 区	总数	比重(%)	男	女	城镇	农村
合 计	1852	100.00	839	1013	969	883
石家庄	411	22.20	198	213	296	115
承 德	185	10.00	92	93	182	3
张家口	83	4.48	28	55	24	59
秦皇岛	101	5.45	27	74	41	60
唐 山	214	11.56	107	107	99	115
廊 坊	69	3.73	32	37	24	45
保 定	336	18.14	159	177	56	280
沧 州	69	3.73	2	67	64	5
衡 水	37	2.00	20	17	1	36
邢 台	167	9.02	79	88	83	84
邯 郸	180	9.72	95	85	99	81

（二）调查问卷的内容

调查问卷内容的设计参照了1993年联合国世界卫生组织对生活质量调查内容的要求，结合了我国及河北省老年人口的实际生活状况、习惯、习俗。既包括一些人口基本特征又包括了有关老年人的居住条件、经济收入、消费支出、休闲娱乐、精神状况、健康状况、生活满意度、养老模式等内容。

二、河北省老年人口生活质量状况分析

（一）调查对象的人口学特征

从性别分类来看，被调查老年人口中，男性839人，占

45.30%；女性1013人，占54.70%。从年龄分类来看，60～69岁（低龄组）的老人有912人，占49.25%；70～79岁（中龄组）的564人，占30.45%；80岁及以上（高龄组）的376人，占20.30%。从户口性质分类来看，城镇常住人口969人，占52.32%；农村常住人口883人，占47.68%。

（二）老年人口的住房面积、居住条件、居住环境分析

1. 住房面积层次明显、城镇高于农村

从调查结果来看，河北省老年人口的住房面积层次明显，从40平米以下到101平米以上不等。城镇老人的住房面积总体高于农村老人。具体情况见表2。

表2　老年人口住房面积

地　区	特征	40平米以下	41－60平米	61－80平米	81－100平米	101平米以上
城　镇	人　数	72	213	227	282	175
	比重（%）	7.43	21.98	23.43	29.10	18.06
农　村	人　数	144	215	156	180	188
	比重（%）	16.31	24.35	17.67	20.39	21.29

2. 住房条件、居住环境的主观评价满意度较高，农村评价略高于城镇

河北省老年人口对住房条件和周围环境的主观评价满意度较高，相比较而言，农村老年人对住房条件、居住环境的主观评价满意度更高一些。

城镇老年人对住房条件非常满意及比较满意的分别占10.22%和43.76%，两者之和为53.98%；住房评价一般的占33.23%；对住房表示不满意的占11.46%，非常不满意的占1.34%，两者之和占城镇的12.8%。农村老年人对住房条件的主观评价类似于城

镇，但略高于城镇，表示比较满意及非常满意的占 55.04%；评价一般的占 41.22%；表示不满意及非常不满意的占 3.73%。如表 3。

对周围环境的评价与对住房条件的评价类似，城镇老年人对周围居住环境表示较满意和非常满意的占城镇的 49.84%，认为一般的占 37.56%，表示不满意及非常不满意的占 12.58%。农村老年人对周围居住环境表示较满意和非常满意的占农村的 52.66%，认为一般的占 41.79%，表示不满意及非常不满意的占 5.55%。

表 3 城乡老年人口对住房条件及周围居住环境的满意度评价

地区	特征	非常满意	比较满意	一般	不满意	非常不满意
城镇	住房条件（人）	99	424	322	111	13
	比重（%）	10.22	43.76	33.23	11.46	1.34
	周围环境（人）	114	369	364	99	23
	比重（%）	11.76	38.08	37.56	10.21	2.37
农村	住房条件（人）	106	380	364	29	4
	比重（%）	12.00	43.04	41.22	3.28	0.45
	周围环境（人）	75	390	369	43	6
	比重（%）	8.49	44.17	41.79	4.87	0.68

（三）老年人口的生活来源、收入、支出水平分析

1. 维持生活的主要收入来源城乡存在明显差别

河北省老年人维持生活的最主要收入来源分布集中，具体主要收入来源所占比重城乡存在明显差别。城镇老龄人口维持生活的最主要收入来源为离退休金养老金和家庭其他成员供养，其比重分别为 67.08%和 27.97%，共占城镇老年人口的 95.05%。农村老龄人口维持生活的最主要收入来源为劳动收入和家庭其他成员供养，

其比重分别为33.64%和57.64%，两者之和达91.28%。城乡老年人最低生活保障、财产收入和商业保险所占比重都较小。具体见表4。

表4 老年人口维持生活最主要的收入来源

收入来源	城镇		农村	
	人数	比重（%）	人数	比重（%）
劳动收入	20	2.06	297	33.64
离退休金养老金	650	67.08	40	4.53
最低生活保障	16	1.65	32	3.62
财产收入	11	1.14	3	0.34
家庭其他成员供养	271	27.97	509	57.64
商业保险	1	0.10	2	0.23

2. 城乡月均总收入都存在不均衡的特点，城镇中等收入者居多，农村低收入者居多

在月均总收入上，城镇与农村老年人口都存在分布不均衡的特点，总的来说农村老年人口的月均总收入低于城镇老年人口，农村老年人口低收入的比重大，城镇老年人口中等收入比重大。

有23.84%和36.22%的城镇老年人口月均总收入在1001—1500元和1500—3000元，有26.93%的城镇老年人月均总收入在500元以下，月均总收入达3001元以上的城镇老年人仅占5.37%。而农村月均总收入主要集中在1000元以下，占所调查农村老年人口总数的87.55%。其中，月均总收入水平在500元以下的占65.69%，比城镇高近39个百分点，收入在501—1000元的占21.86%，比城镇高14.22个百分点，月均总收入在1001元以上的仅占12.46%。详见表5。

表 5　分城乡老年人口的月均总收入分布

月均总收入		500 元以下	501—1000 元	1001—1500 元	1501—3000 元	3001 元以上
城镇	人数	261	74	231	351	52
	比重（%）	26.93	7.64	23.84	36.22	5.37
农村	人数	580	193	76	24	10
	比重（%）	65.69	21.86	8.61	2.72	1.13

3. 月均总支出呈现出偏态分布的特点，城镇中低等支出人口居多，农村低等支出人口居多

所调查城乡老年人口的月均总支出呈现出偏态分布的特点，城镇中低等支出老年人口多，所占比重大，农村低等支出老年人口多，所占比重大。

城镇老年人口月均总支出在 500 元以下、501～1000 元、1001～1500 元和 1500～3000 元的比重较高，分别为 29.10%、32.09%、22.50%和 14.76%。农村老年人口月均总支出主要集中在 1000 元以下，占人口总数的 92.07%，其中月均总支出在 500 元以下的比重最高，占所调查农村老年人口的 74.63%，比城市高 45.53 个百分点。具体见表 6。

表 6　分城乡老年人口的月均总支出

月均总支出		500 元以下	501—1000 元	1001—1500 元	1501—3000 元	3001 元以上
城镇	人数	282	311	218	143	15
	比重（%）	29.10	32.09	22.50	14.76	1.55
农村	人数	659	154	33	29	8
	比重（%）	74.63	17.44	3.74	3.28	0.91

（四）老年人口的生活、精神状态分析

老年人是一个特殊的群体，由于劳动能力减退等原因，拥有了大量的空余时间，在物质生活有保障的前提下，老年人的精神生活需求日益增强，如何让老年人的生活充实多彩，已成为一个重要的社会问题。

1. 老年人口日常生活活动多样化，但分布不均

总体来说，我省老年人口除了日常作息外所进行的活动品种多样，包括休闲娱乐、带孩子、学知识、继续工作、做义工、看病、参观考察、随意打磨等，但在各项活动上的人数及所占比重各有特点。其中，休闲娱乐、带孩子、随意打磨所占比重相对较大，具体城乡也有所区别。

城镇老年人除了日常作息外进行休闲娱乐的占据所调查城镇老年人口的1/3以上，而农村老年人所占不足1/5。城镇有21.16%的老年人日常生活中需要带孩子，农村老年人带孩子的比重则为25.37%，略高于城镇；随意打磨时间的城镇老年人占所调查城镇老年人口的26.11%，而农村此项比重高达40.54%，明显高于城镇。而学知识、做义工、参观考察的老年人所占比重较小，城镇分别为6.30%、1.24%、0.62%，农村分别为0.91%、1.93%、0.11%。看病成为一定比例老年人的日常生活，城镇有4.23%，农村有6.80%。城乡中，有大量的老人只能靠随意打磨时间度日，而继续学习知识、做义工、参观考察等活动参与率过低，说明社会上老年人口群体没有形成科学的、丰富多彩的、有规律的日常生活。因此，引导老年人口培养兴趣爱好、提高老年人继续学习的能力、提供有能力老年人继续工作的机会、加强休闲娱乐设施的建设都是有待进一步加强的工作。详见表7。

表7 城乡老年人口除了日常作息外通常进行的主要活动

活动	城镇		农村	
	人数	比重（%）	人数	比重（%）
休闲娱乐	367	37.87	141	15.97
带孩子	205	21.16	224	25.37
学知识	61	6.30	8	0.91
继续工作	24	2.48	74	8.38
做义工	12	1.24	17	1.93
看病	41	4.23	60	6.80
参观考察	6	0.62	1	0.11
随意打磨	253	26.11	358	40.54

2. 户外活动相对较少，看电视或看演出、聊天成为城乡老年人重要的休闲娱乐活动

城乡老年人口的休闲娱乐活动有差异，城镇老年人休闲娱乐活动参与率比农村高一些、文化精神生活更丰富多彩一些；而城乡老年人的休闲娱乐普遍存在户外活动相对较少、看电视或看演出、聊天是其重要的休闲娱乐活动的特点。将看电视或看演出、聊天作为主要休闲娱乐活动的城乡老年人所占比重都较高，分别达到48.30%和59.01%。其中看电视或看演出分别占各自调查人口数的36.43%、38.17%，聊天分别占11.87%、20.84%。除此之外，城镇老年人的休闲娱乐活动还主要包括健身、跳舞或唱歌唱戏，打牌、打麻将或下棋，其比重分别为19.61%、13.52%。农村老年人的主要休闲娱乐活动还包括打牌、打麻将或下棋，其比重为9.29%。其余休闲娱乐活动如宗教活动，读书、写作或画画，旅游等城乡参与率相对较低。另外还有8.36%的城镇老人和25.71%的农村老人无休闲娱乐活动。具体见表8。

表 8　城乡老年人的休闲娱乐活动

活　　动	城　镇		农　村	
	人数	比重（%）	人数	比重（%）
健身、跳舞或唱歌、唱戏	190	19.61	20	2.27
打牌、麻将或下棋	131	13.52	82	9.29
宗教活动	31	3.20	21	2.38
看电视或看演出	353	36.43	337	38.17
读书、写作或画画	58	5.99	12	1.36
旅游	10	1.03	0	0.00
聊天	115	11.87	184	20.84
无休闲娱乐	81	8.36	227	25.71

3. 老年人休闲娱乐活动场所比较单一

河北省城乡老年人的休闲娱乐活动场所较单一，主要集中在家及附近活动。城镇老年人口休闲娱乐场所主要以小区、家里、公园为主，农村老年人口休闲娱乐场所主要以家里、街边为主，农村老年人口的休闲娱乐场所相对贫乏。

城镇老年人的休闲娱乐活动场所主要包括：小区、自己家里、公园，分别占所调查城镇老人总数的 38.08%、18.68%、18.47%。农村老年人的娱乐场所比较单一，主要包括：家里和街边，两者比重分别为 49.38%和 29.9%，两者之和达到农村老年人总数的 79.28%。而城乡老年人口以老年活动室、老年大学为休闲娱乐场所的所占比重非常低，且农村低于城镇。

因此，改善老年人居住地的周边环境，增建娱乐设施、老年活动室、老年大学对于丰富老年人的休闲娱乐活动有积极地促进作用。详见表 9。

表 9　城乡老年人的休闲娱乐场所

场　所	城　镇		农　村	
	人数	比重（%）	人数	比重（%）
公园	179	18.47	28	3.17
小区	369	38.08	42	4.76
街边	139	14.34	264	29.90
老年活动室	59	6.09	7	0.79
家里	181	18.68	436	49.38
老年大学	8	0.83	0	0.00
其他	34	3.51	106	12.00

4. 过半的老年人有不同程度的孤独空虚感，农村老年人孤独空虚程度高于城镇

日常生活中，河北省城乡都有超过一半的老年人有不同程度的孤独空虚感，并且农村老年人孤独空虚的程度高于城镇老年人。

具体来说，城镇有孤独空虚感的老人占所调查城镇老年人口的52.12%，而农村则高达62.85%。城镇中有2.89%的老年人每天都孤独空虚，8.26%的老人经常孤独空虚，40.97%的老人偶尔孤独空虚；农村中有3.17%的老人每天都孤独空虚，8.38%的老人经常孤独空虚，52.30%的老人偶尔孤独空虚。有47.88%的城镇老年人、37.15%的农村老年人从来都不孤独空虚。详见表10。

表 10　城乡老年人日常生活中的孤独空虚情况

空虚情况	城　镇		农　村	
	人数	比重（%）	人数	比重（%）
每天都孤独空虚	28	2.89	28	3.17
经常孤独空虚	80	8.26	74	8.38
偶尔孤独空虚	397	40.97	453	51.30
从来都不孤独空虚	464	47.88	328	37.15

（五）老年人口的医疗状况分析

1. 城乡老年人口患慢性病的比重高

城乡老年人口患慢性病的比重高，有 74%的城镇老人患有不同数量的慢性病，农村更是有 80.52%的老年人被不同数量的慢性病困扰。

城镇老年人口中，只患一种慢性病的占所调查城镇老年人口总数的 41.49%，患两种慢性病的占 20.74%，三种的占 10.42%，还有 1.34%的城镇老年人患四种及以上慢性病。农村老年人口中，只患一种慢性病的占所调查农村老年人口总数的 47.34%，患两种慢性病的占 22.08%，三种的占 10.08%，还有 1.02%的农村老年人患四种及以上慢性病。根据问卷中的回答，河北省老年人中最常见的三种慢性病是：心脑血管疾病、高血压和高血脂。详见表 11。

表 11　分城乡老年人口的患病种数

患慢性病种数	城　镇		农　村	
	人数	比重（%）	人数	比重（%）
一种	402	41.49	418	47.34
二种	201	20.74	195	22.08
三种	101	10.42	89	10.08
四种及以上	13	1.34	9	1.02
无慢性病	252	26.00	172	19.48

2. 老人患病处理方式上城乡有异，城镇多去医院，农村多去私人诊所

在患病处理方式上，河北省城乡老年人口也存在差异，城镇老年人患病多选择去医院就医，而农村老年人多选择去私人诊所就医。

有89.16%城镇老年人生病会就医，其中，69.35%的人会去医院看病，19.81%会去私人诊所。93%的农村老人生病会就医，其中，59.91%的老年人选择的就医地点是私人诊所，只有34.09%的老人会去医院。此外还有10.84%的城镇老年人和6%的农村老年人患病会自己配药或不理会忍着。详见表12。

表12 分城乡老年人口日常生活中患病的处理方式

生病处理方式	城镇		农村	
	人数	比重（%）	人数	比重（%）
自己配药	76	7.84	23	2.60
去私人诊所	192	19.81	529	59.91
去医院看病	672	69.35	301	34.09
不理会忍着	29	3.00	30	3.40

3. 城乡老年人医药费的主要来源不同，城镇多为社会医疗保险，农村多为个人储蓄

城乡老年人医药费的主要来源不同，城镇多为社会医疗保险，农村多为个人储蓄。且城乡老年人所享受到的社会医疗保险差距巨大，城镇老年人的医药费56.86%来自社会医疗保险，而农村的只有16.76%的来自社会医疗保险，比城镇低40.10个百分点。

此外，城镇老年人口的医药费来源主要还有商业医疗保险和个人储蓄，依靠商业医疗保险的老年人占所调查城镇老年人口的15.17%，而依靠个人储蓄的占21.05%。而农村老年人口的医药费主要来源还包括社会医疗保险、商业医疗保险和子女支持。其中，依靠社会医疗保险、商业医疗保险和子女支持的比重分别为16.76%、19.14%和13.93%。相比较而言农村老年人口在医药费上更多的依靠自己与子女，其子女的负担更大一些。详见表13。

表13 分城乡老年人口医药费的主要来源

来源	城镇		农村	
	人数	比重（%）	人数	比重（%）
社会医疗保险	551	56.86	148	16.76
商业医疗保险	147	15.17	169	19.14
个人储蓄	204	21.05	394	44.62
依靠子女	29	2.99	123	13.93
依靠亲戚	16	1.65	47	5.32
其他	22	2.27	2	0.23

4. 农村老年人口体检情况落后于城镇，且大多数人不愿花钱体检

城镇老年人口参与体检的比重较高，占81.53%；频率较高，每年体检一次的占52.53%，还有29.00%的会若干年体检一次。而农村只有不足一半的老年人会参与体检，而且每年体检一次的比重非常低，只占农村老年人口数的17.78%，有51.30%的农村老年人从来不体检。详见表14。

表14 分城乡老年人口的体检情况

体检频率	城镇		农村	
	人数	比重（%）	人数	比重（%）
一年一次	509	52.53	157	17.78
若干年一次	281	29.00	273	30.92
从不体检	179	18.47	453	51.30

从老年人对体检的态度上看，95%以上的老年人都是认可体检的，城镇只有2.27%的老人表示不愿意体检，农村略高一些但也只有4.30%的老年人不愿意参加体检，这说明老年人口还是比较

重视自己的身体状况的。城镇有51.29%的老人愿意无条件的接受体检，而农村只有20.50%的老人愿意无条件的接受体检，比城镇低30.79个百分点。有39.83%的城镇老人和72.25%的农村老人只有在不花自己钱的时候才愿意体检。详见表15。

表15 分城乡老年人口对体检的态度

态度	城镇		农村	
	人数	比重（%）	人数	比重（%）
无条件愿意	497	51.29	181	20.50
自己不掏钱才愿意	386	39.83	638	72.25
不愿意	22	2.27	38	4.30
其他	64	6.60	26	2.94

5. 认为看病不方便的老人比重不高

城镇过半的老人认为看病方便，其中，认为非常方便的占14.34%，认为比较方便的占46.13%。农村表示看病方便的老人也近一半，包括6.91%的老人认为看病较方便，42.02%的老人认为看病比较方便。有31.58%的城镇老人和43.83%的农村老人表示看病的方便程度一般。而认为看病不方便或很不方便的老人比重较少，城镇只有7.95%，农村只有7.25%。详见表16。

表16 老年人口对自己看病方便程度的评价

主观评价	城镇		农村	
	人数	比重（%）	人数	比重（%）
非常方便	139	14.34	61	6.91
比较方便	447	46.13	371	42.02
一般	306	31.58	387	43.83
不方便	69	7.12	55	6.23
很不方便	8	0.83	9	1.02

（六）老年人对目前生活水平及幸福感的主观评价分析

1. 大部分城乡老年人认为目前自己的生活水平尚可，城镇的宽裕感高于农村

城镇老年人口对目前生活水平的自我评价呈现出了偏态分布，认为自己宽裕的人比重高于认为自己困难的人的比重；农村老年人口对目前生活水平的自我评价呈现出了大致的正态分布状态，认为自己宽裕和认为自己困难的人的比重大致相等。

过半的老年人对生活水平的评价都是大致够用，其中，城镇占54.8%，农村占65.46%。有4.23%、26.73%的城镇老年人认为目前自己的生活水平很宽裕、比较宽裕；有12.18%、2.06%的城镇老年人认为自己的生活水平有些困难、很有困难。有2.15%、14.38%的农村老年人认为自己生活很宽裕、比较宽裕；有14.84%、3.17%的农村老年人认为自己的生活有些困难或很困难。详见表17。

表17　分城乡老年人口对目前生活水平的自我评价

生活水平	城镇		农村	
	人数	比重（%）	人数	比重（%）
很宽裕	41	4.23	19	2.15
比较宽裕	259	26.73	127	14.38
大致够用	531	54.80	578	65.46
有些困难	118	12.18	131	14.84
很困难	20	2.06	28	3.17

2. 河北省城乡老年人的幸福感自我评价总体较高

河北省城乡老年人的幸福感自我评价均呈现出了偏态分布的状

态，总体幸福感程度较高，城镇老年人口的幸福感高于农村老年人。详见表18。

表18 分城乡老年人口对目前幸福感的自我评价

幸福感	城镇		农村	
	人数	比重（%）	人数	比重（%）
非常幸福	79	8.15	50	5.66
比较幸福	352	36.33	262	29.67
一般	479	49.43	508	57.53
不太幸福	49	5.06	51	5.78
很不幸福	10	1.03	12	1.36

从城镇的角度看，认为自己目前幸福感一般的老人占49.43%，认为自己非常幸福、比较幸福的老人分别占到了8.15%、36.33%；而认为自己不太幸福、很不幸福的老人分别仅占到了5.06%、1.03%。从农村的角度看，认为自己目前幸福感一般的老人占57.53%，认为自己非常幸福、比较幸福的老人分别占到了5.66%、29.67%；而认为自己不太幸福、很不幸福的老人分别仅占到了5.78%、1.36%。

三、河北省老年人口养老模式现状及发展模式分析

（一）国外主要养老模式分析

1965年，法国成为世界上第一个老年型国家。之后，瑞典、英国等发达国家相继步入这一行列。在欧美国家，社会保障制度相对完善，人们大多依赖“社会养老”。日本、新加坡等国在汲取西方社会养老优长的基础上，致力于开发家庭养老。概括起来，国内

外养老主要有以下几种模式：

1. 家庭养老

老年人居住在家庭中，由具有血缘关系的家庭成员对老人提供赡养服务。其养老资源主要来自于家庭本身的收入和家庭成员的照顾。在以东方文化为底蕴的国家，家庭养老占主体地位。

2. 居家养老

老人居住家中，由社会提供养老服务。服务提供者主要有：居家养老服务机构、老年社区、老年公寓、托老所、志愿者等。服务内容包括基本生活照料（饮食起居照顾、打扫卫生、代为购物等）、物质支援（提供食物、安装设施等）、心理支持（治病、护理等）、休闲娱乐设施支持等。欧美等发达国家多数老人接受居家养老服务。

3. 机构养老

老人居住到专门的养老机构，由机构提供养老服务。根据老年人身体健康状态、生活自理程度及社会交往能力，实行分级管理，一般分为自理型、半自理型和完全不能自理型三级。不同级别的老人入住不同类型的养老机构。

4. 互助养老

老人与家庭外的其他人或同龄人，在自愿的基础上结合起来，相互扶持、照顾。具体包括老年人结伴而居的拼家养老、社区内成员相互照顾的社区互助养老等形式。在德国，有很多老年人共同购买一栋别墅，分户而居，由相对年轻的老人照顾高龄老人。还有的地方安排大学生和独居老人合住，由大学生照顾老人。

养老的关键在“养”。国外这些种类繁多的养老模式归根结底离不开经费支持。欧美等发达国家都建立了相当完备的保险制度，年轻人从参加工作开始，即由公司和个人为其交纳养老保险。达到一定的法定年龄之后，保险公司会每月支付其一定数额的养老金。

以瑞士为例，在职人员从 17 岁生日后的第一个元月 1 日起开始支付养老、遗属和伤残保险金。退休人员可在法定退休年龄后的下个月的第一天开始领取养老金。

在此基础上，发达国家还推出一系列灵活方式。比如以房养老，就是将自己的产权房出售、抵押或者出租，以获取一定数额养老金或养老服务。在美国，许多老年人在退休前 10 年就为养老而购买房子，然后把富余的部分出租给年轻人使用，利用年轻人支付的房租来维持自己的退休后生活。除此之外，美国政府和一些金融机构还向老年人推出“以房养老”的“倒按揭”贷款。62 岁以上的老年人将房子抵押给银行或专门的倒按揭公司，然后每月领取生活费。

（二）河北省老年人口的实际养老模式及理想状况分析

1. 河北省城乡养老的主流是与子女共同居住养老、与老伴共同居住养老以及与老伴共同居住子女辅助养老

总的来说，河北省城乡老年人实际生活中的主流养老模式与理想中的主流养老模式大致相同，与子女共同居住养老、与老伴共同居住养老、与老伴共同居住子女辅助养老的比重较高，而其他养老模式所占比重较低，当然在具体养老模式上，城镇与农村、实际与理想之间也有各自的特点。

2. 现实生活中城乡老年人口养老模式比较

现实生活中，在与子女共同居住养老模式上，城镇老人与农村老人所占比重大致相等，分别为 35.19%、35.90%，与其他养老模式相比所占比重最高，是现实生活中老人们最认可的养老模式，也是中国最传统的养老模式。在与老伴儿共同居住养老上，城乡老人现实中所占比重分别为 34.49%、23.78%，城镇比农村高出 10.71 个百分点。在与老伴共同居住、子女辅助养老模式上，城镇与农村所占比重分别为 15.48%、27.41%，农村比城镇高出 11.93

个百分点。而在一人独居养老模式上，城镇与农村所占比重分别为7.02%、5.66%。在一人独居，子女辅助养老上，城镇与农村所占比重分别为6.30%、6.80%。而养老院及其他养老模式，城乡老人所占比重都非常小，可以看出还不是目前现实生活中河北省城乡老人养老的主流模式，而是不选之选。从上述分析可以看出在现实生活中，与农村相比，城镇老年人口在养老问题上更为独立。

3. 理想状态下城乡老龄人口养老模式比较

理想状态下，与子女共同居住养老依旧是城乡老年人口的首选，城镇与农村所占比重分别为42.10%、37.26%，与实际相比分别升高了6.91、1.36个百分点。在与老伴儿共同居住养老上，城乡老人理想中所占比重分别为16.72%、17.55%，与实际相比分别降低了17.77、6.23个百分点。在与老伴共同居住、子女辅助养老模式上，城镇与农村理想中所占比重分别为28.07%、34.20%，与实际相比分别升高了12.59、6.79个百分点。一人独居城乡老人理想中分别为1.75%、2.27%，比实际分别下降了5.27、3.39个百分点。与现实相比，理想中，一人独居，子女辅助养老城镇略微上升，农村小幅下降。而在养老院及其他养老模式上，理想中城乡分别为2.06%、2.72%，2.58%、0.57%，均呈现出小幅上升的态势。从上述分析可知，城乡老人的理想养老模式依然不能离开子女，具体主要是与子女共同居住养老及与老伴同居、子女辅助养老，与现实生活相比，老人们更为排斥没有子女辅助的养老模式。老年人更希望呆在配偶或子女身边享受家庭的温暖，这样不仅可以享天伦之乐，也可以帮助子女料理家务、抚育下一代。当然我们也看到了城乡老年人口对于养老院及其他养老模式接受程度的改变，虽然变化不是特别明显，但是作为观念转变的标志，这个变化还是非常有意义的。

表 19 分城乡老年人口实际生活中的养老模式及自己理想的养老模式

养老模式	城镇				农村			
	实际的		理想的		实际的		理想的	
	人数	比重(%)	人数	比重(%)	人数	比重(%)	人数	比重(%)
与子女共同居住养老	341	35.19	408	42.10	317	35.90	329	37.26
一人独居	68	7.02	17	1.75	50	5.66	20	2.27
一人独居、子女辅助养老	61	6.30	65	6.71	60	6.80	48	5.44
与老伴共同居住养老	334	34.49	162	16.72	210	23.78	155	17.55
与老伴同居、子女辅助养老	150	15.48	272	28.07	242	27.41	302	34.20
养老院	2	0.21	20	2.06	3	0.34	24	2.72
其他	13	1.34	25	2.58	1	0.11	5	0.57

（三）未来河北省老龄人口的养老模式发展方向

根据河北省老年人口规模大、老龄化率高，农村老年人口比重大，老年人口丧偶率较高，城乡主要收入来源差异大，城镇收入水平不均，农村收入水平低、明显低于城市，老年人活动场所较单一，过半的老年人有孤独空虚感，患慢性病老人比重高，农村老年人社会医疗保障较低，老年人渴望家庭的温暖等特点总结出以下几种符合河北省的养老模式。

1. 充分发挥家庭养老的优势

中华民族素有尊老、敬老的优良传统、提倡家庭养老不仅能满足老人的物质需求，更能满足老人的精神、心理需求。而且，在保障资金相同的情况下，家庭养老的质量会更高。改革开放以来，传统的尊老敬老文化在一定程度上受到冲击，而且由于计划生育政策的实施，使得家庭规模不断萎缩，这对家庭养老也是一大挑战。因此，除继续提倡家庭养老的优良传统外，我们也要探索其他社会养老模式。

2. 社区服务是家庭养老和社会养老的最佳组合

人到老年后，地缘文化观念更加浓厚，左邻右舍的情感维系更为重要。社区服务具有就近就便，与子女不分离，与邻里互敬互助，同时还可享受到社会养老的好处。社区服务有很多种方式，如老人保健服务中心，定期派人上门服务，邻里帮护活动，院、区共建，企、街共建等。

3. 借鉴国外做法，组建老人“共同家庭”进行互助养老

即老人自愿互利的前提下与家庭外的其他人或同龄人结合起来，相互扶持、照顾。具体包括老年人结伴而居的拼家养老、社区内成员相互照顾的社区互助养老等形式。这种共同养老可以克服孤寡老人无依无靠的状况，又不感到孤单寂寞，低龄老人也可照料高龄老人。

4. 组建“托老所”，发展硬件设施、软件设施完备的养老院

类似于托儿所，“托老所”是给那些没有条件与子女家人共同生活，又不愿意去养老院的老人晨来晚归，度过白天日常生活、休闲娱乐时光的场所。在“托老所”，老人们会在专业管理员带领下进行体育锻炼、用餐、午睡、阅读等日常生活、文化娱乐活动，享受群体生活、进行情感交流，避免独处孤独寂寞。同时大力发展硬件设施、软件设施完备的养老院，为有需求的老年人提供集体居住场所。

河北省第六次人口普查课题组

河北生产性服务业发展的战略选择

“十二五”规划明确指出，把推动服务业的大发展作为产业结构优化升级的战略重点，优先发展生产性服务业，加快发展生活性服务业，大力发展高端服务业，切实提高服务业在国民经济中的比重，这是实现省第八次党代会提出的“三产抓拓展”的重大经济战略举措。生产性服务业是服务业体系中对国民经济作用最显著的部分，它直接推动经济增长效率、经济发展水平的提高，同时，也是城市国际竞争力提升的关键和核心因素，它的规模与结构正在成为衡量城市竞争力强弱的重要标准。

河北生产性服务业已具备一定规模，但要对经济发展形成强有力支撑还有差距。我们通过描述河北生产性服务业发展现实基础，分析其发展的薄弱环节与缺陷，对生产性服务业与优势产业进行了关联测度，提出了打造生产性服务业经济效应的关键环节，以及加快发展、提升整体竞争力的对策思考。

一、生产性服务业①现实基础描述

2004 年以来，全省服务业规模不断壮大，伴随着质量的提高，服务业内部结构不断优化，尤其是生产性服务业得到了长足发展，成为促进经济增长的重要力量，对服务业和整个国民经济的影响已

① 生产性服务业：国家统计局将生产性服务业分为交通运输、房地产服务、商务服务、金融服务、信息服务和科研等行业。本文中的生产性服务业包括交通运输、仓储和邮政服务业，房地产，租赁和商业服务业，金融服务业，信息处理、计算机服务和软件业，科学研究、技术服务业。因考虑到行业口径可比问题，数据的时期为 2004—2011 年。

不容忽视。

规模不断扩大，贡献程度持续提高。2011年，全省生产性服务业实现增加值4462.3亿元，比2004年增加3104.7亿元，是2004年的2.3倍，年均增长12.9%，比GDP年均增速高1个百分点。生产性服务业占GDP比重为18.2%，比2004年提高2.2个百分点，占第三产业增加值比重为52.6%，比2004年提高4.2个百分点，比全国平均水平高2个百分点以上，已发展成为第三产业的半壁江山。生产性服务业对经济增长贡献率为18.2%，比2004年提高2.3个百分点；对第三产业贡献率为55.8%，比2004年提高7.5个百分点。

吸纳就业能力提升，劳动效率较快增长。2011年，生产性服务业吸纳就业人员291.8万人，为2004年的1.4倍，占第三产业就业人员比重为24.3%，比2004年提高0.7个百分点。劳动生产率为15.7万元/人，是第三产业劳动生产率的2.2倍，为2004年的1.7倍，年均增长8.1%。

资本与科技投入规模不断扩充。2011年，生产性服务业的全社会固定资产投资为6127.5亿元，同比增长7.2%，占第三产业固定资产投资比重为73.5%，比2004年提高11.9个百分点。吸引外商直接投资7.5亿美元，比2004年提高3.8亿美元，占第三产业外商直接投资的比重为68.7%。在生产性服务业中，国有地方企事业单位专业级技术人员为5万人，比2004年增加4986人，占第三产业专业技术人员的比重为4.9%，比2004年提高0.2个百分点。

内部行业结构不断优化。2005－2011年的7年间，生产性服务业的各个构成行业均实现较快发展。六行业增加值年均增速均在10%以上，金融业、交通运输业、科研业发展尤其突出。金融业实现增加值746.0亿元，年均增长15.6%，比GDP年均增速高3.7

个百分点，占第三产业比重为8.8%，占生产性服务业的比重为16.7%；交通运输业实现增加值2046.2亿元，年均增长13.8%，比GDP年均增速高1.9个百分点，占第三产业比重为24.1%，占生产性服务业的比重为45.9%，居全国第4位；科研实现增加值257.5亿元，占第三产业比重为3.0%，年均增长13.2%，比GDP年均增速高1.3个百分点。从吸纳就业人员角度来说，交通运输业吸纳能力较强，房地产业、租赁和商务服务业吸纳速度较快。2011年，交通运输业吸纳就业人数183.9万人，占第三产业比重为15.3%，在第三产业中居第2位；房地产业、租赁和商务服务业就业人数年均增速分别为9.8%和10.9%，分别比第三产业年均增速高5.8和6.9个百分点。

二、全省生产性服务业支撑经济增长存在五大缺陷

整体来说，河北生产性服务业取得了长足发展，但发展水平与优势省份、发达国家和新兴工业化国家（地区）相比，差距甚远，存在五大缺陷，还有很大的发展潜力尚待挖掘。

第一，生产性服务业整体水平低，对经济还未形成较强支撑。在OECD国家中，生产性服务业增加值占国内生产总值比重均超过了三分之一。2011年全省生产总值总量排全国第6位，生产性服务业增加值占生产总值的18.2%，低于全国平均水平，居全国第12位，居沿海省份第9位，比第一位的北京低30.3个百分点，比美国低39个百分点以上。生产性服务业以交通运输仓储邮政业为主，扣除该行业，增加值比重仅为9.9%，居全国第26位，比沿海强省平均低7.5个百分点。其中的现代服务业发展不足，信息传输计算机服务和软件业、金融业、房地产业、租赁和商务服务业等四个行业增加值比重为8.8%。生产性服务业整体水平低，离对经济形成较强支撑还有一段距离。

第二，吸纳就业能力不足。2011年，生产性服务业城镇就业人数为74.1万人，占全省城镇就业人数比重为13.3%，居全国第19位，占第三产业比重为23.2%，居全国第25位，与比重最高的省份相差31.7个百分点。信息传输计算机服务和软件业、金融业、房地产业、租赁和商务服务业等四个现代服务行业占全省城镇就业人数比重为7.1%，居全国第19位。吸纳就业能力不足与行业规模直接相关，因此，加快发展生产性服务业成为必然。

第三，投资导向偏弱，投资效率偏低。在目前全省经济增长主要依靠投资拉动的发展方式下，投资导向作用偏弱，新兴服务业投资比重偏低，投资效率不高。2011年生产性服务业投资比重为36.2%，居全国第13位，居沿海省份第7位，比沿海省份平均比重低3.4个百分点；其中房地产投资为主要成份，占25.8%，比浙江、广东分别低9.7、7.6个百分点，其他5个新兴服务业占比重仅为10.4%，居全国第20位。生产性服务业投资效率为0.8，居全国第15位，在沿海省份中，排第9位，仅高于辽宁、广西和海南，比最高值低1.3个百分点。这是造成生产性服务业发展滞后和带动力偏弱的重要原因。

第四，城镇化水平滞后，生产性服务业发展空间难以有效拓展。城镇化与生产性服务业的发展密切相关。城镇化水平较高的省份，生产性和专业性服务业具有明显的发展优势，例如，北京、上海、广东、浙江。建立线性回归模型分析，河北城镇化水平提高1个百分点，生产性服务业增加值比重相应提高0.21个百分点。2011年，全省城镇化率为45.6%，居全国第21位，比全国平均水平低5.7个百分点，影响生产性服务业增加值比重1.2个百分点。河北城镇化进程推进加快，但城镇架构低，综合承载能力不高，使高技术含量的生产性服务业发展空间难以有效拓展。

第五，科技实力弱导致与国外资本对接层次不高。2011年生产性服务业国有地方企事业单位专业级技术人员为5万人，占第三产业比重仅为4.9%。利用外资是对接发达国家技术水平、提升产业技术含量的重要途径，以OECD国家为例，外商直接投资中服务业投资的总额明显高于制造业投资的总额，且主要集中在金融、商务服务、工业信息服务业中，而河北利用外资水平低，在一定程度上影响了生产性服务业技术水平进一步提高。2011年，全省生产性服务业外商直接投资为7.5亿美元，仅相当于全国外商直接投资的1.7%。其中，房地产外商直接投资占生产性服务业比重最大，为44.7%，占全国房地产外商直接投资比重仅为1.2%；金融业外商直接投资占比排在其次，占25.2%，占全国金融业外商直接投资的9.9%。整体看，生产性服务业与国外资本对接层次偏低，影响生产性服务业跨越式发展。

三、生产性服务业与优势产业关联测度

生产性服务业拉动经济发展，应该依靠与之关联度高的优势产业。根据测度产业优势的区位商、投入产出影响力和感应度系数以及灰色关联度，测定在全省经济发展中具备优势的行业，并与生产性服务业的发展高度相关，这些产业会联合对全省经济和社会发展形成强大支撑。

第一，具有区位优势的行业。区位商值大于1，具有区位优势。根据区位商方法测算各行业增加值的区位商，全省具有明显区位优势的行业依次为：采矿业（区位商值2.22），交通运输业（区位商值1.8），工业（区位商值1.2），制造业（区位商值1.06），农林牧渔业（区位商值1.17）。

另外，具有区位优势发展潜能的行业有：卫生社会保障和社会福利业（区位商值0.92），电力燃气及水的生产和供应业（区位商值0.89），居民服务和其他服务业（区位商值0.89），生产性服务

业（区位商值0.86），建筑业（区位商值0.83）。

第二，具有影响力的行业。影响力系数大于1，影响力较强，对其他行业起较大推动作用。感应度系数大于1，感应程度高，容易受到其他行业影响，能得到较快发展。如果两个值均大于1，则该行业影响力度大。根据投入产出调查结果，全省影响度高的行业为制造业（影响力系数1.33），建筑业（影响力系数1.26），卫生、社会保障和社会福利业（影响力系数1.17），电力、热力、燃气及水的生产和供应业（影响力系数1.16），科研技术服务业（影响力系数1.13），信息传输、计算机服务和软件业（影响力系数1.09），采矿业（影响力系数1.05），住宿和餐饮业（影响力系数1.04），租赁和商务服务业（影响力系数1.03），文化、体育和娱乐业（影响力系数1.00），交通运输及仓储、邮政业（影响力系数0.99），居民服务和其他服务业（影响力系数0.99）。感应度高的行业为制造业（感应度系数5.35），采矿业（感应度系数2.06），电力、热力、燃气及水的生产和供应业（感应度系数1.55），交通运输及仓储、邮政业（感应度系数1.09），农林牧渔业（感应度系数1.03）。

因此得到影响度高的行业为制造业，采矿业，电力、热力、燃气及水的生产和供应业，交通运输及仓储、邮政业。

生产性服务业对国民经济各行业的总影响力系数为0.95，受其影响最大的行业为制造业，影响力系数为0.23，占总影响程度的24.2%。其各构成行业中，交通运输业影响力系数为0.99，信息传输业为1.09，金融业为0.86，房地产业0.62，租赁和商务服务业1.03，科学研究技术服务业1.13。生产性服务业受国民经济各行业的总感应度系数为1.47，对其影响最大的行业为批发零售业。其各构成行业中，交通运输业感应程度最大，系数为1.09，其次为租赁和商务服务业，系数为0.71。

第三，具有高关联的行业。关联度接近1，关联程度高。利用灰色关联分析，计算各行业增加值的关联度，得到与生产性服务业高关联的行业依次为：教育（关联度 0.937）、工业（关联度 0.917）、批发零售业（关联度 0.904）、住宿餐饮业（关联度 0.897）、制造业（关联度 0.826）、建筑业（关联度 0.8）。

综上得到全省与生产性服务业高度相关的优势行业为：制造业、采矿业、批发零售业、住宿餐饮业。以上行业对全省经济影响有明显的比较优势。

四、打造生产性服务业经济效应

应锻造以工业拉动为主，做强工业生产性服务业，以生活消费带动生产服务，改造提升商贸流通业、住宿餐饮业，形成相互拉动、互为助力的发展链条，打造行业联合带动经济效应，增强生产性服务业对经济发展的支撑带动力。

利用 2004 年以来相关资料，采用计量经济回归分析方法，建立生产性服务业与优势产业及国民经济发展的关系模型①。结果显示，生产性服务业对经济发展具有较强的带动作用，制造业是促进生产性服务业的潜在能力，采矿业是协同带动力，批发零售业是纽带作用力，住宿餐饮业是助力，对生产性服务业的带动效应呈现较强支撑格局。同时，这四个产业之间高度相关，相关系数均在 0.96 以上，各产业相互交织、相互依存，形成对经济的有力支撑。

（一）生产性服务业带动效应强，是促进经济发展的重要力量

模型Ⅰ：$Y_{GDP}=1281.55+5.2*X_{SC}$　　($R^2=0.997$)

① 模型中：Y 为因变量，X 为自变量，GDP 为地区生产总值，SC 为生产性服务业增加值，ZZ 为制造业增加值，CK 为采矿业增加值，PL 为批发零售业增加值，ZC 为住宿餐饮业增加值，R 为相关系数。由于各产业之间具有密切的经济联系，相互影响和制约，模型经济意义合理，各参数均通过显著性检验。

测算结果表明，河北生产性服务业增加值1亿元，通过产业关联乘数放大效应可以带动生产总值实现5.2亿元，其中交通运输业、信息传输业、金融业、房地产业、租赁商务服务业、科研技术服务业对经济的带动效应分别为2.3亿元、17.8亿元、4.8亿元、4.7亿元、10亿元和16.6亿元。发展生产性服务业对经济具有较强的带动效果，应强力推进。

（二）制造业产业优势显著，具有支撑生产性服务业发展的潜力

模型Ⅱ：$Y_{SC} = -357.863 + 0.6 * X_{ZZ}$　　$(R^2 = 0.992)$

制造业以占国民经济三分之一的份额，影响力和感应度均大于1，并与生产性服务业高度相关，对促进工业生产性服务业的较快发展起着不可替代的作用。研究表明，制造业完成1亿元增加值可使生产性服务业实现0.6亿元，受影响最大的行业为交通运输业。制造业对全省经济发展形成较强支撑，继续做大做强制造业仍是工业化进程中的必然选择，因此，以制造业拉动生产性服务业发展是有效途径。同时，生产性服务业对制造业的带动较大，完成1亿元的增加值将使制造业增加1.7亿元。

（三）采矿业发展优势明显，具有支撑生产性服务业发展的协同带动力

模型Ⅲ：$Y_{SC} = 682.617 + 1.3 * X_{CK}$　　$(R^2 = 0.922)$

结果表明，采矿业增加值每增加1亿元可带动生产性服务业实现1.3亿元，带动作用明显。其中对交通运输业、金融业和房地产业的带动效应较大，分别带动三行业实现0.6亿元、0.2亿元和0.2亿元，对信息传输业、租赁商务服务业、科研技术服务业带动作用较小。采矿业以占国民经济十分之一的份额，具有一定的带动作用，是支撑生产性服务业发展带动力的有益补充。

（四）批发零售业支撑效应较大，具备生活服务带动生产服务发展的纽带作用力

模型Ⅳ：$Y_{SC} = 199.089 + 2.4 * X_{PL}$　　$(R^2 = 0.969)$

模型显示，批发零售业对生产性服务业支撑效应较强，1亿元增加值可使生产性服务业增加2.4亿元。其中对交通运输业、金融业和房地产业的带动效应较大，分别带动三行业实现1.1亿元、0.4亿元和0.5亿元。同时应看到，批发零售业的影响力、感应度、区位商均小于1，虽与生产性服务业关联度高，要充分发挥生活服务带动生产服务业的纽带作用，还需加快发展，增强贸易流通。

（五）住宿餐饮业带动作用强劲，助力生产性服务业经济效应的发挥

模型Ⅴ：$Y_{SC} = -466.811 + 14.7 * X_{ZC}$　　$(R^2 = 0.966)$

由模型可知，住宿餐饮业对生产性服务业带动效应强劲，1亿元增加值可使生产性服务业实现14.7亿元。其中使交通运输业、金融业和房地产业的三行业分别实现6.9亿元、2.7亿元和3.1亿元，与租赁和商务服务业相关系数较小，带动能力弱。住宿餐饮业的影响力系数大于1，与生产性服务业的关联度为0.9，但占国民经济比重不足2%，区位商小于1，在一定程度上减弱了促进生产性服务业经济效应最大程度的发挥，因此，住宿餐饮业应进一步扩大规模，与其他行业共同推进经济更好更快的发展。

五、提升生产性服务业整体竞争力的战略选择

第一，深化体制机制改革，消除制约服务业发展的体制性障碍。由于体制和政策的原因，生产性服务业的市场准入门槛较高，管制多、市场化程度低等问题突出。对此，要深化服务领域市场化改革，推进服务业国有企业和事业单位改革，深化垄断性行业改

革，推进服务业社会化改革，实现政企分开、政事分开。建立公开、平等、规范的准入制度，引入竞争机制，鼓励非公有制经济进入生产性服务领域，健全服务业标准体系，建立公平竞争的市场环境。

第二，加大政策支持力度，进一步完善扶持政策体系。要把生产性服务业作为一个具有广阔发展前景、能够有效推动先进制造业发展的重要产业来抓，要结合增值税改革，完善税收制度，建立有助于生产性服务业发展的税收体制。对具备一定规模的技术研发服务、信息服务等生产性服务业企业，给予高新技术企业的优惠政策。生产性服务企业用电、用水、用热、用气等与工业基本同价。工业企业退出的土地优先用于发展生产性服务业。支持符合条件的生产性服务企业上市融资和发行债券。加大生产性服务业人才培养和引进支持力度，完善保障机制。拓展生产性服务业的投融资渠道，帮助解决中小生产性服务企业融资难的问题。

第三，加强产业关联，构建生产性服务业与制造业的互动发展机制。支持生产性服务企业以制造业需求为导向，针对企业的共性需求，提供社会化、专业化的公共服务。鼓励引导工业企业改变"大而全、小而全"的生产经营模式，整合和重组服务流程，着重抓核心竞争力，推动工业上下游服务环节外包，提高生产性服务的市场化程度。大力实施服务型制造战略，提高核心科技的自主研发水平，支持企业向中间产品、关键零部件产品的生产及销售等中端环节延伸，并适时向产业链条的研发设计和品牌营销环节延展，推动价值链逐步从中低端向中高端延伸，从以生产为中心向以关键核心服务环节为中心转变。

第四，优化产业布局，大力推进生产性服务业的集聚式发展。要通过规划布局、政策引导和必要的财政支持等手段，支持生产性服务业区域性聚集。依托工业产业园区、工业产业集群，大力发展科技研发、信息咨询、检验检测、商务服务、现代物流等生产性服务业，搭建各种公共服务平台，加快构建区域性生产性服务业聚集区。引导中心城市建设各类生产性服务业功能区，强化对周边区域的辐射带动。推动大城市形成以服务经济为主的产业结构。依托生产性服务业集聚发展的优势，推进生产性服务业品牌化发展。

第五，强化市场竞争，积极稳妥推进生产性服务业开放。要抓住新一轮国际服务业转移的机遇，积极承接国际离岸服务外包，培育一大批具备国际化水平的服务供应商，加快实现服务业跨越式升级。积极稳妥扩大服务业利用外资，吸引国外中高端服务企业，发挥其竞争和示范效应，促进服务业提高效率和改善服务。大力吸引海外服务业人才，积极引进国际服务业新理念、先进技术和管理经验，在技术法规、标准、认证体系上与国际市场逐步接轨。支持服务企业“走出去”，积极参与国际市场的分工协作。积极扩大服务贸易出口。

撰稿：张永立

物流运行稳中向好　存在问题应予关注

——2011年全省物流业形势分析

物流业作为融合交通运输、仓储、货运代理、信息等现代服务业的复合型产业，是国民经济的重要组成部分，是继降低资源消耗和提高劳动生产率之后的第三利润源，具有降低成本、提高效率、促进产业增值、优化资源配置等功能，在促进产业结构调整、转变经济发展方式和国民经济竞争力方面，发挥着重要作用。2011年，在错综复杂的国内外环境中，全省各地各部门认真贯彻落实国家和我省的政策措施，努力优化物流业发展环境，加大推动力度，物流业总体呈现稳中向好的态势，为经济发展提供了有力支撑。但企业经营困难、投资偏弱、人才缺乏、物流成本依然偏高等问题应密切关注，采取有效措施，进一步促进现代物流业健康发展。

一、总体运行情况及主要特点

（一）政策环境进一步改善，政府推动力度不断加大

2011年被物流业界称作“政策年”。政府通过政策、规划推动，成为2011年物流业发展的显著特征，体现了政府对物流业发展的高度关注。年内，国务院常务会议专题研究支持物流业发展的政策措施，出台了《国务院办公厅关于促进物流业健康发展政策措施的意见》（国办发〔2011〕38号）和国务院办公厅《关于印发贯彻落实促进物流业健康发展政策措施意见部门分工方案的通知》，将发展物流业工作进一步细化，落实到部门。

省政府高度重视物流业发展。一是召开会议，全面部署物流工

作，提出今后五年物流发展的五大重点。二是先后印发了《河北省现代物流业“十二五”发展规划》、《河北省农产品冷链物流“十二五”发展规划》、《河北省煤炭物流“十二五”发展规划》、《河北省快递服务“十二五”发展规划》等一批政策性文件。编制农产品冷链物流规划、煤炭物流规划在我省尚属首次。三是抓紧落实。省物流业发展领导小组各司其职，相互配合，就物流重点问题和难点问题展开攻坚，破解发展难题。

（二）物流需求规模扩大，发展加速

2011 年，实现社会物流总额 49680.7 亿元，各季度累计分别比上年同期增长 12.0%、12.4%、15.1%和 16.4%，呈加速发展之势。其中，工业品物流总额达 42757.4 亿元，占社会物流总额的 86.1%，各季累计增速分别为 17.2%、12.4%、14.6%和 17.2%，是拉动社会物流总额加快增长的主要动力。

工业品物流总额加快增长，是工业生产平稳较快增长，产销衔接向好的直接反映。2011 年，全省规模以上工业增加值各季累计增速分别为 15.3%、15.1%、15.9%和 16.1%，工业品产销率各季累计分别为 97.2%、97.3%、97.8%和 97.9%。

与社会物流总额的增长相适应，物流实物量实现加快增长。2011 年，全社会货物运输量和货物周转量各季度累计增速逐季提高，全年累计增速分别为 20.4%和 19%。

全社会货运量和货物周转量加快增长，主要是受道路运输高速增长的拉动。道路运输是物流的主要方式。2011 年，全省保障房建设快速推进，工业生产、消费需求等较快增长，促进了道路运输高速增长。

（三）重点项目建设步伐加快

2011 年，26 个物流产业聚集区编制了发展规划，部分通过了省级评审，大部分聚集区启动了基础设施建设和招商引资；550 家区内物流企业纳入省级财税优惠兑现政策范畴。99个大型物流项目列入2011年度全省重点项目建设计划，累计总投资1485亿元。省发改委重点调度的100个物流业调整和振兴项目，已建成投产56个，完成投资760亿元。30个物流项目获得国家资金支持7500万元，8家物流企业列为国家首批物流业与制造业联动试点，1家物流企业列为国家物流税收改革试点。30家物流企业通过国家A级物流企业标准，其中5A级5家、4A级10家、3A级11家、2A级4家。

（四）第三方物流渐具规模

第三方物流是指接受客户委托为其提供专项或全面的物流系统设计以及系统运营的物流服务模式。发展第三方物流，有利于工商企业减少资金占用，降低成本，进而提高核心竞争力，并能大幅度地降低社会物流成本，提高经济运行效率和水平。随着社会各界对大力发展现代物流业认识的不断提高，以及各级政府促进现代物流业政策、措施的推动，我省第三方物流发展壮大，已具有一定规模。

2011年，全省限额以上物流企业法人单位1104个，拥有资产906.5亿元，从业人员达14.9万人，实现主营业务收入720.2亿元，收入利润率8.8%。从各区域看，唐山、石家庄、秦皇岛、沧州、邯郸五市企业数量多、规模大、效益好，是全省物流业发展的重要力量。从企业登记注册情况看，物流企业投资主体包括国有、集体、股份合作、联营、有限责任公司、私营、港澳台商投资、外商投资等多种形式。其中，私营企业发展较快，企业个数占比接近一半，为48%，且经营灵活、营运能力较强，取得了较好的经济效益，收入利润率达13.1%，高于全部企业平均水平4.3个百分点。

（五）企业转型升级得到深化

积极推进企业物流业务外置，加快制造业企业与物流企业融合发展，是物流业加快发展的重要途径。开滦集团、冀中能源、河北钢铁集团、华北制药集团等大型企业分别剥离了物流业务成立了独立的物流公司，立足于集团自身物流需求，不断开拓开发社会业务，开滦集团物流公司的第三方物流业务量已超过了母公司的物流需求量。据对36家重点工业企业和批发零售企业的统计调查，2011年，企业物流业务外包率达48.4%。制造业与物流业联动发展深入推进。去年12月，国家发改委在南京召开“第三届制造业与物流业联动发展大会”，公布了130家“全国制造业与物流业联动发展示范企业”，开滦集团国际物流有限公司，邯郸鼎峰物流有限公司，河北新武安钢铁集团物流有限公司，沧州运输集团有限公司，河北顺邦物流有限公司，石家庄宇翔物流有限公司，唐山冀通大型货物运输有限公司，万合集团股份有限公司等8家企业榜上有名。

（六）港口物流飞速发展

作为沿海大省，我省海岸线长487公里，具有建港、发展海上运输得天独厚的区位优势和良好的资源条件，是环渤海经济圈的中坚组成部分。《河北沿海地区发展规划》上升为国家战略，省委、省政府举全省之力打造曹妃甸新区和渤海新区两大增长极，大力度推动港口、产业和城市互动发展，秦、唐、沧沿海三市重点产业发展中，都把现代物流业列为重中之重。2011年我省港航发展实现历史性突破，港口货物吞吐量突破7亿吨，秦皇岛港、唐山港、黄骅港均跻身亿吨大港行列；唐山港货物吞吐量突破3亿吨大关，成为我省第一大港，位列全国第8。河北港口集团全年完成吞吐量3.61亿吨，增长14.8%。2011年7月，河北港口集团控股组建煤炭物流公司，将成为北方最重要的第三方煤炭物流供应商和服务商，标志着我省港口物流已进入崭新发展阶段。

（七）物流运行效益稳步上升

2011年，物流业实现增加值1789.2亿元，增长14.8%，分别比上半年及前三季度增速加快3.8和0.4个百分点。其中，交通运输、仓储和邮政业物流增加值为1445.2亿元，增长14.9%；贸易业物流增加值344.1亿元，增长14.1%。物流业增加值占GDP的比重为7.4%，与上年持平；占服务业增加值的比重为21.8%，比上年提高0.3个百分点。

二、存在的主要问题

(一) 经济运行中的物流成本依然偏高

受原材料、燃料、动力价格和劳动力成本上升，贷款利率上调以及企业资金使用效率较低的影响，同时由于物流需求总体规模持续扩大加快增长，2011年，社会物流总费用达4639亿元，增长20.6%；社会物流总费用与GDP的比率为19.1%，与上年基本持平，比全国水平高1.1个百分点，显示出经济运行中的物流成本依然偏高。

在社会物流总费用中，运输费用2985.6亿元，增长20.2%，占64.4%；保管费用1227.6亿元，增长22.6%，占26.5%；利息费用425.7亿元，增长17.3%，占9.1%。

(二) 人才不足问题依然突出

现代物流是一个兼有知识密集、技术密集、资本密集和劳动密集特点的外向型和增值型的服务行业。发达国家的经验证明，发展现代物流业，关键是要具备一支优秀的物流管理队伍。我省物流业基础薄弱、发展缓慢，人才不足是重要原因。据统计，2011年，限额以上物流企业中具有大学本科及以上学历人员比重为7.2%。其中，企业数量占一半以上的私营企业人才短缺严重，大学本科及以上学历人员比重为3%，比全部企业总水平低4.2个百分点；具有中、高级物流师资格人员比重为0.4%，比全部企业总水平低3个百分点。另外，物流专业人才多集中在国有企业和股份制企业，社会物流人才结构不合理。人才短缺，不利于企业长远发展。

（三）物流业投资增长相对偏弱

2011年，物流相关行业固定资产投资增速逐季回落，全年累计完成1835.2亿元，增长12.4%，低于第三产业投资7.6个百分点，更低于全省固定资产投资增速11.6个百分点，并且与全省固定资产投资增速差距逐步扩大。从投资结构看，交通运输业全年投资额为1159.8亿元，增长4.5%，分别比一季度、上半年、前三季度增速回落41.8、3.4和0.5个百分点；邮政业全年投资额为2.9亿元，增长236.2%，分别比上半年、前三季度增速回落127.1和95.8个百分点。

（四）企业经营面临较大困难

由于公路、水运等运输市场竞争激烈，运输价格低位运行，而企业人工成本、油价不断攀升，税务负担依然较重，利率多次上调，小企业融资难等情况并存，导致物流企业运营普遍困难，部分企业微利，甚至亏损。据统计，入统物流企业亏损面达15.6%，微利企业（年营业利润不足10万元）占全部企业的11.8%。

三、2012年走势预测及调控建议

2012年，全省物流业发展既面临着有利因素，又会遇到不利因素的影响。两种因素共同作用，仍将促进全省物流业的进一步发展。

从有利因素看：一是良好的政策环境有利于物流业加快发展。省第八次党代会提出的“三产抓拓展”的经济发展战略和我省现代物流业“十二五”发展规划等政策措施，将进一步为现代物流业加快发展提供土地、资金、政策等支持，推进现代物流聚集发展、重点发展、联动发展。二是社会物流需求将保持较快增长势头。首先，随着“十二五”工业转型升级、城镇建设上水平和城市化进程的深入推进，钢铁、建材、食品、医药、装备制造等主要工业行业可望对扩大物流需求提供较强的支撑力；其次，随着农业基础地位的稳固，农业现代化、统筹城乡发展的扎实推进，以及财政支持力度的加大，努力拓宽农民增收渠道，农业农村经济将继续保持平稳较快发展。第三，城乡居民收入将进一步提高，以及国家控物价措施效果逐步显现，物价涨幅趋缓，将更好地促进消费品市场继续保持平稳较快增长。今年一季度，城镇居民人均可支配收入5208.7元，增长13.8%，增速同比加快5.1个百分点；农民人均现金收入2426元，增长18.2%，增速快于城镇居民4.4个百分点。居民消费价格同比上涨4.2%，涨幅同比回落0.6个百分点，比2011年回落1.5个百分点，其中食品类价格涨幅回落较大，同比上涨6.9%，涨幅同比回落4.2个百分点。

从不利因素看：一是全球经济复苏势头减弱，下行风险增加，将影响物流实体经济较快发展。国际金融危机深层次影响还在不断显现，欧洲主权债务危机持续恶化，国际资本大规模无序流动的风险加大，大宗商品市场频繁大幅波动，对我国经济的不利影响正在逐步加深，导致经济增速减缓，下行压力加大。今年一季度，全省生产总值4920.0亿元，比上年同期增长9.7%，增速同比回落1.5个百分点。交通运输仓储和邮政业增长8.0%，同比回落1.3个百分点；批发和零售业增长10.1%，回落1.0个百分点。二是物流企业仍将面临人工成本上升、油价攀升、物流市场竞争激烈等问题，企业运营仍将步履艰难，加之体制、机制等方面的障碍，仍将导致社会物流总成本较快增长。

“十二五”是全省建设经济强省、和谐河北的重要时期，也是现代物流业加快发展的关键时期。我省物流业应增强机遇意识和加快发展的信心和决心，充分利用各种有利条件，采取更加有力的措施，努力克服不利因素的影响，促进物流产业迈上新台阶。

（一）政府主导抓好各项政策、措施的贯彻落实

2011年，国家和我省出台多项措施加快全省现代物流业发展步伐。各级政府、各有关部门应发挥主导作用，着力推动各项政策措施的贯彻落实。物流业是复合性产业，涉及部门多、领域广，因此，一方面，需要各有关部门各司其职，发挥各自优势，主动搞好服务；另一方面，还需要各有关部门之间要加强相互协调配合，避免推诿、扯皮，提高办事效率。我省现代物流业刚刚起步，基础薄弱，实现各项发展目标需要较多的资金投入。各级财政部门应加大对物流建设项目、企业支持力度，支持物流产业的关键领域和薄弱环节，重点向物流产业聚集区和物流园区培育、重大物流项目建设、骨干物流企业倾斜。

（二）狠抓流通秩序的整顿工作

有关部门调查显示，物流企业过路过桥费支出约占其总成本的三分之一。过高的路桥费，不仅增加了企业运营成本，影响了车辆顺利通行，降低了物流效率，而且最终要转嫁到消费者头上，推高物价。因此，要大力推行不停车收费系统，加强城市配送管理，解决城市中转配送难、配送货车停靠难等问题。

（三）加强企业金融、税收政策支持，减轻成本压力

各级政府及有关部门应加强对物流业的金融服务，在银行信贷方面给予企业支持，尽快解决中小物流企业融资难。进一步改进、完善有利于物流企业发展的税收减免政策，争取更多的物流企业享受税收优惠政策。物流企业，一方面，通过引进节能高效的运输车辆，重视科学管理、合理安排运输路线，依靠科技手段加强物流信息化建设等措施，以适应高油价和“低碳经济”的约束。另一方面，应加大员工培训力度，提升物流服务质量和服务效率，加强物流业务结构性调整，以有效降低综合物流成本，提升企业盈利能力和核心竞争力。

（四）加快推进物流业现代化建设

围绕物流成本居高不下，物流服务体系相互分割，市场封闭，物流服务效率不高等突出问题，大量采用先进的信息技术和物流设备，整合传统运输、仓储、装卸、搬运、包装、流通加工、配送、信息处理等物流环节，尽快实现物流运作一体化、信息化、高效化经营。

（五）加强专业人才队伍建设

物流企业，特别是中小物流企业应深刻认识到人才对企业长远发展的重要性，从而采取多种形式加强物流专门人才的培养和引进。各类行业组织、主管部门应为企业人才的培养引进搭建平台、提供服务；建立物流专业人才信息库，促进人才资源共享，合理流动，减少人才浪费。

撰稿：艾志敏

社情民意调查

关于城乡群众对提高幸福生活愿望的调查报告

2011年12月，为了解全省城乡居民在幸福生活方面的愿望和要求，使党委政府在新的一年里的惠民政策更加贴近人民群众的需求和意愿，河北省统计局社情民意调查中心利用12340社情民意调查热线，按照随机抽样原则，就惠民政策和群众幸福生活愿望对全省1423位居民进行了电话访问。

调查显示，目前全省城乡居民对物价水平和收入水平的关注度较高，认为是对其生活幸福感影响最大的因素，并在尽快降低房价、严厉打击哄抬物价行为、促进收入分配更加公平合理等方面表达了较强的意愿。同时，广大群众在教育、就业、社会保障、治安、环境、食品安全等方面也都表达了明确的意愿，具有很强的现实特点，对全面解读居民幸福需求，有针对性的制定和调整各项惠民政策提供了参考，也为我省居民幸福指数调查体系的构建提供了较为详实的资料。

一、调查访问群众的基本情况

此次调查随机抽中的访问样本覆盖全省城乡。在接受访问的1423位居民中，城市居民788位，占55.4%，农村居民635位，占44.6%；男性居民675位，占47.4%，女性居民748位，占52.6%。从城乡分布和性别看，样本分布比较均匀，具有较强的代表性。

（一）被访问者中，个体私营人员、公司职员、农民和事业单位工作人员比重均超过10%

从被访问人群的职业分布看，公司职员占15.3%，比重最高；

之后依次是个体职业者占14.1%，从事农林牧渔业生产的农民占10.6%，科教文卫体等事业单位的工作人员占10.5%。此外，在被访问者中，工厂职工占9.4%，离退休人员占8.9%，未就业人员占8.6%，农民工占7.9%。

按照职业特征看，公司职员和工厂职工合计占24.7%，个体职业者和私营业主合计占20.4%，农民工和从事农林牧渔业生产的农民合计占18.5%，机关事业单位人员占12.9%，未就业人员和下岗失业人员合计占12.0%，其他类型合计占11.8%。

（二）具有高中以上文化程度的被访者占57.0%

从被访问人群的文化程度看，具有高中以上学历的被访问者占57.0%，其中，硕士占0.6%，大学本科占12.6%，大专占14.8%，具有高中（含职中、中专）文化程度的被访问者占29.0%。初中文化程度的占30.7%，在所有学历类别中比重最高。小学及以下文化程度的被访问者占12.2%。

（三）40岁以下的被访问者比重为58.1%

从被访问对象的年龄结构看，接受此次访问的居民以青年人居多，年龄在40岁以下的占58.1%，其中19－30岁的占32.6%，31－40岁的占24.4%。41－60岁的中年人比重为30.5%。61岁以上老年人比重为11.5%。

在被调查对象中，84.9%的人已经结婚，有15.1%的是未婚居民。由于已婚和未婚人群对生活幸福因素的关注有所不同，因此，调查样本的分布对全部居民具有较好的代表性。

（四）月平均收入在2000元以下的被访问者为主体

按照被访问者的收入水平划分，月平均收入在2000元以下的被访问者占58.9%；其中，月平均收入1000元以下的占24.0%，1000－2000元的占34.9%。此外，月收入在2000－3000元的占23.8%，3000－4000元的比重为9.1%，月平均收入4000－5000

元的占4.6%，月平均收入5000元以上的被访问者仅占3.6%。

二、物价和收入水平对群众生活幸福影响程度最大

此次调查，我们从收入、保障、安全、环境等12个和群众生活关系密切相关的方面对影响生活幸福的因素进行了调查。

（一）群众对物价和收入水平的关注度较高

调查显示，有15.4%的居民认为物价水平是影响生活幸福主要因素，在各类因素中比重排在第一位。收入水平以13.1%的比重排在第二位。此外，社会安全和社会保障分别排在生活幸福影响因素的第三和第四位，关注度分别为9.2%和8.8%，比对物价的关注度分别低6.2个百分点和6.6个百分点。

由此可以看出，物价和收入因素在当前居民生活中占有较为重要的位置，对居民生活幸福的影响程度较高。而安全问题和社会保障也是居民较为关注的方面，是居民幸福生活的重要构成因素。因此，在提升居民幸福度的惠民政策实施中，物价、收入应放在优先位置，社会安全和社会保障也要重点予以推进和落实。

（二）严厉打击哄抬物价行为是群众对物价工作的最大愿望

调查发现，在物价方面群众最希望的并不是降低物价，而是把“严厉打击哄抬物价的行为”作为最大愿望，比重为27.5%。其次，群众在物价方面的主要愿望是希望物价保持稳定，排在第三位的愿望是希望物价能够有所下降，比重分别为26.3%和23.9%。

上述调查结果表明，下一阶段物价工作的重点应放在加强市场物价管理上。通过强化物价管理，实现市场物价的稳定和降低是广大群众的意愿所在。

（三）实现收入分配的公平合理排在群众有关收入方面愿望的第一位

调查显示，有23.6%的被访问群众认为“公平合理的分配收

人”是当前收入方面的最大意愿。紧随其后的愿望是“提高工资待遇”，关注度为22.7%。“建立工资合理增长机制”和“工资发放不拖欠”分别排在第三和第四位，关注度分别为20.8%和19.1%。

调查结果表明，现阶段广大群众对收入问题的认识日趋理性和深化，对合理公平分配收入的关注度和呼声较高，提示我们应在不断提高城乡居民收入水平，进一步着力解决好收入分配问题。

三、严厉打击小偷小摸对提高群众的社会安全感具有重要作用

（一）小偷小摸对群众生活影响最大

社会安全问题直接关系到广大人民群众的生活幸福。在对社会治安愿望的访问中，22.1%的被访问者希望加大对小偷小摸的打击力度，排在社会治安愿望的首位。紧随其后的是希望加大对黑恶势力的打击力度，占21.8%。提高出警效率排在群众社会治安愿望的第三位，占19.8%。

（二）城市和乡村居民对打击小偷小摸的愿望具有高度一致性

在打击小偷小摸方面，城市居民和农村居民的关注度仅相差1.8个百分点，而在打击黑恶势力、提高出警效率、加强安全防控体系建设等方面，城市居民关注度明显高于农村居民。这一情况表明，对小偷小摸类治安问题，城乡居民的感受和认知程度比较一致，也反映出此类问题对群众生活幸福感产生的影响是比较明显的，应重点加以关注和治理。

四、房价仍是广大群众在住房方面最关注的问题

住房问题是当前群众普遍关心的问题。城乡居民的关注度均较高，城市居民高于农村居民。

（一）尽快降低房价是群众在住房方面的最大愿望

在有关住房愿望的调查中，希望尽快降低房价的愿望高居首

位，比重为25.1%，而希望房价继续上涨的比例仅为0.7%。按照收入水平对被访问对象进行分类分析，月平均收入从1000元以下到10000元以上的各个类别中，对“希望尽快降低房价”关注度均在50%以上，其中月平均收入5000—8000元人群的关注度最高，达到65.0%，2000—3000元和4000—5000元人群的关注度也超过60%，分别为61.8%和61.5%。

这一结果表明，目前广大群众对降低房价的愿望仍比较强烈，房地产调控工作应继续深入进行。同时，中等收入人群对降低房价的愿望更加迫切，说明如何解决好“夹心层”人群的住房问题应作为今后住房工作的一个重要方面予以推动。

（二）群众普遍希望对扰乱住房的行为予以严厉打击

“希望严厉打击扰乱住房市场的行为”排在此次有关住房愿望调查的第二位，选择比例为21.2%。特别是城市居民对这一问题反映强烈，选择比例比农村居民高22.0个百分点。从收入水平看，月收入1000—8000元群体对这一愿望比较强烈，8000元以上人群意愿有所降低，月收入1000元以下人群对这一问题最不敏感，表明目前的住房保障措施对低收入人群住房困难确实起到了缓解和稳定作用，同时也从另外一个角度说明，目前的高房价已经让低收入群体彻底失去了购房想法，因此对有关住房市场的问题不再关注。

（三）保障房公平分配也是群众比较关心的问题

目前，城乡群众对公平分配保障房问题比较关注，排在此次住房愿望调查的第三位，选择比重为15.3%。调查显示，城市居民对这一问题更加关心，关注度比农村居民高11.7个百分点。从收入水平分析，月收入8000—10000元人群对该项问题的关注度最高，为44.4%；月收入2000—5000元人群对这一问题关注度也比较高，希望公平分配保障房的意愿也比较强烈。这也充分反映出，中低收入社会群体作为目前住房调控政策的“夹心层”，盼望能够得到住房保障政策惠及的心态和意愿。

五、进一步支持自主创业成为目前群众在就业方面的最大希望

在有关就业意愿的调查中，“希望支持自主创业”成为城乡群众的首选，比例为24.0%；城市居民和农村居民对自主创业的关注度在有关就业的各类问题中都是最高的。“希望增加就业培训”紧随其后，选择比例为21.3%；城市居民对就业培训的关注度明显高于农村居民。而“希望增加就业岗位”的选择比例仅为18.0%，排在就业意愿的第四位。

调查结果表明，目前，广大群众对自主创业的积极性较高，迫切希望通过接受就业培训，特别是城市从业人员希望通过培训，提高就业能力和从业水平的意愿更加强烈，应在今后的就业工作中进行有针对性的加强和扶持，有利于更好地解决就业问题。

六、治理教育乱收费和提高素质教育水平是群众对教育工作的主要意愿

调查显示，目前广大群众对教育工作的主要意愿是减轻教育负担和提高教育水平。“希望彻底治理教育乱收费问题”排在有关教育意愿的第一位，选择比例为26.6%。城市和乡村被访问者对这一问题的关注度均显著高于其他教育问题，城市居民关注度为70.3%，农村居民关注度为61.9%。“希望提高素质教育水平”排在有关教育意愿的第二位，选择比例24.4%；对提高素质教育水平，城乡居民态度一致，中低收入群体的关注度高于高收入群体。

有关教育意愿的调查表明，解决教育收费中存在的问题，切实减轻群众教育负担，仍是目前教育工作需要重点解决的问题，也是影响公众对教育工作评价的主要方面。此外，有效提高素质教育水

平已经成为广大城乡群众的共识，特别是广大中低收入家庭，更加迫切的希望通过提高素质教育，培养孩子的能力和水平，更好的适应社会和环境，取得更好的发展前景。因此，提高素质教育水平是教育工作面临的现实而长期的课题。

七、扩大养老保险范围是群众最关心的社会保障问题

在对社会保障意愿的调查中，群众对养老问题比较关注，成为“老龄化社会”的新特点。“希望扩大养老保险范围”排在城乡群众社会保障意愿的首位，选择比例为25.3%，且从年轻人到老年人，各个年龄段人群对该问题的关注度都比较高，平均关注度达到72.6%，19—30岁年龄组人群对该问题的关注度最低，也达到67.7%。排在社会保障意愿第二位的是“希望增加养老服务机构建设”，关注度为61.1%。在这一问题的关注程度上，50岁以上人群明显高于其他年龄组，具有明显的年龄阶段特征。

调查表明，养老问题已经成为今后社会保障工作的重点，从青年人到老年人，都明显感受到了“养老压力”，对扩大养老范围、提高养老社会化服务能力和水平都提出了更高的期望，应引起高度关注，并在社会保障工作中进行全面规划和部署。

八、群众对改善生活环境的诉求主要集中在加强垃圾管理、降低企业污染排放和加强饮用水安全保护等方面

在有关生活环境的访问中，群众对“加强垃圾管理”的意愿最大，选择比例为14.1%；城市居民和农村居民对垃圾问题都比较关注，平均关注度达到71.4%。表明不仅仅是城市，目前农村垃圾管理问题也对群众生活环境产生了明显影响。排在有关生活环境意愿第二位和第三位的分别是“希望降低企业污染排放”和“希望

加强饮用水安全保护”，选择比例分别为12.9%和11.8%。其中，在对企业污染排放的关注上，城乡群众关注度比较接近；而在对饮用水安全保护方面，城市居民的关注度要高于农村居民。

九、加强违法生产销售食品的处罚力度成为群众对保障食品安全的最大愿望

食品安全是当前人民群众比较关心的问题之一。调查显示，广大群众对有关食品安全的相关问题均有比较强的意愿表达。其中，“希望加大对违法生产销售食品的处罚力度”排在首位，选择比例为27.1%；“希望加强食品安全监督和管理”排在第二位，选择比例为26.2%。“希望制定严格的食品法律法规”以25.8%的选择比例排在第三位。

“民以食为天”。调查表明，在吃得饱、吃的好后，如何吃得更加安全、健康，是人民群众密切关心关注的问题。加大处罚力度、加强监督管理、严格法律法规的意愿和呼声也是今后一个阶段食品安全工作需要进一步着力的方向。

十、提高公民交通素质、优先发展公共交通是解决群众出行问题的关键

通过对道路交通方面有关意愿的访问了解，目前广大人民群众在“提高公民交通素质”、“优先发展公共交通”、“加大交通违法处罚”等方面的愿望较高，选择比例分别为18.7%、16.8%和15.8%，排在群众有关道路交通愿望的前三位。而“限制私家车使用”等方面的意愿相对较低。在加强道路建设方面，城市和农村居民的关注度比较接近。50岁以下的中青年人群对公民交通素质的关注程度高于老年人。

调查结果表明，随着汽车快速进入人民群众的生活，公众对家庭汽车使用持认可态度，限制私家车使用不易作为改善道路交通状况的措施选择。人民群众对提高公民交通素质等方面的意愿，显示出缓解和有效治理当前道路交通问题，应着力于培养和提高交通参与者依法遵章意识，通过软件建设、用法制手段实现道路交通状况的改善。此外，应加快公共交通建设，提高公众的出行便利程度。

十一、免费开放文化体育场所和设施、多举办群众参与的文体活动是改善精神文化生活的主要意愿

在精神文化生活方面，群众对公共文化设施、体育运动场地使用和建设，以及群众性文体活动的意愿普遍较高。其中“希望免费开放文化体育场所和设施”的选择比例为27.4%，排第一位。“希望多举办群众参与的文体活动”的选择比例为27.2%，排第二位。“希望增加体育运动健身场地和设施”选择比例24.6%，“希望增加文化娱乐场所和设施”选择比例20.8%，分别排第三和第四位。

从分类分析情况看，农村和城市居民对精神文化生活的关注度比较一致，特别是对“增加文化娱乐场所和设施”、“多举办群众参与的文化体育活动”两个方面的关注度非常一致，显示出在现阶段广大城乡群众对精神文化生活的更多需求愿望。各个收入阶段的人群对精神文化生活的关注度均比较高，其中月收入在4000－10000元之间的中高收入人群对“免费开放文化体育场所和设施”关注度最高。各个年龄构成阶段的被访问对象对“增加体育运动健身场地和设施”的关注度都比较高，反映出当前群众对自身健康的重视程度不断提升的发展趋势。

撰稿：刘海涛

积极稳妥推进城镇化建设　切实提高百姓生活质量

——2012年河北省城镇化建设民意调查报告

为认真贯彻落实省第八次党代会精神，充分了解全省城乡居民在城镇化建设方面的意愿和期盼，进一步增强推进城镇化建设相关政策措施的针对性，日前，河北省社情民意调查中心利用“12340”电话访问系统，采取随机抽样原则，对全省2321位城乡居民进行了调查。调查涉及城乡居民生存环境、日常生活和文化及其他公共设施建设等三大方面，每个方面包括六个问题，其中，居民生存环境包括就业、社会治安、医疗、子女教育、住房条件以及社会福利和家庭收入等问题，居民日常生活包括饮水水质、食品安全、污水垃圾处理、空气质量、购物方便程度和水电暖燃气供应等问题，居民文化及其他公共设施建设包括文体娱乐及设施、公共交通、社区文化、绿地和公园、街道整齐程度和城市景观建设等问题。

调查结果显示：69.8%的受访者对城镇化建设明确表示理解和支持；65.9%的受访者对城镇化建设成效表示满意；城镇化建设使城乡居民生活的诸多方面得到改善；受访者对推进城镇化建设、改善民生有比较明确的愿望和期盼。

一、69.8%的受访者对城镇化建设明确表示理解和支持，县（乡镇）受访者支持率更高

调查显示，在对我省大力推进城镇化建设的看法上，有69.8%的受访者明确表示支持，认为推进城镇化建设非常必要；只有10.1%的受访者表示不太理解，认为农村应该走农村自己发展

的道路；另有20.1%的受访者表示对城镇化建设不了解。

分城市、县城以及乡镇政府所在地（以下简称“县（乡镇）”）和农村看，表示支持推进城镇化建设的城市人群比率为68.2%，县（乡镇）人群的比率为76.4%，农村人群的比率为68.1%，显示出县（乡镇）居民对推进城镇化建设更为关注和支持。

二、65.6%的受访者对城镇化建设的成效表示满意

调查显示，对我省近几年的城镇化建设取得的成效，总体满意率为65.6%，其中，回答很满意的为6.8%，回答满意的为58.8%。有30.4%的受访者回答不满意或不太满意。分城市、县（乡镇）和农村看，城市、县（乡镇）、农村人群的满意率分别为67.5%、67.0%和62.4%，城市和县（乡镇）受访者满意率相对较高。

三、城镇化建设使城乡居民生活的诸多方面得到改善

本次调查要求每位受访者分别从三大方面各自包括的六个问题中选择认为改善较大的两项。调查结果显示，近年来，我省城镇化建设步伐快、力度大，使居民生活的诸多方面得到了不同程度的改善，生活质量有较大提高。

（一）在居民生存环境方面

受访者认为医疗环境改善效果最好，提及率达到45.6%。分城市、县（乡镇）和农村看，农村受访者感受最强烈，提及率高达53.6%，城市、县（乡镇）分别为38.4%和46.3%。

（二）在居民日常生活方面

受访者认为购物方便程度改善最好，提及率高达58.4%，水、电、暖、燃气供应次之，提及率达48.9%。城市、县（乡镇）和农村受访者感受基本一致。

（三）在居民文化及其他公共设施建设方面

受访者认为公共交通改善最突出，反响也最集中，提及率高达57.2%。分城市、县（乡镇）和农村看，提及率分别为52%、53.5%和65.4%，表明农村受访者对公共交通改善状况更加满意。

四、城乡群众对城镇化建设的愿望和期盼

在反映城乡群众对城镇化建设的愿望和期盼方面，本次调查要求每位受访者分别从三大方面各自包括的六个问题中选择两项认为最应该做进一步改善的问题。调查结果如下：

（一）在居民生存环境方面

受访者认为最应做进一步改善的问题是社会福利和家庭收入以及社会治安。

1. 社会福利和家庭收入：总的提及率为36.1%。分城市、县（乡镇）和农村看，提及率均在36%左右。

2. 社会治安：总的提及率为34%。分城市、县（乡镇）和农村看，提及率分别为30.2%、37.4%和36.6%，表明县（乡镇）和农村社会治安状况更加令人忧虑。

（二）在居民日常生活方面

受访者认为最应做进一步改善的问题是食品安全、污水垃圾处理和空气质量。

1. 食品安全：总的提及率49.9%。分城市、县（乡镇）和农村看，提及率分别为56.4%、51.2%和41.5%，表明城市和县（乡镇）群众对加强食品卫生安全的愿望更为迫切。

2. 污水垃圾处理：总的提及率为46.8%。分城市、县（乡镇）和农村看，提及率分别为40.6%、47.1%和53.9%，表明农村和县（乡镇）污水垃圾的处理状况令人堪忧。

3. 空气质量：总的提及率38.4%。分城市、县（乡镇）和农

村看，提及率分别为40.6%、40.8%和34.6%，城市、县（乡镇）受访者要求改善空气质量的比例明显高于农村受访者。

（三）在居民文化及其他公共设施建设方面

受访者认为最应做进一步改善的是街道整洁程度、文体娱乐及公共设施和绿地公园建设。

1. 街道整洁程度：总的提及率37.6%。分城市、县（乡镇）和农村看，提及率分别为35.7%、38%和39.6%，农村群众呼声更高一些。

2. 文体娱乐及设施：总的提及率35.0%。分城市、县（乡镇）和农村看，提及率分别为32.6%、32.3%和39.4%，农村群众更为关注。

3. 绿地和公园建设：总的提及率34.8%。分城市、县（乡镇）和农村看，提及率分别为33.8%、37.6%和34.4%，县（乡镇）群众更为关注。

五、建议

根据本次调查结果，我们认为应在进一步巩固城镇化建设取得的成效基础上，积极回应人民群众的热切期盼，针对不同层面的愿望和呼声，重点关注以下几个方面：

一是不断完善城镇居民社会保障体系，提高从业人员收入水平。针对群众对提高社会福利和收入水平的要求，应积极统筹城镇化进程与社会保障体系建设，改善城镇低收入者和进城务工人员的福利状况。加快传统产业改造升级和高新技术产业、现代服务业的发展，提高经济效益，改善收入分配方式，提高城乡从业人员收入水平。

二是进一步完善社会管理体系，强化城镇安全保障。强化社会治安综合防治，严厉打击违法犯罪活动，为群众创造良好的社会治安环境，针对县（乡镇）居民对社会治安状况的忧虑，对县（乡镇）社会治安进行重点整治。加大食品卫生监管力度，以城市和县（乡镇）食品安全为重点，严格执行食品卫生质量标准，实施食品生产、流通各环节经常性监测，确保食品安全。

三是进一步改善城镇居民生活环境，丰富城镇居民精神文化生活。调查结果显示，城市和县（乡镇）居民在生活环境和文化建设等方面的关注重点不尽相同，在全面深化新型城镇化建设进程中，应把握不同层面需求，有所侧重。对城市应进一步强化空气污染治理；对县（乡镇）应加快绿地和公园建设，完善污水垃圾处理系统。

四是突出打造县（乡镇）城镇化建设新面貌。调查结果显示，县（乡镇）民众对城镇化建设的期盼更加强烈，政府有关部门应研究这一群体的需求，更加关注县（乡镇）城镇化建设状况，创新工作方式，激发群众参与热情，突出打造特色县（乡镇）建设新貌。

五是在推进城镇化建设的同时，也应关注农村的建设和管理。在本次调查中，农村居民除对城镇化建设进行评价以外，也对加强和改善农村建设表达了比较明确的愿望，因此，在推进新型城镇化建设进程中，有关部门也应同时关注农村建设和管理，着力改善农民的社会福利状况，提高农民家庭收入，加强农村社会治安管理，进一步改善农村面貌，增加文化娱乐设施，加大街道规划和整治力度，改善污水垃圾处理状况。

撰稿：舒　群　杨彦琪　李艳彪

2012年二季度河北省消费者信心调查报告

为客观反映河北省消费者信心状况及变化趋势，更好地为省领导科学决策提供参考依据，6月20日至7月23日，我局社情民意调查中心参照中国消费者信心指数调查和编制方案，借鉴有关地区成功经验，在今年一季度首次试运行的基础上，进一步完善调查方案，采用计算机辅助电话访问系统，实施了二季度河北省消费者信心指数调查工作，编制了消费者信心指数。在合理安排样本的城乡分布、地区分布和年龄结构的情况下，共调查了2290个城乡居民消费者，样本具有较强的代表性。调查结果显示：二季度河北消费者信心谨慎乐观，多种因素制约明显。

一、二季度河北省消费者信心指数为106.4，消费者信心保持谨慎乐观状态

二季度河北省消费者信心指数为106.4，略高于中值100，表明消费者信心持谨慎乐观状态，但与一季度112.7相比有所下滑，下降6.3个点。分城乡看，农村消费者信心指数分别为105.1和109.1，均稍偏向乐观，农村消费者信心稍强于城市。

二季度河北省消费者信心指数与中国消费者信心指数109相比低2.6个点，总体上与全国平均水平相当。

(一) 二季度河北省消费者满意指数为103.1，消费者当期消费信心基本平稳

综合计算，河北省消费者满意指数为103.1。分城乡看，城市、农村消费者满意指数分别为102.5和104.3，二者水平基本

一致。

1. 对当前经济形势的看法得点为113.4，超过中值13.4个点，表明消费者对经济形势持比较乐观态度。分城乡看，得点分别为111.7和116.9，城市消费者信心低于农村。

2. 对当前家庭经济情况的看法得点为105.4，超过中值5.4个点，表明消费者对当期家庭经济情况略显乐观。分城乡看，得点分别为105.8和104.6，二者差异不大。

3. 目前购买耐用消费品的时机得点为90.4，低于中值近10个点，表明消费者当期消费欲望比较低迷，信心不足。对上述三个问题的调查结果见下表：

调查问题	回答比率%				
	非常好	比较好	不太好	很不好	不知道
当前经济形势的看法	7.8	49.7	29.0	4.8	8.9
对当前家庭经济情况的看法	5.5	50.5	36.6	7.0	0.4
目前购买耐用消费品的时机	3.5	35.4	41.7	10.0	9.3

（二）二季度河北省消费者预期指数为108.6，未来消费信心稍显乐观

综合计算，河北省消费者预期指数为108.6，超过中值8.6个点，表明消费者未来消费信心稍显乐观。分城乡看，城市、农村消费者预期指数分别为106.9和112.3，农村消费者预期好于城市。

1. 消费者对未来6个月所在地区就业形势的预期得点为101.2，表明消费者对就业形势的预期信心持平。分城乡看，得点分别为98.5和107.0，城镇就业形势得点略低于中值，稍显严峻，而农村消费者对未来就业形势持比较乐观态度。对该问题的调查结果见下表：

调 查 问 题	回答比率%				
	非常好	比较好	不太好	很不好	不知道
对未来6个月所在地区就业形势的预期	7.4	36.0	35.6	6.5	14.5

2. 对未来6个月家庭经济状况的预期得点为116.1，超过中值16.1个点，表明消费者对未来家庭经济状况信心较高。分城乡看，得点分别为115.3和117.6，结果表明：虽然城镇就业形势预期相对严峻，但并没有影响城镇消费者对家庭经济状况有较好预期。对该问题的调查结果见下表：

调 查 问 题	回答比率%				
	非常好	比较好	不太好	很不好	不知道
对未来6个月家庭经济状况的预期	10.1	50.7	30.5	4.1	4.5

二、对未来总体经济形势、物价水平、家庭储蓄、社会保障和投资股票时机的判断影响消费者信心提升

本次调查还就消费者对未来总体经济形势、物价水平、家庭储蓄、社会保障和投资股票时机等问题的判断进行了调查，参照中国消费者信心指数计算方法，虽然这些问题的得点没有纳入消费者信心指数的计算，但是调查结果证实，这些因素也在较大程度上影响着消费者信心的提升。

（一）消费者对未来6个月经济形势持比较乐观态度

消费者对未来6个月经济形势的判断得点为117.9，超过中值17.9个点，表明消费者对国家和地方宏观调控政策较有信心，从而对未来经济形势持比较乐观态度。城乡得点分别为117.2和119.5，二者相当。对该问题的调查结果见下表：

调查问题	回答比率%				
	非常好	比较好	不太好	很不好	不知道
对未来6个月经济形势的判断	11.4	43.2	24.1	3.0	18.3

（二）消费者对目前的就业形势不尽满意

消费者对所在地区就业形势的看法得点为92.9，低于中值7.1个点，城乡得点分别为90.8和97.2，表明无论是城市还是农村消费者，对目前的就业均持不太满意的态度，而城市就业形势较之农村更加严峻。对该问题的调查结果见下表：

调查问题	回答比率%				
	非常好	比较好	不太好	很不好	不知道
对所在地区就业形势的看法	5.6	35.2	43.1	8.8	7.2

（三）消费者对未来总的物价和食品上涨比较担忧，对商品房和汽车价格持乐观态度

对未来6个月总体物价水平的判断得点为88.6，其中，对食品价格的判断得点为81.2，均低于中值100，消费者对未来总的物价水平和食品上涨比较担忧。而对商品房价格和汽车价格的判断得点分别为108.5和147.1，分别超过中值8.5和47.1个点，说明人们对商品房价格调控抱有希望，对汽车持续降价抱有较高的信心，将进一步刺激人们对汽车的购买欲望。分城乡看，城市消费者对未来总的物价水平和食品、商品房价格的判断得点分别为79.3、72.4和104.7，农村消费者对未来总的物价水平和食品、商品房价格的判断的得点分别为108.7、100.1和116.9，表明城市消费者对物价总水平和食品价格上涨十分担忧，而农村消费者相对乐观。城乡消费者对汽车价格的判断得点分别为151.2和155.0，二者基本一致。对该类问题的调查结果见下表：

调 查 问 题	回答比率%			
	上升	基本不变	下降	不知道
对未来6个月总体物价水平的判断	43.1	31.1	16.2	9.6
对未来6个月食品价格的判断	47.2	30.5	13.1	9.2
对未来6个月商品房价格的判断	29.7	32.4	22.1	15.7
对未来6个月汽车价格的判断	9.3	22.5	45.1	23.1

（四）消费者对当前社会保障情况处于稍满意的状态

消费者对目前所享受的社会保障情况的看法得点为104.9，说明总体上消费者对当前的社会保障情况处于稍满意的状态。分城乡看，城市、农村消费者对该问题的得点分别为99.5和116.5，表明农村消费者对目前农村快速推进的农村养老、医疗保障政策是比较满意的。对该问题的调查结果见下表：

调 查 问 题	回答比率%				
	非常好	比较好	不太好	很不好	不知道
对目前所享受的社会保障情况的看法	6.4	48.7	30.5	10.6	3.8

（五）消费者对未来6个月家庭储蓄持平稳心态

消费者对未来6个月家庭储蓄得点为101.0，城市、农村得点分别为99.9和103.3，城市消费者对未来家庭储蓄持平稳心态，农村消费者则稍显乐观，总体上城乡消费者持平稳心态。对该类问题的调查结果见下表：

调 查 问 题	回答比率%				
	大幅增加	小幅增加	持平	小幅减少	大幅减少
预计未来6个月家庭储蓄	4.0	22.6	51.1	15.8	6.5

（六）当前股市的持续低迷状态仍然困扰着广大股民

消费者对当前投资股票的时机的判断得点为79.2，对未来投资股票的时机的判断得点为83.3，均在较大程度上低于中值100，表明当前股市的持续低迷状态仍然困扰着广大股民，对部分居民（主要是城市股民）的消费心理和行为产生了消极影响，进而对未来股市的走势持相当悲观态度。对该类问题的调查结果见下表：

调 查 问 题	回答比率%				
	非常好	比较好	不太好	很不好	不知道
当前投资股票的时机	1.0	7.5	26.6	12.3	52.6
预计未来6个月投资股票的时机	1.4	11.5	26.2	7.6	53.3

三、建议

目前，河北省消费者信心指数处于谨慎乐观区域，主要是受消费者对宏观经济形势和家庭经济状况以及社会保障水平乐观判断的支撑，通过调查显示，消费者对就业形势比较严峻、购买耐用消费品时机不佳和物价上涨的担忧以及股市持续低迷的状态和预期都对消费者信心产生了消极影响，进而有可能抑制未来的消费欲望。如何有效提振消费者信心，遏制消费者信心下滑态势是当前应重点研究的课题。为此建议：

一是进一步完善收入分配机制，不断提高居民收入在GDP中的份额，让改革发展的成果更多地惠及广大群众。

二是继续扩大内需，增加就业岗位，并进一步控制涉及民生的主要商品价格上涨。

三是有关部门应进一步加大落实省委、省政府“两个着力”要求的力度，着力改善河北发展环境和生态环境，为建设经济强省、和谐河北创造更优环境。

撰稿：李艳彪 苑守满

扩大消费制约明显　消费信心仍然乐观

——2012年四季度河北省消费者信心调查报告

2012年12月下旬，河北省统计局社情民意调查中心利用“12340社情民意调查热线”，参照国家统计局调查方案，开展了2012年四季度河北省消费者信心调查。调查对象包括2000个城乡消费者，其中城镇1400个，农村600个。调查内容包括两大部分，一是直接关系消费者信心及其指数计算的内容，二是间接影响消费的基本面因素。前者包括：消费者对当期就业形势、家庭收入和消费时机的主观感受以及对未来6个月（即调查所在月份以后的6个月，下同）就业形势和家庭收入的心理预期。后者包括：消费者对当期和未来的经济形势、未来物价走势、社会保障状况和家庭储蓄意愿的预期。

2012年四季度调查结果表明：消费者对当期判断和未来预期喜忧参半。一方面，未来就业形势预期好转，消费者对经济形势的当期判断乐观、未来预期看好，社会保障状况持续满意，家庭储蓄意愿基本平稳。另一方面，消费者对当期就业和家庭收入状况不满意，当期消费意愿低迷，收入预期信心下降，未来通胀预期趋强。

一、消费者信心指数总体下滑，消费者信心依然乐观

调查数据显示：2012年四季度河北省消费者信心指数为100.5，比三季度下降3.8点，滑落到乐观区域的底部。其中，体现消费者当期满意程度的满意指数为90.4，比三季度下降4.7点，处于比较悲观区域。反映消费者对未来6个月形势判断的预期指数

为 107.2，比三季度下降 3 点，但仍然保持了较高的乐观程度。受满意指数和预期指数双双下降影响，消费者信心指数总体下滑；受预期指数依然保持较高乐观程度支撑，消费者信心依然乐观。

（一）三因素满意程度下降，导致消费者当期满意指数下滑

1. 当期就业形势满意指数小幅下降。我省消费者对当期就业形势的满意指数为 92.4，较三季度下降 3.2 点。其中，城市和农村分别为 89.7 和 99.3，比三季度分别下降 3.9 点和 2.5 点，表明城乡消费者对当期就业形势持不满意态度，尤其是农村消费者就业信心由三季度的略感乐观转为比较悲观。

2. 家庭收入状况满意指数大幅下降。我省消费者对当期家庭收入状况的满意指数为 95.9，较三季度下降 10.6 点。其中，城市和农村分别为 95.2 和 97.6，较三季度分别下降 12.5 点和 7.1 点，双双出现较大幅度下降，表明城乡消费者对当期家庭收入状况由三季度的略显乐观转为稍显悲观。

3. 购买意愿满意指数微降。消费者对当期购买耐用消费品时机的满意指数为 83，与三季度的 83.9 相比下降 0.9 点。城乡消费者的表现也呈现出下降趋势，分别为 83.9 和 81.1，与三季度相比分别下降 0.3 和 2.1 点，表明四季度消费者消费欲望仍较低迷。

（二）未来预期指数小幅下降，但仍然处于乐观区域内

1. 未来 6 个月就业形势预期向好。消费者对未来 6 个月所在地区就业形势的预期指数为 104.9，较三季度提高 1.2 点。其中，城市和农村分别为 102.2 和 111.9，与三季度相比分别提高 0.5 点和 3 点，双双略有上升，表明城乡消费者对未来就业形势预期乐观向好，是未来预期指数保持乐观的支撑因素。

2. 家庭收入状况预期在乐观区域内出现较大幅度下降。消费者对未来 6 个月家庭收入状况的预期指数为 109.5，较三季度下降 7.3 点，但大大优于 2012 年四季度。城市和农村分别为 109.2 和

110.2，较三季度分别下降8.4点和4.5点，但仍处于比较乐观区域，表明消费者对未来家庭收入状况虽较三季度出现一定程度的下降，但仍持积极的乐观态度，同样构成未来预期指数保持乐观的支撑因素。

二、间接影响消费心理的基本面因素保持稳定乐观

（一）消费者对宏观经济形势充满信心

1. 消费者对当期经济形势满意。消费者对当期经济形势的满意指数为117.6，比三季度提高4.8点。其中，城市和农村分别为115.3和123.6，比三季度分别提高5.1点和4.2点，表明消费者对当期经济形势满意，且农村消费者较城市消费者更为乐观。

2. 消费者对未来6个月经济形势乐观看好。消费者对未来6个月我省经济形势的预期指数为127.2，较三季度上升6.8点。城市和农村分别为125.5和131.3，比三季度分别上升7.6点和4.7点，表明城乡消费者对未来6个月我省经济形势继续保持较强信心。

（二）消费者对社会保障情况持续满意

调查数据显示：6.2%的消费者对目前所享受的社会保障情况表示“非常满意”，52.3%表示“比较满意”，与三季度的6.6%和52.1%相比变化不大。分城乡看，城市消费者对目前所享受的社会保障表示“非常满意”和“比较满意”的比例分别为3.6%和51.7%；农村消费者的比例分别为13%和53.7%，与三季度相比基本一致。调查数据表明，消费者对当期社会保障状况依然比较满意，且农村消费者满意程度优于城市。

（三）居民家庭储蓄意愿基本平稳

调查数据显示：对于未来6个月家庭储蓄，4.3%的消费者预计会“大幅增加”，与三季度持平；22.9%的消费者预计“小幅增

加”，比三季度减少4.1个百分点；51.7%的消费者预计“持平”，比三季度增加2.4个百分点。分城乡看，城市和农村消费者预计未来6个月家庭储蓄“大幅增加”的分别为3.7%和5.8%，与三季度的3.7%和6%相比变化不大；预计“小幅增加”的分别为22.6%和23.8%，比三季度各减少3.7个百分点和4.8个百分点；预计“持平”的分别为52.7%和49.4%，与三季度相比，分别增加3个百分点和0.9个百分点。总体上看，城乡消费者对未来家庭储蓄状况保持稳定乐观。

三、消费者对未来的通胀预期趋强

（一）物价总水平上涨预期增强

65.2%的消费者认为未来6个月价格总水平会“上升”，比三季度增加12.9个百分点；22.1%的消费者认为“基本不变”，比三季度减少8个百分点；9%的消费者认为会“下降”，比三季度减少2.9个百分点。分城乡看，城市和农村消费者预期未来6个月物价“上升”的比例分别为69.5%和54.1%，分别比三季度增加14.3和9.2个百分点。表明消费者对未来物价总水平上涨预期趋于强烈。

（二）多数消费者预期食品价格上升

67.9%的消费者认为未来6个月食品价格会“上升”，比三季度增加8.6个百分点；21.2%认为“基本不变”，比三季度减少4.8个百分点；6.7%认为会“下降”，比三季度减少2.9个百分点。分城乡看，城市和农村消费者预期未来6个月食品价格“上升”的比例分别为70.8%和60.6%，分别比三季度增加8和10个百分点。表明消费者对未来食品价格水平上涨预期十分强烈。

（三）多数消费者预期商品房价格上升

45.7%的消费者认为未来6个月商品房价格会“上升”，比三季度增加14.8个百分点；29.3%的消费者认为“基本不变”，比三季度减少7.7个百分点；12.8%的消费者认为会“下降”，比三季度减少6.3个百分点。分城乡看，城市和农村消费者预期未来6个月商品房价格“上升”的分别为48.6%和38.6%，分别比三季度增加15.9和12.1个百分点。调查数据表明，消费者预判未来6个月商品房价格可能出现反弹，这是自2012年一季度以来消费者首次对商品房价格做出“上涨”的预判。

（四）多数消费者预期汽车价格下降

9.8%的消费者认为未来6个月汽车价格会“上升”，比三季度增加1.1个百分点；28.8%认为“基本不变”，比三季度增加6.6个百分点；43.3%认为会“下降”，比三季度减少6.4个百分点。分城乡看，城市和农村消费者预期未来6个月汽车价格“下降”的分别为44.9%和38.3%，分别比三季度减少7.4和4.7个百分点。调查数据表明，消费者普遍认为汽车价格会降中趋稳。

四、对策建议

调查表明，消费者对中央和省委、省政府稳中求进的宏观经济政策充满信心，对未来就业形势充满美好期待，对社会保障信心平稳，家庭储蓄意愿稳定。但是，消费者对物价上涨仍然充满忧虑，对家庭收入状况乐观程度降低。为进一步提振消费者信心，抑制物价持续上涨势头，进一步提高居民收入水平，鼓励扩大消费，进一步提高居民生活质量和水平，建议如下：

1. 深入贯彻落实党的十八大精神，在发展生产的基础上，不断提高城乡居民收入，进一步夯实消费基础。继续提高企业退休人员基本养老金待遇，落实中央和我省的各项惠农政策，为2013年农业的丰产丰收打好基础，建立并完善与经济发展、物价水平相适应的收入分配调整机制，进一步提高城乡居民收入。

2. 贯彻落实全省经济工作会议精神，广辟就业渠道，畅通供需双方信息沟通，积极促进城乡居民就业，重点解决好高校毕业生、贫困家庭和低保对象的就业问题。

3. 贯彻落实国务院确定的降低流通费用10项政策措施，打击流通领域违法行为，保持物价尤其是食品价格基本稳定。坚定不移地执行国家房地产调控政策，努力完成我省城镇保障性安居工程建设任务，防止商品房价格出现反弹。

注：河北省消费者信心指数由消费者满意指数（权重40%）和消费者预期指数（权重60%）加权平均计算得到，其中，满意指数是指消费者对当期的就业形势、家庭收入情况和购物时机的判断，预期指数是指消费者对未来6个月的就业形势和家庭收入情况的预期。消费者信心指数、消费者满意指数和消费者预期指数的取值均在“0—200”之间。“100”为“乐观”和“悲观”的临界值。当指数大于100时，表明消费者趋于乐观，越接近200乐观程度越高；小于100时，表明消费者趋于悲观，越接近0悲观程度越深。

撰稿：李艳彪　刘会雅

监测评价

河北省全面建设小康社会进程统计监测报告

“十二五”时期是全面建设小康社会的关键时期，根据国家统计局制定的《中国全面建设小康社会统计监测方案》，我们对河北省 2000—2010 年全面建设小康社会进程进行了监测。结果显示：随着河北省经济社会科技各项事业的平稳快速发展，2010 年全面建设小康社会进程实现程度达到 75.0%，全面建设小康社会呈稳步上升趋势，但与全国平均水平的差距进一步拉大。主要原因是产业结构不合理、经济发展方式单一、科技创新能力不足、文化产业市场不成熟及社会保障体系不健全等。

一、监测结果

根据国家统计局制定的 6 大类 23 项监测指标体系，对河北省全面建设小康社会进程监测，结果表明：河北省全面建设小康社会进程 2010 年实现程度为 75.0%，比上年提高 1.8 个百分点，比 2000 年提高 18.3 个百分点，从 2000 年以来的监测结果看，呈逐年稳步上升态势，但比全国平均水平低 5.1 个百分点，与周边省市区比较看，比北京、天津、辽宁、山东、内蒙、河南分别低 18.5、16.9、11.1、10.5、4.4、0.4 个百分点，比山西高 1 个百分点。在全国 31 个省、市、区中居第 20 位。

（一）经济发展实现程度为 68.5%，居全国第 15 位

经济发展类实现程度为 68.5%，比上年提高 3.1 个百分点，比 2000 年提高 24.9 个百分点，但与全国经济发展类平均水平相比低 7.6 个百分点，居全国第 15 位。其中，人均地区生产总值 28668 元，实现程度为 66.8%，比上年提高 6.4 个百分点，比

2000年提高42.6个百分点。R&D经费支出占生产总值的比重为0.76%，实现程度为30.5%，比上年下降0.8个百分点，与2000年相比仅提高9.6个百分点，仍然没有改变在全部23个监测指标中实现程度最低的局面。第三产业增加值占地区生产总值的比重为34.9%，实现程度为69.9%，比上年下降0.5个百分点，比2000年提高2.3个百分点。城镇就业指标实现程度达到目标要求。

（二）社会和谐实现程度为78.8%，居全国第21位

社会和谐类实现程度为78.8%，比上年提高2.5个百分点，比2000年提高13.8个百分点，但与全国社会和谐类平均水平相比低3.7个百分点，居全国第21位。其中，基尼系数实现程度为99.7%，比上年下降0.3个百分点。城乡居民收入比实现程度达到目标要求，比上年提高0.2个百分点。地区经济发展差异系数实现程度达到目标要求。基本社会保险覆盖率实现程度为69.2%，比上年提高6.4个百分点，比2000年提高56.5个百分点，社会保障呈连年上升态势。近年来农村新型合作医疗的蓬勃开展，使全省基本社会保障工作有了较快的发展。高中阶段毕业生性别差异系数实现程度为55.8%，与上年持平，比2000年下降43.7个百分点。

（三）居民生活质量实现程度为85.1%，居全国第11位

生活质量类实现程度为85.1%，比上年提高2.1个百分点，比2000年提高22.5个百分点，但与全国生活质量类平均水平相比低1.3个百分点，居全国第11位。其中居民人均可支配收入实现程度为57.7%，比上年提高5.9个百分点，比2000年提高35.6个百分点。恩格尔系数实现程度达到目标要求。人均住房使用面积实现程度达到目标要求。5岁以下儿童死亡率实现程度为88.4%，比上年提高2.7个百分点，比2000年提高38.6个百分点。平均预期寿命实现程度98.2%，比上年提高0.1个百分点，比2000年提高1.5个百分点。

（四）民主法制实现程度为96.0%，居全国第1位

民主法制类实现程度为96.0%，比上年提高0.5个百分点，比2000年提高11.8个百分点，与全国民主法制类平均水平相比高2.4个百分点，居全国第1位。其中，2009年公民自身民主权利满意度为91.1%，比上年提高1.1个百分点，比2000年提高24.4个百分点。普法规划的实施使民众的法制观念和遵法、守法意识不断提高，安全知识的普及，多种安全法规的发布实施，各类事故死亡人数持续下降，2010年社会安全指数实现程度达到目标要求。

（五）文化教育实现程度为62.3%，居全国第22位

文化教育类实现程度为62.3%，比上年下降0.3个百分点，比2000年提高13.7个百分点，但与全国文化教育类平均水平相比低5.7个百分点，居全国第22位。其中，文化产业增加值占GDP比重实现程度为47.6%，比2000年提高34.2个百分点，与上年实现程度持平。居民文教娱乐服务支出占家庭消费支出比重实现程度为53.9%，比上年下降1.5个百分点，比2000年下降10.2个百分点，主要原因是取消了义务教育阶段学生学杂费，使居民此项开支比往年减少。平均受教育年限实现程度为79.9%，与上年程度持平。

（六）资源环境实现程度为65.5%，居全国第26位

资源环境类实现程度为65.5%，比上年提高0.5个百分点，比2000年提高12.8个百分点，但与全国资源环境类平均水平相比低12.7个百分点，居第26位。其中，单位GDP能耗实现程度为45.5%，比上年提高1.5个百分点，比2000年提高7.7个百分点。耕地面积实现程度为82.5%，与上年程度持平；环境质量实现程度为73.1%，与上年程度持平。

从以上监测的23项全面小康实现程度的指标看出，我省有6项指标实现程度达到目标要求，分别为：失业率、城乡居民收入

比、地区经济发展差异系数、恩格尔系数、人均住房使用面积及社会安全系数。有2项指标接近目标要求，分别为：基尼系数和平均预期寿命。有9项指标实现程度在66.7%－95%之间，分别为：公民自身民主权利满意度、5岁以下儿童死亡率、耕地面积指数、平均受教育年限、城镇人口比重、环境质量指数、第三产业增加值占GDP比重、基本社会保险覆盖率和人均GDP。有3项指标在50%－60%之间，分别为：居民人均可支配收入、高中阶段毕业生性别差异系数和居民文教娱乐服务支出占家庭消费支出比重。有3项指标实现程度低于50%，分别为：文化产业增加值占GDP比重、单位GDP能耗和R&D经费支出占GDP比重。

与2009年相比，有9项指标实现程度上升，排列居前的有：基本社会保险覆盖率、人均GDP、居民人均可支配收入、城镇人口比重、5岁以下儿童死亡率等。有10项指标实现程度与2009年持平。有4项指标比2009年有所下降，分别为：基尼系数、第三产业增加值占GDP比重、R&D经费支出占GDP比重和居民文教娱乐服务支出占家庭消费支出比重。

二、主要问题

从国家制定的《全面建设小康社会统计监测指标体系》的六大类来看，制约我省加快实现小康社会进程的有几个方面：

（一）产业结构不合理，制约经济总体发展

2010年我省经济发展类实现程度为68.5%，比上年提高了3.1个百分点，但低于全国总体小康实现程度7.6个百分点。从实现值来看，经济发展的5个指标，失业率实现程度达到目标要求。人均GDP实现程度为66.8%，比全国高2.8个百分点。虽然这两项指标高于全国数，但总体经济水平仍然低于全国，原因在于其他3项指标明显低于全国平均水平。其中，第三产业增加值占GDP

的比重只有34.9%，与目标值差15.1个百分点，实现程度为69.9%，比全国低16.3个百分点。R&D经费支出占GDP比重0.76%，与目标值差1.74个百分点，实现程度为30.5%，比全国低39.9个百分点。

（二）文化产业发展严重滞后

2010年我省文化教育类实现程度为62.3%，比上年下降了0.3个百分点，比全国平均实现程度低5.7个百分点。主要原因是我省城乡广大人民群众文化消费意识不强，休闲旅游娱乐业发展缓慢，文化消费水平与兄弟省份差距较大。文化娱乐和旅游消费的不足，直接导致我省文化产业中文化休闲娱乐行业发展缓慢。平均受教育年限的实现程度为79.9%，与上年持平，比全国低2.4个百分点，差距拉大0.8个百分点。文化教育与全国的差距表现在各个方面，实现小康难度很大。

（三）资源环境仍须加强，节能降耗依然严峻

2010年我省资源环境类实现程度为65.5%，比上年提高0.5个百分点，但仍比全国低12.7个百分点，与全国的差距拉大0.9个百分点。其中，单位GDP能耗的实现程度为45.5%，比上年提高了1.5个百分点，但比全国低24.0个百分点，与全国的差距拉大1.3个百分点。河北是全国第二大能源消费省份，重化工特征明显。高耗能行业比重高，能源消费总量大，节能降耗难度相对较大。随着整体经济平稳较快增长，全省规模以上工业能耗明显增加，能源需求增大，节能降耗任务艰巨。当前面临的主要问题是如何处理发展与资源的关系，增强发展的持续性与协调性。虽然全省基本实现了时间进度要求，但是节能减排基础薄弱，形势依然严峻。耕地面积指数与全国比差距较大。环境质量指数与上年接近，实现程度比全国低3.6个百分点。

（四）居民收入差距进一步扩大

在经济增长的同时，收入分配差距逐步拉大，基尼系数实现程度为99.7%。自2000年开始全面建设小康社会进程监测以来，全省的基尼系数连续10年呈逐步扩大趋势，由2000年的0.345上升到2010年的0.406。

三、几点建议

（一）加快结构调整，转变经济发展方式

围绕建设经济强省，推进产业结构优化。大力发展特色农业、提升工业、拓展服务业，切实转变经济发展方式。一是要注重提高具有科技含量的优质产业的能力，注重壮大战略支撑产业，改造提升传统优势产业，培育发展后续支撑业。进一步增强科技创新能力，提高高新技术产业所占比重，提高自主创新能力。二是进一步加大对城市工业功能区的整合力度。提升城市综合服务功能，加强对城市中心商务区的改造，改善城市居住环境，抓紧生态功能区建设，建立不同规模和特色的临水生态功能区，促进重点产业优化升级。三是加快产业聚集区建设，培育战略性新兴产业，谋划建设一批技术含量高、附加值高、集中度高、产业链长的先进制造业、高新技术产业、现代服务业和现代农业产业聚集区，提高投入产出效率，改善运行质量。

（二）深化文化体制改革

进一步加快全省文化产业发展步伐，提升河北文化产业实力。一要加快推进国有文化企事业单位的公司制改造，深化其人事制度、劳动制度和分配制度改革，夯实文化产业发展的动力基础，转变经营和管理方式，引入先进激励机制，运用市场手段发展文化产业．使文化发展与社会主义市场经济相适应。二要拓展教育培训、健身、旅游、休闲等与文化相结合的服务性消费，引导城乡居民树

立文化消费新观念，提高群众文化消费意识。加大基础文化设施建设力度，努力营造浓厚文化氛围，进一步加深城市文化内涵。大力发展文化产品市场，充实完善文化要素市场，扶持培育农村文化市场，推行规模化、连锁化、品牌化经营模式，协调全省文化资源。进一步拉动全省人民群众的文化消费需求，带动相关文化产业的发展和繁荣。三要大力实施文化产业人才培养工程，建设高素质文化产业经营管理队伍，建立和完善文化产业人才激励机制。扩大“文化产业发展引导资金”的规模，对具有民族特色的文化产业项目给予重点扶持，紧紧依托高等院校和文化产业研究机构，建立河北省文化产业人才培训基地，全力培养高素质的文化产业经营管理人才。加大对民营文化企业的技术支持，使文化产品与高新技术、现代媒体相融合，全面提升民营文化企业的创新力和竞争力。

（三）狠抓节能降耗，提高环境质量

全面推进节能降耗和减排治污，加强对重点地区、重点企业的监管，严控新上高能耗项目，加大淘汰落后产能力度。推进污染减排重点项目建设，推广节能和新能源利用。面对当前的严峻形势，一是加强宏观调控，不断加快产业结构调整与优化升级步伐，切实转变经济发展方式。在确保经济持续快速发展的基础上，优化产业结构，大力发展低耗能的现代服务业。二是提质增效，认真落实产业调整振兴规划，加大传统产业技术改造和升级。发挥比较优势，加快发展装备制造业。以新能源、电子信息等产业为重点发展高新技术产业。积极鼓励和促进耗能少、污染小、产值大、效益高的高新技术产业、医药业、装备制造业等产业发展，不断提高经济效益，促进单位工业增加值能耗持续下降，为节能降耗提供保障，确保全年目标的顺利实现。三是进一步加大淘汰落后产能力度。建筑业、第三产业、居民生活用能在全社会能源消费中的比重逐年上升，能耗增速都远高于全社会平均水平，在淘汰落后产能的基础上，加大淘汰火电、钢铁、水泥、焦炭等落后产能的力度，严防已经淘汰的落后产能开工生产，切实控制能耗水平。

（四）完善市场经济体制，促进社会和谐稳定

进一步完善市场经济体制，建立中等收入者比重扩大的稳定机制，加强对垄断行业的监督和管理。深化户籍制度改革，逐步消除城乡分割的二元社会经济结构，使城乡居民在就业、收入、社会保障等方面享有平等权利和机会。大力发展劳务经济，健全人才劳动力市场，建立完善劳务输出服务网络，为城乡居民提供更多更优的就业机会。加快建立健全符合中国国情的社会保障体系，努力提高居民收入在国民收入分配中的比重，提高劳动力报酬在初次分配中的比重。完善工资制度和正常增长机制，规范收入分配秩序，扩大中等收入者比重，提高低收者的收入，尽快扭转收入差距扩大趋势，促进社会和谐稳定发展。

撰稿：郝　巍　崔建英

现代农业步入新阶段　五大体系建设需加强

——2011年河北省现代农业进程监测实证分析

2011年，全省现代农业建设实现“十二五”良好开局，呈现综合发展水平显著提高、产业体系建设全面推进、发展支撑要素稳定增强、可持续发展能力不断提升等可喜变化，现代农业已经步入新的发展阶段。

一、现代农业发展现状及主要特点

为客观把握全省现代农业发展进程，我们运用现代农业发展进程监测指标体系，采用线性综合评价方法，对现代农业发展进程进行了量化分析，结果显示：2011年，全省现代农业实现程度达60.8%，比上年提高6.3个百分点，已从现代农业的加速发展阶段进入稳步推进阶段①。

（一）综合发展水平显著提高

现代农业建设的最终目的是提高农业综合发展水平。在监测评价体系的四个方面中，现代农业综合发展水平是实现程度最高、提升速度最快、贡献份额最大的方面。2011年，全省现代农业综合发展水平实现程度达73.5%，比上年提高11.3个百分点，对现代农业发展水平的贡献率达42.3%。

第一，农业绩效水平稳步提高。农业绩效水平主要通过耕地产

---

① 以2020年全省基本实现现代农业为目标，按照综合实现程度将现代农业进程划分为四个阶段：0—30%为起步阶段，30%—60%为加速发展阶段，60%—90%为稳步推进阶段，90%以上为基本实现阶段。

出率、农业劳动生产率、农业投入产出率、农产品加工增值率等方面进行描述和反映。监测数据显示，2011年全省农业绩效实现程度为77.6%。其中，农业投入产出率实现程度已经达到100%，耕地产出率、农业劳动生产率、农产品加工增值率实现程度为79.6%、72.8%和58.1%，分别比上年提高12.8、12.8和12.5个百分点。

第二，社会发展水平较快提升。一是县域经济实力不断增强。2011年，县域人均生产总值达到2.8万元，比2010年增长18.3%。二是农民生活质量不断提高。2011年全省农民人均纯收入达到7120元，比上年增收1162元，增长19.5%。农村居民恩格尔系数由上年的35.2%下降到33.5%。三是农村城镇化水平进一步提高。小城镇人口比重达22.3%，比上年提高0.6个百分点；非农产业从业人员比重达63.7%，比上年提高1.6个百分点。

（二）产业体系建设全面推进

构建现代农业产业体系是现代农业建设的主要任务之一。2011年，全省现代农业产业体系建设取得新进展，产业结构进一步优化，发展方式转变进程加快。产业体系建设实现程度为49.9%，对全省现代农业发展水平的贡献额达23%。其中，产业结构实现程度为63.7%，发展方式实现程度为37.9%，分别比上年提高1.0和5.5个百分点。

第一，产业结构进一步优化。一是粮食综合生产能力不断增强。2011年，全省人均粮食拥有量达439.6公斤/人，实现程度已达100%。二是畜禽生产能力稳步提高。全省人均肉蛋奶占有量达169.7公斤/人，实现程度达29.3%。三是优势产业比重进一步提升，实现程度达52.6%。

第二，发展方式转变进程加快。一是农业产业化经营稳步推进。2011年，全省农业产业化经营率达到60.0%，比上年提高

1.4个百分点，实现程度达82.7%。二是农业生产市场化程度进一步提高。全省农产品商品率达81.1%，实现程度达79%。三是农产品外向度增强。全省农产品外向度为3.3%，比上年提高0.1个百分点。四是农民组织化程度快速提升。全省农民专业合作组织覆盖率达15.7%，比上年提高5.1个百分点。

（三）发展支撑要素稳定增强

发展支撑要素是推进现代农业发展的基础条件。监测结果显示，2011年，全省发展支撑要素稳定增强，科学技术层次综合实现程度达66.4%，物质装备层次实现程度为50.7%。现代农业发展支撑要素综合实现程度为57%，对全省现代农业发展水平的贡献额达23.5%。

第一，现代农业科技水平提高。主要表现在：农民信息化水平提高，农业科技人员增加，乡村从业人员文化程度提高。2011年，全省农民信息化程度达到64.6%，比上年提高5.3个百分点，实现程度达到100%，成为发展支撑要素中提高幅度最大和实现程度最高的指标。农业科技进步贡献率为55.1%，平均每万人拥有农业科技人员数为3.4人，乡村从业人员平均受教育年限为8.9年，实现程度分别达到63.2%、70%和45%。

第二，现代农业生产物质装备进一步改善。从财政投入看，支持力度进一步加大。2011年，财政支农资金达366.1亿元，比上年增长17.1%。从生产能力看，稳产高产田比重达到60.4%，比上年提高1.5个百分点。从农业机械化水平看，全省农业机械化作业率达到65.7%，比上年提高1.7个百分点。从农田水利条件看，全省农业节水灌溉率达到61.6%，比上年提高1.9个百分点。

（四）可持续发展能力不断提升

实现农业可持续发展是现代农业发展的方向。2011年，全省农业资源保护和利用效率不断提高，农业生产环境得到进一步改善。现代农业可持续发展实现程度达到57.2%，比上年提高5.9个百分点。其中，资源状况实现程度为50.3%，比上年提高1.3个百分点；环境状况综合实现程度为71.1%，比上年提升15.3个百分点。

第一，农业资源利用情况较好。2011年，全省森林资源得到有效保护，森林覆盖率稳定在26.3%。沼气普及率继续提高，全省沼气普及率为20.7%，比上年提高0.7个百分点。

第二，农业生产环境得到改善。水土流失治理得到进一步治理。2011年，全省水土流失治理面积比例为89.1%，比上年提高0.8个百分点。农业成灾率降低。全省农业成灾率为59.1%，比上年减少4.3个百分点。

二、加快现代农业发展进程需要着力解决的主要问题

目前，虽然全省现代农业实现进程已经超过60%，进入了稳步推进的新阶段，但从监测结果分析，存在城镇化进程缓慢、结构优化升级滞后、发展要素支撑度低等不利因素，制约着现代农业发展，需要进一步着力解决。

（一）农村城镇化进程需要进一步加快

目前，全省农村城镇化水平仍然偏低，乡村富余劳动力转移缓慢。2011年，全省农村小城镇人口比重仅为22.3%。在现代农业综合发展水平方面，农村小城镇人口比重实现程度以48.8%的水平，位居各项评价指标的末位，成为制约现代农业发展的主要因素。

（二）农业生产组织化程度需要不断提高

近年来，河北农民专业合作经济组织发展步伐加快，但仍存在农民专业合作经济组织数量少、规模小、入社农户不多、带动能力较弱、作用不能充分发挥等问题。2011年，全省加入农民专业合

作组织的农户仅有241万户，农民专业合作组织覆盖率实现程度仅为20.5%，距目标值还比较远。

（三）生产结构需要进一步优化

全省现代农业产业体系建设实现程度不高的原因主要是农业结构优化程度不高，畜牧、蔬菜和果品三大优势产业产值占农林牧渔业总产值比重提高较慢，带动作用未得到充分发挥。"十一五"以来，三大优势产业产值占农林牧渔业总产值比重年均仅提高0.4个百分点。2011年，全省人均肉蛋奶拥有量比"十五"末仅提高2.2公斤，实现程度为29.3%，进一步发展的空间还很大。

（四）现代生产要素支撑进程需要进一步加快

现代农业建设离不开现代生产要素的支撑。我省现代农业发展支撑要素虽然逐年增强，但科技水平、人口素质、资金投入、稳产高产田比重等发展支撑要素与目标值差距仍较大，需要进一步加快发展支撑能力。

一是需要加快发展科技支撑能力。目前全省农业科技水平依然落后于生产需要，主要表现为农业科技投入不足、科技人员数量不多、乡村从业人员受教育程度低、科技推广应用能力不足。自2009年以来，全省农业科技进步贡献率连续三年下降，2011年，实现程度比上年下降3.7个百分点。每万人中的农业科技人员仅有3.4人，影响着农业科技的推广和应用。农村劳动者平均受教育程度仍未达到高中水平，也客观上削弱了现代农业发展的支撑能力。

二是需要加快提高物质装备水平。近年来，全省不断加大财政支农惠农力度，但支农资金仍显不足，农业投入的增长速度低于财政总支出的增长速度。2011年，全省财政支农资金比上年增长17.1%，低于地方一般财政预算支出增长速度8.3个百分点。财政支农资金比重为10.4%，自2009年以来连续三年下降，实现程度为53.5%，比上年下降7.1个百分点。耕地质量不高，稳产高产田实现程度仅为33.6%。水资源利用率低，节水灌溉率实现程度仅为38.1%。

三、加强五大体系建设，推进现代农业发展

借鉴世界发达国家和我国发达省份发展现代农业的成功经验，结合我省现代农业发展规划，着力推进保障现代农业发展的五大体系建设，为现代农业更好更快更大发展保驾护航。

（一）加强现代农业产业体系建设

一是进一步壮大三大优势产业。优化农业产业结构，在稳定粮棉油生产，确保粮食安全的同时，实施农业优势产业发展战略，培育壮大畜牧、蔬菜和果品三大优势产业，提高三大优势产业产值占农林牧渔总产值的比重。

二是加快特色农业发展步伐。围绕我省“一产抓特色”战略部署，不断挖掘农业产业内涵，优化农业产业结构，拓展农业产业领域，精心打造特色产业集群，努力形成产业发展新优势。

三是创建现代农业示范区。突出优势产业，明确功能定位，拓展农产品保障、原料供给、就业增收、生态保护、观光休闲等农业的多种功能。将都市农业和乡村旅游、观光休闲产业有机融合，打造现代农业发展的典型和样板。

（二）加强科技创新体系建设

农业科技创新在现代农业发展中起着关键支撑作用，成为发展现代农业的决定性力量。发挥政府主导作用，加大农业科研投人；培育集科研、教育、推广“三位一体”的农业科技创新体系；加强新型农民培训，发展农村职业技术教育和农村成人教育，进一步提升农业劳动生产率，促进农村劳动力转移，从根本上加快农村城镇化步伐；加大产学研合作力度，促进科技成果转化。

（三）加强农产品流通体系建设

现代农业的发展离不开完善的市场流通体系，充分运用农超对接、连锁配送、电子商务、期货市场等现代流通手段，加快建设覆盖城乡的农产品流通网络，保证农产品销售渠道的畅通。加强农产品批发市场建设，完善销售网络，建立从生产到销售终端的完整农产品流通链条；鼓励扶持现代流通方式的应用，准确掌握国内外市场动态，降低成本，提高交易效率。

（四）加强农业产业化体系建设

产业化经营是现代农业发展的有效载体。以产业化龙头企业和农民专业合作经济组织建设为重点，深化农业产业化经营，全面推进种养加、产加销、贸工农一体化经营，加快实现市场品牌化、基地规模化、农民组织化、生产标准化、管理企业化、服务社会化、经营集约化，实现农业产业化经营的新突破。积极扶持龙头企业，强化龙头企业的技术创新能力；培育壮大农民专业合作经济组织，提高农民进入市场的组织化程度；积极发展农产品行业协会，充分发挥协会提供信息服务、提高市场开拓能力等社会化服务作用。

（五）加强现代农业金融服务体系建设

建立以财政投入为主，金融信贷为支撑，农业保险和社会资金为补充的现代农业金融服务体系。健全财政支农资金稳定增长机制，大幅度增加对农村基础设施建设和社会事业发展的投入，综合运用贴息、保费补贴、税收优惠等财税政策措施，引导社会资金投入，形成多元化支农投入格局。加快发展农业保险，扩大农业保险覆盖面，不断完善农业保险体系，提高农业保险保障能力。发展多种形式的金融组织，培育多元化农村金融主体，建立有序竞争、多层次、广覆盖的农村金融体系。

撰稿：孙玉梅

壮大龙头 紧密联结 惠农带农

——2011年全省农业产业化发展监测分析

2011年，全省各级各有关部门认真贯彻省委、省政府的统一部署，坚持把农业产业化作为发展农村经济的重要着力点和主要抓手，围绕建设现代农业和带动农民增收的目标，以加快转变经济发展方式为主线，以市场需求为导向，以促进农村经济发展、优化农村经济结构为核心，完善经营机制，促进科技创新，不断加大政策扶持和服务指导力度，切实解决突出问题，全省产业化经营实现平稳较快发展。

一、农业产业化发展成效

（一）经营总量增长较快，产业化率稳步提高

全省各地积极应对复杂的国内外形势，立足资源优势，强化项目建设，围绕壮大特色产业，加大科技投入，扩大主导产业规模，壮大龙头企业，推动基地发展，带动农民增收，农业产业化经营取得明显成效。2011年，全省农业产业化经营总量达到4757.1亿元，比上年增长17.1%。从各设区市看，石家庄、唐山、保定和邯郸四个市的农业产业化经营总量均超过500亿元，分别为786.6亿元、606.4亿元、579.2亿元和569.7亿元。从增速看，沧州市、保定市、衡水市和邯郸市的增速都超过了20%，分别比上年增长29.2%、28.6%、24.1%和20.7%。

农业产业化经营率是综合反映农业产业化发展水平的主要指标。2011年，全省农业产业化经营率首次达到60.0%，比上年提

高1.4个百分点。全省有七个设区市产业化率超过60%，分别为秦皇岛市65.0%、唐山市64.6%、石家庄市63.0%、承德市62.0%、保定市61.5%、邢台市60.9、邯郸市60.8%。

（二）主导产业继续扩展，产业集中程度进一步提高

经过多年的努力，全省各地依托资源优势，突出地方特色，通过政策引导、龙头带动、基地培育和农户参与，主导产业规模不断扩大。到2011年底，全省共形成主导产业202个，比上年增加4个；实现销售额2761.8亿元，比上年增长13.8%。从产业类型看，蔬菜产业仍居各产业首位，实现销售额585.0亿元；皮革加工产业和粮食产业分列第二、第三位，销售额分别为295.7亿元和273.9亿元。此外，生猪、水果的产业销售额也超过二百亿元，禽蛋、乳品、棉花等产业销售额超过百亿元。在销售额超过百亿元的产业中，生猪的增速最快，达到29.9%，乳品和水果分别以18.8%和16.5%的增速位居第二和第三位。

按照农业现代化的要求，各地在农业产业化发展过程中，注重农产品的规模化、专业化和标准化生产，不断强化产加销、贸工农一体化经营，主导产业集中程度进一步提高。2011年，全省年销售额5亿元以上主导产业达到145个，比上年增加18个；实现销售额2597.9亿元，增长17.8%，增速比全省主导产业快4个百分点；销售额占全部主导产业的比重为94.1%，比上年提高3.2个百分点。

（三）龙头经营组织健康发展

在农业产业化发展过程中，龙头经营组织上托产业，下联基地和农户，是农业产业化发展的中坚力量。全省各地充分利用当地资源和传统加工技术，积极探索有效的生产模式和发展途径，深入实施“111行动计划”，加大招商力度，扎实推进项目建设，不断加大政策引导和扶持力度，龙头经营组织快速发展。2011年，全省

龙头经营组织发展到1576个，比上年增加111个。其中，龙头企业（集团）1307个，比上年增加89个；专业市场129个，与上年持平；中介服务组织140个，比上年增加22个。龙头经营组织实现销售总额2424.0亿元，比上年增长14.2%。其中龙头企业（集团）销售额2235.5亿元，增长13.8%；专业市场销售额167.0亿元，增长18.5%；中介服务组织销售额21.5亿元，增长19.4%。

在龙头经营组织快速发展的同时，通过纵向精深加工，延伸产业链条，提升产品档次，经济效益进一步提高。2011年，全省农副产品加工增值率达到86.8%，比上年增加9.2个百分点。龙头经营组织创造利润262.9亿元，增长11.2%。其中龙头企业（集团）创利润146.2亿元，增长7.5%；专业市场创利润114.0亿元，增长16.1%；中介服务组织创利润2.7亿元，增长27.3%。龙头经营组织上交税金59.2亿元，比上年增长15.6%。其中龙头企业（集团）上交税金53.3亿元，增长14.4%。

（四）基地发展带动农户增收

农产品生产基地是农产品加工的“第一车间”，是龙头企业发展的主要原料来源。基地建设是农户参与农业产业化经营的主要形式，是促进农业生产发展、增加农户经营收入的重要载体。各地在稳定发展粮食生产的基础上，因地制宜、突出特色、科学培育、合理布局，全省基地建设稳步推进，产业化种植、养殖和加工基地进一步发展。2011年，全省农产品生产（加工）基地发展到590个，比上年增加34个。其中，种植业生产基地322个，增加13个；养殖业生产基地238个，增加20个；农产品加工基地30个，增加1个。农产品生产（加工）基地共实现销售产值2313.1亿元，比上年增长20.0%。其中，种植业生产基地实现销售产值1118.3亿元，增长16.4%；养殖业生产基地实现销售产值840.5亿元，增长30.6%；农产品加工基地实现销售产值354.3亿元，增长

9.8%。种植和养殖基地产值占全省农林牧渔业产值的39.8%，比上年提高了3.9个百分点。

农产品生产基地的发展，带动了一大批农户的积极参与，促进了农业生产工业化、田间生产车间化，使分散的家庭经营向专业化、市场化方向转变，有效提高了农户的经营收入。到2011年底，全省农产品生产（加工）基地联系农户数818.3万户，比上年增长2.4%；农户参与度达到53.2%，比上年提高0.8个百分点。农产品生产（加工）基地联系农户的户均纯收入达到19159元，比上年增收1643元，增长9.4%。其中从产业化经营中得到的户均纯收入达到7743元，增收513元，增长7.1%。

二、存在问题与制约因素

农业产业化的发展有力地促进了全省农村经济发展方式转变和特色农业的发展，在农业现代化建设进程中发挥了积极作用。但仍存在一些问题和不利因素制约着农业产业化的更好更快发展。

（一）农产品加工增值能力不足，龙头带动作用偏弱

目前，我省多数龙头企业加工规模偏小，且以简单加工为主，精深加工较少，导致产业链延伸不足，增值难度大，规模效益低。农产品加工增值能力不足，导致绝大部分农产品通过农副产品市场或其他形式直接销售，而通过龙头企业对农产品加工增值来扩大主导产业生产和销售规模的增长方式尚未成为产业发展的主体。2011年，全省主导产业销售额中龙头企业销售额比重只有41.2%，比"十五"末仅提高了1.8个百分点。龙头企业作为产业化发展的引擎，其辐射带动作用有待增强。龙头带动能力的不足，直接影响了农村产业结构优化和经济效益提高。

（二）龙头企业整体规模偏小，市场竞争力不足

龙头企业是农业产业化经营的主体，其经济实力和科技水平，

决定着农业产业化经营的程度和成效。2011年，全省1307家龙头企业中，年销售额1亿元以上的龙头企业416个，占31.8%；10亿元以上的36个，占2.8%；50亿元以上的只有4个，100亿元以上的龙头企业还没有形成。多数龙头企业加工工艺和装备水平不高，技术创新和新产品开发能力不够强，科技含量偏低。在50亿元以上龙头企业中有两家皮革加工、两家食品加工，品种相对单一。龙头企业整体规模偏小、科技水平偏低和经营结构单一，直接影响到产品市场竞争力提高和品牌效应扩展。目前我省龙头企业名牌产品的数量和质量与先进省份比还有不小的差距，龙头企业的出口创汇能力也起伏不定。

（三）利益联结机制松散，农民收益率下降

目前，我省绝大多数龙头经营组织和农户间的联结机制还处于松散和半松散状态，还没有真正形成“风险共担、利益共享”的保障机制。2011年，全省1576家龙头经营组织中，实行利润返还和股份分红等紧密利益联结方式的只有22家，占1.4%；实行保护价格和优惠价格等较为紧密利益联结方式的有229家，占14.5%。而其他80%以上龙头经营组织与农户之间多以价格随行就市、有稳定购销关系等较为松散的利益联结方式为主。松散和半松散状态的利益联结机制，不仅影响了农户的参与质量，而且直接影响了参与农户经营收入的提高。随着农村劳动力价格的提高，参与产业化经营的农民收益率出现了下降现象。2011年基地联系农户的户均纯收入和从产业化经营中得到的户均纯收入分别比上年增长9.4%和7.1%，大大低于全省农村居民人均纯收入的增长速度，农民收益率由上年的41.3%下降到40.4%。

三、发展建议

“十二五”时期，是工业化、城镇化进程中同步推进农业现代化的重要时期，农业产业化是农业现代化的必由之路。全省产业化发展应在总结经验的基础上，深入实施“一产抓特色，二产抓提升，三产抓拓展”的经济发展战略，完善经营体制，推进科技进步，加速转变发展方式，针对存在的问题，强化改进举措，推进全省农业产业化向更高层次、更大规模发展。

（一）提高龙头企业加工增值能力，增强辐射带动作用

充分发挥资源和区位优势，谋划实施重点项目，大力培育和引进龙头企业，加强龙头企业与农产品生产基地的联系，有针对性地扩大龙头企业农产品加工规模，转变产业发展方式，扩大龙头在产业发展中的带动能力和贡献份额。帮助企业破解资金、技术等发展难题，加大科技投入，推动加工型龙头企业技术调整，拓展精深加工，延伸产业链条，提高龙头企业加工增值能力和增值效益。认真分析居民消费结构升级的趋势，瞄准现实和潜在的市场空间，提升产品档次，及时更新换代，带动产业结构优化升级。加强园区建设，推动龙头企业集群集聚，发展相关配套产业，形成一批组织化程度高、辐射带动效果好的产业集聚区，节约集约资源，形成规模效应，切实提高龙头企业的辐射带动能力。

（二）做强做大龙头企业，提高产品竞争力

围绕特色农业，强化政策扶持和引导力度，实施龙头企业升级工程，鼓励一些有实力的龙头企业采取兼并、重组、参股、收购等方式，联合组建企业集团，打造龙头企业航母，全面提高龙头企业的规模和实力。引导龙头企业增强创新意识，加大科研投入，努力开发具有自主知识产权的关键技术。抓住国内外大企业竞相扩张和产业转移的有利时机，主动寻求战略合作，通过与国内外知名企业联合设计、合作生产等方式，提高集成创新能力，释放引进技术的乘数效应，不断开发新产品，提高产品质量和档次，优化产品结构，争创知名品牌，全力提升产品的市场竞争力。

（三）改进利益联结机制，提高农户经营收入

完善的利益联结机制是农业产业化高层次发展的必然选择，是龙头企业可持续发展和保障农户利益的根本保证。在做大做强龙头企业的同时，应围绕充分发挥龙头企业对农户的带动作用，不断创新和完善利益分享机制，因地因企建立适宜联结方式，促进千家万户小生产与千变万化大市场的有效对接。引导企业与农户签订农产品购销合同，明确龙头企业在信息、技术、防疫、保险等方面对农户生产的服务功能，支持龙头企业以保护价和优惠价收购农产品，为农户提供利益保障。指导农户以土地、资金等要素入股，以股份分红、利润返还等方式，与农户建立紧密型利益联结关系，形成利益共享、风险共担的共同体。通过改进利益联结机制，稳定提升农户的产业化参与质量，促进农户增收，切实提高农民受益率。

撰稿：王振涛

扩大城镇规模 提升质量水平

——2011年河北省城镇化发展统计监测报告

2011年，全省各地各部门认真贯彻落实省委、省政府的决策部署，坚持以科学发展为主题，以加快转变经济发展方式为主线，深入推进新型城镇化建设，统筹城乡发展，城市综合实力进一步提升，城市面貌发生明显变化，城镇化发展取得积极成效，为促进经济社会平稳较快发展发挥了重要作用。但城镇化质量不高、综合承载能力不强、规模结构不合理、聚集能力不高等问题依然突出。应深入贯彻党的十八大和省第八次党代会精神，加快推进城镇化发展进程，努力提高城镇化质量，为建设经济强省、和谐河北和全面建成小康社会提供有力支撑。

一、城镇化发展水平综合评价

为全面、客观反映城镇化发展状况和水平，运用“河北省城镇化发展统计监测评价体系”，对全省及11个设区城市城镇化发展水平进行监测的结果显示：2011年，全省城镇化综合发展水平加速提高，城镇化进程稳步推进，城市承载能力进一步增强。

（一）城镇化发展总体评价

第一，城镇化综合发展水平加速提高。2011年全省城镇化综合发展指数为108.0，综合发展水平比上年提高8.0%，提高幅度比上年加快0.2个百分点。其中：唐山、秦皇岛、石家庄、廊坊、邯郸5市城镇化综合发展水平高于全省，其他6市低于全省。

第二，城镇化进程稳步推进。2011年，全省城镇人口3301.7

万人，比上年增加100.5万人，增长3.0%。城镇化率达45.6%，比上年提高1.1个百分点；有6个设区市城镇化率超过45%，比上年增加1个市；沿海地区秦皇岛、唐山、沧州三市城镇化率达到47.84%，比上年提高1.16个百分点，高于全省2.24个百分点；冀中南地区城镇化率达到46.05%，高于全省0.45个百分点；城镇化率最高的市与最低的市相差11.81个百分点，比上年扩大0.2个百分点。

第三，城市承载能力进一步增强。2011年，全省33个城市市区（包括11个设区市市区和22个县级市市区）总人口达到1772.2万人，分别比2005年和2009年增加235.3万人和130.8万人，城市承载能力进一步增强，人口规模不断扩大。其中：唐山和石家庄市区人口分别达到325.8万人和289.1万人；邯郸、保定、张家口和秦皇岛市区人口在100万－200万人之间；50万－100万人的城市有3个，分别是邢台、承德和沧州；30万－50万人的城市有4个，分别是廊坊、衡水、三河市和任丘市；其余20个县级市均在4.6万－30万人之间。

（二）六大要素支撑格局

支撑城镇化综合发展水平的六大要素均有不同程度提高。其中，居民生活指数、经济发展指数和城市建设指数高于城镇化综合发展指数，社会发展、城镇聚集和生态环境指数低于城镇化综合发展指数。

与上年相比，六大支撑要素呈现出“五加速一缓慢”发展格局。居民生活、城市建设、社会发展、经济发展和城市聚集五大要素的发展指数分别比上年提高6.5个、1.7个、1.4个、0.9个和0.2个百分点，指数提升速度加快，对全省城镇化发展支撑作用增强；生态环境改善步伐放慢，发展指数提高幅度比上年回落10.2个百分点。

一是经济发展加速提升，对综合发展指数贡献最大。2011 年，经济发展指数为 113.4，经济发展水平比上年提高 13.4%，拉动城镇化综合发展指数提高 2.68 个百分点，对综合发展指数的贡献率达到 33.5%，在六大支撑要素中贡献率最高。其中，经济实力、开放程度、产业结构指数分别为 119.8、99.1 和 97.6。

二是居民生活明显改善，对综合发展指数贡献突出。居民生活指数为 116.0，居民生活水平比上年提高 16.0%，增速最快，拉动城镇化综合发展指数提高 2.4 个百分点，对综合发展指数的贡献率达到 30.0%。其中，收入水平指数 112.5，消费结构指数 134.9，居住质量指数为 105.5。

三是城市建设步伐加快，对综合发展指数的提升作用明显。城市建设指数为 109.2，城市建设水平比上年提高 9.2%，拉动城镇化综合发展指数提高 1.38 个百分点，对综合发展指数的贡献率达到 17.3%。其中，基础设施指数为 104.9，技术设施指数为 117.8。

四是社会发展稳步推进，对综合发展指数的贡献水平提高。社会发展指数为 104.1，发展水平比上年提高 4.1%，拉动城镇化综合发展指数提高 0.82 个百分点，对综合发展指数的贡献率达到 10.3%，比上年提高 3.5 个百分点。其中，社会稳定指数为 101.1，科技教育指数为 105.6，文化卫生指数为 104.8。

五是城市聚集效应增强，对综合发展指数的贡献小幅提升。城市聚集指数为 102.7，聚集水平比上年提高 2.7%，拉动城镇化综合发展指数提高 0.41 个百分点，对综合发展指数的贡献率为 5.0%，比上年提高 0.2 个百分点。其中，人口聚集指数 103.8，产业聚集指数 102.0。

六是生态环境改善缓慢，对综合发展指数的贡献水平明显下降。生态环境指数 102.1，比上年提高 2.1%，提高幅度比上年回落10.2个百分点，拉动城镇化综合发展指数提高0.31个百分点，对综合发展指数的贡献率为3.9%，比上年下降19.7个百分点。其中，环境治理指数为101.4，环境质量指数为102.6。

二、设区城市城镇化发展监测结果

（一）设区市城镇化综合发展水平排位

2011年，11个设区市城镇化综合发展水平①位次由高到低依次是：唐山市（0.6272）、秦皇岛市（0.5970）、石家庄市（0.4855）、廊坊市（0.4712）、邯郸市（0.1707）、沧州市（－0.0891）、保定市（－0.2493）、承德市（－0.4476）、邢台市（－0.5123）、张家口市（－0.5129）、衡水市（－0.5219）。

2011年，11个设区市城镇化率都有所提高，按城镇化率从高到低依次排序为：唐山、石家庄、廊坊、秦皇岛、张家口、邯郸、沧州、邢台、承德、保定、衡水。其中，有5个设区市高于全省平均水平，有2个市城镇化率超过50%，其他9个设区市城镇化率在40－50%之间。

（二）城镇化综合发展要素水平对比

1. 经济发展水平。由高到低依次是唐山（2.3374）、廊坊（0.4742）、秦皇岛（0.4027）、石家庄（0.4008）、沧州（0.1879）、承德（－0.0397）、邯郸（－0.3474）、张家口（－0.3691）、保定（－0.9221）、邢台（－1.0529）和衡水（－1.0720）。其中前5个市高于全省平均水平，其他6市均低于全省。

经济实力：唐山、廊坊、秦皇岛经济实力指数居前3位。这三个市人均地区生产总值均在3万元以上，其中唐山达到71565元，

① 城镇化发展综合水平大于0，表示城镇化综合发展水平高于全省平均水平，反之表示低于全省平均水平。

居全省首位；人均全部财政收入在5600元以上，其中唐山达到7305元，全省最高。

产业结构：秦皇岛、石家庄和张家口产业结构指数居前3位。这三个市服务业增加值比重在40%以上，秦皇岛最高，达47.72%，其中设区市市区服务业比重为61.2%。

开放程度：秦皇岛、廊坊、石家庄开放程度指数居前3位。外贸依存度最大的为秦皇岛，达26.25%，廊坊和石家庄分别为21.22%和22.41%。秦皇岛实际利用外资占地区生产总值的比重处于领先水平，达3.63%，廊坊和石家庄分别为2.32%和1.28%。

2. 社会发展水平。由高到低依次是保定（0.7124）、秦皇岛（0.7053）、石家庄（0.4454）、廊坊（0.0166）、唐山（－0.0821）、承德（－0.1553）、邯郸（－0.1680）、邢台（－0.2194）、张家口（－0.2645）、衡水（－0.3867）和沧州（－0.6037）。其中前4个市高于全省平均水平，其他7市均低于全省。

社会稳定：廊坊、邯郸、衡水社会稳定指数居前3位。廊坊城镇登记失业率最低，为2.0%；邯郸和衡水每万人刑事案件立案数最少，分别为2.91件和2.98件。

科技教育：保定、秦皇岛、石家庄科技教育指数居前3位。保定R&D经费支出占规模以上工业增加值比重、规模以上工业R&D人员占规模以上工业人员比重最高，分别达到3.53%和4.29%，秦皇岛这两项指标分别达到3.18%和3.51%，均位列第二；石家庄和秦皇岛每万人拥有高等学校在校学生数分别达到379.6万人和299.58万人，分列第一位和第二位，石家庄初中毕业生升学率与唐山并列第一，达到100%。

文化卫生：承德、秦皇岛、唐山文化卫生指数居前3位。承德每10万人拥有公共文化设施数最多，为7.2个。秦皇岛有线电视入户率最高，为68.5%；唐山每万人拥有医生数和有线电视入户率均处于全省较高水平最多，分别为21.2人和50.66%。

3. 城镇居民生活。由高到低依次是廊坊（1.4459）、唐山（0.9213）、石家庄（0.6209）、秦皇岛（0.3171）、沧州（0.1737）、邯郸（0.1002）、保定（－0.4048）、邢台（－0.4899）、衡水（－0.5625）、承德（－1.0421）和张家口（－1.0797）。其中前6个市高于全省平均水平，其他5市均低于全省。

收入水平：廊坊、唐山、石家庄收入水平指数居前3位。廊坊、唐山、石家庄市城镇居民人均可支配收入均在2万元以上；各市城镇居民人均可支配收入差距呈扩大趋势，高低相差5590元，比上年扩大539元。

消费结构：廊坊、沧州和唐山消费结构指数居前3位。廊坊、沧州和唐山每百户城镇居民家庭拥有家用汽车均在25辆以上，其中车辆数最多的廊坊达到30辆；廊坊、沧州和唐山城镇居民恩格尔系数均在35%以下，处全省较低水平；廊坊、沧州和唐山每百户城镇居民家庭拥有家用电脑均在78台以上，高于其他各市，其中电脑台数最多的沧州达到84台。

居住质量：廊坊、邢台和保定居住质量指数居前3位。城镇居民人均住房建筑面积分别为34.37平方米、34.23平方米和34.18平方米，高于其他各市。

4. 城镇聚集能力。由高到低依次是唐山（1.2985）、石家庄（1.0546）、廊坊（0.4209）、秦皇岛（0.3916）、邯郸（0.0101）、沧州（－0.0664）、张家口（－0.1085）、邢台（－0.5235）、衡水（－0.6542）、承德（－0.7780）和保定（－1.0451）。其中前5个市高于全省平均水平，其他6市均低于全省。

人口聚集能力：唐山、石家庄和秦皇岛3市人口聚集指数居前3位。唐山和石家庄人口聚集能力高于其他市，城镇化率超过

50%，分别达52.14%和52.01%；唐山市区人口占全市总人口比重为42.7%，居全省首位。

产业聚集能力：唐山、沧州和石家庄产业聚集指数居前3位。这三个市非农产业就业比重均在70%以上，分别为71.53%、73.96%和71.91%；秦皇岛和唐山市区生产总值占全部生产总值比重超过50%，其中秦皇岛达55.1%。

产业与城镇化发展协调程度：张家口、秦皇岛和保定协调程度指数居前3位。非农产业就业比重与城市化率比值分别为1.16、1.16和1.24，产业聚集与人口聚集的协调程度好于其他各市。

5. 城市建设。由高到低依次是邯郸（1.0451）、秦皇岛（0.8296）、廊坊（0.5518）、衡水（0.1261）、邢台（0.1091）、石家庄（0.0252）、保定（－0.2383）、沧州（－0.2567）、唐山（－0.3065）、张家口（－0.9233）和承德（－0.9622）。其中前6个市高于全省平均水平，其他5市均低于全省。

城市基础设施：邯郸、秦皇岛和邢台基础设施指数居前3位。邯郸和邢台城市人均道路面积最多，分别为20.8平方米和20.3平方米；秦皇岛人均日生活用水量最高，为176.08升；石家庄、唐山、秦皇岛、邯郸、沧州和廊坊6市燃气普及率均达到100%。

城市技术设施：廊坊、衡水和邯郸技术设施指数居前3位。廊坊、衡水每万人拥有电话户数居全省前列，分别为31320户和25111户；邯郸、廊坊和衡水每万人拥有互联网用户数居全省前列，分别为4029户、3949户和3659户。

6. 城市生态环境。由高到低依次是邯郸（0.7248）、秦皇岛（0.5738）、承德（0.4237）、沧州（0.3692）、石家庄（0.3374）、保定（0.1143）、廊坊（0.0053）、唐山（－0.0492）、张家口（－0.5418）、衡水（－0.7697）和邢台（－1.1876）。其中前7个市高于全省平均水平，其他4市均低于全省。

环境质量：承德、廊坊和秦皇岛环境质量指数居前3位。廊坊每亿元工业增加值工业烟（粉）尘排放量为1585.07吨，为全省最少；秦皇岛、承德、廊坊全年达到和好于二级以上天数全省最多，分别为354天、349天和346天；承德人均公园绿地面积为23.91平方米，均居全省第一。

环境治理：邯郸、石家庄和秦皇岛环境治理指数居前3位。污水综合处理率超过90%的市有7个市，分别是石家庄95.5%、唐山94.6%、秦皇岛92.5%、邯郸97.5%、保定92.0%和沧州100%；秦皇岛、邯郸、石家庄建成区绿化覆盖率居全省前列，分别为49.3%、49.0%和47.1%；石家庄、秦皇岛、邯郸、保定和承德的生活垃圾无害化处理率均达100%。

三、城市发展主要特点

（一）城市实力继续提升，支撑作用进一步增强

城市经济平稳较快发展，经济总量不断扩大，主要经济指标占全省的比重保持较高水平，为全省经济平稳较快提供了强有力的支撑。2011年，11个设区城市完成生产总值8217.6亿元，占全省生产总值的33.5%；全部财政收入完成1446.6亿元，增长25.0%，占全省的47.9%，比上年提高1.9个百分点。其中，地方一般预算收入完成716.1亿元，占全省的41.2%，比上年提高0.5个百分点。消费品市场较快增长。社会消费品零售总额达2878.42亿元，增长19.1%。积极扩大对外开放，对外贸易和利用外资得到较快发展。设区城市外商直接投资24.8亿美元，增长8.3%。

（二）城市产业结构调整优化，聚集效应逐步显现

城镇化带动人口、生产要素、优质产业和社会财富向城镇集聚发展，城镇的聚集效应增强。一是产业结构调整优化。以调结构、转方式为主线，城市经济转型升级步伐加快。2011年，设区城市

三次产业增加值比例为2.5∶52.0∶45.5，第一产业比重比上年下降0.2个百分点，第二产业比重与上年持平，第三产业比重提高0.2个百分点。其中，非农产业增加值比重为97.5%，比全省平均水平高9.4个百分点；第三产业比重高10.9个百分点。规模以上工业增加值占全省的比重达35.5%。优质产业聚集带动就业结构优化，设区城市非农产业就业人员600.5万人，占全省城市就业人员的86.0%，比全省非农产业比重高22.3个百分点；第三产业就业人员占全省城市就业人员比重为45.4%，比全省第三产业比重高15个百分点。二是城镇人口规模继续扩大。全省城镇人口达3301.67万人，比上年增加101万人。城市经济发展带动了城镇就业增加，城镇就业人员1117.8万人，占全省就业人员的28.2%，比上年提高1.2个百分点。

（三）区域中心城市加快发展，辐射带动作用增强

设区城市核心支撑力强。2011年，11个设区城市经济总量约占全省1/3，财政收入约占1/2，比重分别为33.3%和47.9%；吸纳就业人员698万人，比上年增加15.6万人。设区城市基础设施优势突出，城市道路面积2.0亿平方米，占全省比重为71.9%，城市供水普及率全部达到100%。环境质量逐步改善，建成区绿化覆盖率达到42.1%。区域中心城市聚集发展吸引了大量投资，城市宜业宜居带动了周边地区发展。石家庄、唐山两大省域中心城市生产总值分别占设区城市的17.9%和33.5%，全部财政收入分别占18.8%和23.9%，两个城市固定资产投资（不含农户）和社会消费品零售总额合计占设区城市的49.4%和47%，对环首都、沿海、冀中南区域经济辐射带动作用明显。

（四）设施建设得到加强，综合承载能力不断提高

一是城镇建设投资规模扩大。把公共基础设施建设作为提升城市承载能力的突破口，城镇建设得到加强。2011年，城市基础设施

投资3508亿元，增长11.0%，占固定资产投资的22.2%。加强房地产市场调控，促进城镇房地产市场健康发展，全省房地产开发投资额和房屋施工面积分别比上年增长34.9%和28.8%，比上年回落14.1和33.5个百分点，城市人均住房建筑面积达32.21平方米。二是市政基础设施承载力快速提升。继续加大道路交通、供水排水、供热供气、电力通讯等公共设施保障体系建设力度，全省城市人均道路面积17.84平方米，比上年增加0.49平方米，增长2.8%。11个设区市人均道路面积均达到13平方米以上；建成区排水管网密度达9.2公里/平方公里。人均日生活用水量124.5升，比上年下降1.2%。设区城市年末电话用户达2345.3万户，比上年增加10.7%，占全省的37%。互联网宽带接入用户336万户，占全省的39.7%。

（五）环境治理力度加大，环境质量明显改善

加大城市空气、水环境质量治理力度，环境治理取得明显进展，城市文明向农村辐射，生态环境逐步改善，城市品位环境大大改观。2011年，全省达到和好于二级以上的天数为339天，比上年增加了两天；二氧化硫浓度年平均值由2010年的0.045毫克/立方米降低到0.042毫克/立方米。污染物排放治理和城市绿化工作取得积极成效。全省城市污水综合处理率为94.1%，提高1.8个百分点；生活垃圾无害化处理率为72.6%，提高2.7个百分点。城市建成区绿地率达37.3%，与上年持平；公园绿地面积22321公顷，比上年提高2.2%，人均公园绿地面积14.26平方米，比上年增加0.03平方米。

（六）城镇居民收入增加，生活水平稳步提高

一是城镇化加快发展，带动了城镇居民收入稳步提高。2011年，全省城镇居民人均可支配收入达18292元，比上年增加2029元，增长12.5%，增幅比上年提高2.0个百分点；11个设区城市

金融机构存款余额达15357.9亿元，增加1566.4亿元。二是居民消费水平提高，生活明显改善。城市居民消费理念相对先进，收入增长增强了消费能力，消费结构升级步伐加快。全省城镇居民人均消费性支出11609元，比上年增长12.5%；住房、小轿车等大额消费和家用电脑成为消费热点，每百户城镇居民家庭拥有家用汽车23.3辆、家用电脑74.7台，分别比上年增长87.2%和21.9%。在城市建设中，积极引入多元消费模式和大型商业中心，为扩大消费创造便利条件。2011年，全省城镇社会消费品零售额为6159.1亿元，增长18.4%，增速比乡村快2.5个百分点，占社会消费品零售总额比重为76.6%。

（七）社会事业全面发展，社会保障水平提高

科技队伍壮大，科技投入增加。2011年末，从事科技活动人员20.9万人，比上年增长12.2%；研究与发展（R&D）经费支出201.3亿元，增长29.5%，占全省生产总值的比重为0.82%，比上年提高0.06个百分点；科研活动成果丰硕，专利申请量17595件，专利授权量11119件，分别增长43.0%和10.5%。教育事业稳步发展。全省初中毕业生升学率为88.2%，比上年提高6.6个百分点。文化事业迅速发展，文化设施建设进一步完善。设区城市图书馆图书总藏量992万册，比上年增加110.8万册，增长12.6%。卫生事业稳步发展，设区城市医生数达5.3万人，增长12.8%，占全省的42.2%，比上年提高1.3个百分点。和谐社会建设稳步推进，就业形势稳定，年末城镇登记失业率为3.75%，比上年末下降0.11个百分点。社会保障水平提高。城镇基本养老、医疗、失业保险参保人数分别为1059.8万人、1562.2万人和498.7万人，分别增长7.3%、2.9%和1.1%。

四、城市发展的主要问题

近年来，河北城镇化进程加快推进，但与全国相比，河北城镇化进程仍然偏慢，城镇架构低，规模小，竞争力不强，综合承载能力和经济功能偏弱等问题依然突出。

（一）城镇化率相对偏低

城镇化率是指城镇人口占全部人口的比例。河北城镇化率长期处于全国平均水平之下，与全国城镇化率的差距呈现“缩小一扩大”态势。城镇化率由2003年比全国低7个百分点缩小到2009年低4.6个百分点，2010年扩大为5.5个百分点，2011年，全省城镇化率低于全国平均水平5.7个百分点。城镇化率相对偏低表明我省城镇化发展步伐仍然偏慢，对带动全省经济结构、社会结构转型的支撑力度偏弱。

（二）城市规模结构仍不合理

作为经济和人口大省，我省大城市规模小、中等城市数量少、小城市特色不突出，城市吸纳和辐射能力不强，缺乏有带动力的区域中心。2010年，全省设区市市区人口100万以上的城市仅有4个，300万人以上只有唐山市，有的城市人口还不足50万。而毗临的山东省100万人以上城市有13个，300万人以上城市有3个，人口最少的也近60万人。在全国287个地级以上城市中，市区人口占总人口比重我省只有唐山市进入100名之内，省会石家庄位居150位。城市规模结构不合理制约了区位优势的发挥，区域中心城市没有形成，特别是沿海地带仅有秦皇岛、唐山和沧州三个地级城市，与周边山东沿海7个地级市、辽宁6个地级市相比，沿海区域缺乏连绵的城市带，沿海发展优势与城镇化发展还没有相互结合起来，难以与内地形成梯度开发的格局。

（三）城市竞争力不强

与先进省份相比，2010 年，全省设区市市区生产总值仅占全省的 1/3，而广东省地级以上城市生产总值占全省 85%以上，江苏、浙江、山东省占 1/2。全国 287 个地级以上城市中市区人均生产总值居前 50 位的城市，山东省有 7 个，广东省和江苏省均有 6 个，而我省只有唐山和沧州两市进入，分别居第 34、44 位。我省设区市市区人均地方财政收入位于全国第 14 位，在东部沿海省份位列倒数第 2 位，仅相当于江苏省的 50%，广东省和浙江省的 40%。城镇居民收入水平在全国处于较低水平，全省城镇居民可支配收入 16263.4 元，比全国平均水平低 2845.6 元，仅相当于京津和浙江等省市的 60%，在全国排第 14 位。全国地级以上城市城镇居民人均可支配收入居前 50 位的城市，浙江、江苏分别有 11 个、9 个，广东、山东各有 8 个，而居我省首位的唐山市仅排第 58 位，省会石家庄市居第 80 位，收入水平差距较为显著。

（四）城市承载能力不高

我省城市综合承载能力与新型城镇化发展要求还不相适应，市政基础设施建设与人口加快聚集不相协调，城市道路交通、医疗卫生、文化娱乐基础设施、公共设施、便民设施不够完善，基础设施保障能力与公共服务体系建设有待加强。城市城区面积规模滞后于人口聚集，2011 年全省设区市城区面积比 2007 年增长 7.9%，而城市人口则增长了 10.3%，城市建设用地日益紧张与城镇人口扩张产生矛盾。我省城市人均道路面积和公共交通车辆均处于全国中等水平，城市轨道交通处于零起点，交通拥堵、能源紧缺的现象不同程度存在。供水综合生产能力不高，同处华北缺水地区，北京市城市供水综合生产能力是河北的 1.6 倍。城市排水管道和污水处理能力只处于全国中等水平。城市环境质量有待改善。在全国 287 个地级以上城市中，我省城市空气质量达标（API＜100）天数只有秦皇岛市进入前100位之内，其他城市仍处于中下游水平。省内大中城市综合建设不到位，小城镇也普遍存在着建设水平低、设施不配套等问题，一些城镇的供水能力不足，集中燃气、供热刚刚起步，污水和垃圾无害化处理尚处于空白。

（五）城镇化经济功能偏弱

我省城市产业聚集能力不强，经济功能偏弱，城镇经济不活跃，国家级的经济技术开发区（产业聚集区、园区）数量少、规模小、带动弱，就业吸纳能力不够高。11个设区城市工业企业个数仅相当于广东省和江苏省的6%和10%，在全国处于中下水平；城市单位从业人员数占全省单位从业人员的50%，分别比江苏、浙江低7.8和3.7个百分点，比广东低28.6个百分点；吸纳就业能力强的城市服务业发展缓慢，我省设区城市城镇单位第三产业就业人员占全省第三产业就业人员的43.3%，分别比江苏、浙江、山东低15.1、16.2和11.6个百分点，比广东低31.6个百分点。产业发展不足、工业化的滞后影响了城镇居民收入的增长，直接影响了城市消费需求的快速增长。在全国地级以上城市中，社会消费品零售总额居前50位的城市中，我省只有石家庄、唐山两市进入，分别处于39位和42位，广东、江苏分别有6个、江苏省有5个市进入。全省11个设区市城市限额以上批发零售贸易企业个数仅为北京的1/10、天津的1/5，只相当于广州市的35%、杭州市的43%，城市消费能力和消费环境建设亟待提升。

五、加快推进城市发展的对策建议

党的十八大提出要坚持走中国特色新型工业化、信息化、城镇化、农业现代化道路，推动信息化和工业化深度融合、工业化和城镇化良性互动、城镇化和农业现代化相互协调。中央明确指出中国未来几十年最大的发展潜力在城镇化，积极稳妥推进城镇化发展，提高综合承载能力。时代赋予了城镇化发展新的内涵与任务，全面提升城镇化发展质量，应深入贯彻党的十八大和省第八次党代会精神，积极推进《河北省城镇化发展“十二五”规划》落实，推动城镇化由注重数量规模扩张向注重质量内涵提升转变，走集约高效、功能完善、环境友好、社会和谐的新型城镇化道路。

（一）实行差别化梯次发展，提高城镇化发展质量

根据党的十八大精神和中央提出积极稳妥推进城镇化的要求，统筹谋划城镇化布局，完善符合我省经济社会实际的发展规划，编制高标准的城市规划，建立功能清晰、衔接协调的规划体系。研究实行差别化政策，促进大中小城市和小城镇协调梯次发展，提高中小城市集聚产业、人口能力，提高小城镇因地制宜就地发展能力。加快培育新的城市群，依托沿海区域发展，加快构建沿渤海城市带、环京津、冀中南城市群和构筑群带结合的城镇空间新格局。建设以秦皇岛、唐山、沧州、曹妃甸、黄骅为中心，以三大港口为支撑、沿海公路为纽带、临港产业为动力、沿海县城为基础的沿渤海城市带。承接京津辐射，加快建设环京津一体化城市群，建设以石家庄为中心的冀中南城市群，将环京津和冀中南地区打造成为新的区域增长极。以省会石家庄、经济中心唐山为中心扩大区域重点城市规模，构筑用地少、就业多、要素集聚能力强、人口分布合理的组团型城市，带动区域发展。积极培育新兴中等城市，在重点培育22个扩权县（市）基础上，根据区位和发展水平，发展一批人口集聚能力强、功能完善的中等城市。推动小城镇扩容升级，把小城镇作为统筹城乡发展的重要节点，建设一批特色重点镇，按照规模适度、布局合理、功能健全、突出特色的要求，提升小城镇综合实力。

（二）加快产业聚集发展，促进工业化与城镇化互动发展

优化城市产业布局，促进工业化与城镇化互动发展，促进城镇

化与农业现代化协调发展，加快发展产业向园区聚集、园区向城镇集中。解决好城镇化发展战略投资，以重大建设项目为依托，进一步加大招商引资力度，积极引进战略投资者，吸引外资、社会资本和民间资本参与城市建设。积极谋划建设一批具有区域特色的工业聚集区，增强城镇建设中推进工业化的载体。大城市要大力发展高端（先进）制造业、高端服务业、高端农业，提高服务业的比重和档次，增强中心功能。中小城市产业培育向“专精特深”方向发展，小城镇走专业化、特色化、品牌化的道路。着力建设特色产业基地，提升产业聚集区的竞争力。谋划建设一批技术含量高、附加值高、集中度高、产业链长的先进制造业、高新技术产业、现代服务业和现代农业产业基地，增强对区域经济的辐射带动作用。积极发挥环京津、沿渤海优势，实行错位发展，抓好沿海区域、环首都绿色经济圈、冀中南经济区建设。推动曹妃甸区和渤海新区港口、产业和城市互动发展，建设具有国际竞争力的现代新型城市。

（三）提高综合承载能力，促进城镇化可持续发展

本着合理布局，因地制宜，保护耕地，优化环境，综合开发，配套建设等原则，对土地和空间资源利用、公共服务产品提供和各种建设活动综合部署，持续提高城市综合承载能力。优化城市功能配套，节约土地、集约发展，以城市自然环境、可持续发展和民生改善为基础，对大中小城市和小城镇实行错位发展、差别建设。加大城市基础设施和生态环境保护投入，加快市政公用事业建设，建立健全分层次、广覆盖的教育、卫生、住房、养老等社会保障体系，延伸城市各类公共服务到小城镇，促进城乡一体化。努力创造更多的就业机会，完善收入分配制度。建立高效的政府公共服务，树立建设与管理并重的思想强化，城市运行和服务效率，提高城市管理水平。加强城市景观建设，打造城市精品，着力建设一批展示城市魅力的标志性建筑和亮点工程，确保高起点设计、高标准

建设。

（四）努力创新工作机制，提升城镇化支撑力

全面提高城市管理水平，健全体制机制和运行模式，积极稳妥推进行政区划调整，着力解决县多、县城小的不合理状况。完善区域协调机制，加强与京津及周边省份合作，加强省内各地区间的协作。加快改革户籍管理制度，把符合落户条件的农业转移人口逐步转为城镇居民作为推进城镇化的重要任务，尽快在城镇就业和落户。完善土地储备供应机制，有计划、有步骤地进行出让，在资金投入上，优先保证民生工程和环境工程。推进城乡基本公共服务均等化，加快完善城镇社会事业及向农村的延伸。处理好城镇建设与改善城镇居民生活的关系，按照国家、集体和个人共同承担的原则，拓宽资金筹措渠道，提高资金利用效率。搭建高规格的城建投融资平台，运用资产置换等办法，提高融资能力和规模。

撰稿：彭永明　史广燕　姚立云

县域经济开局良好 实现“腾飞”任重道远

——2011 年河北省县域经济社会发展情况分析

2011 年是“十二五”规划开局之年，也是河北实施县域经济“腾飞计划”、力争五年实现县域经济总量倍增的第一年。省委、省政府高度重视、强力推进县域经济发展，全省上下认真落实发展县域经济的政策措施，加大对县域经济发展的支持力度，完善县域经济发展激励机制，县域经济和社会发展取得明显成效，城乡居民生活水平不断提高，实现了“十二五”良好开局。

一、发展成效

（一）县域经济总量稳步增加

2011 年，全省县域 136 个县（市）（包括原唐海县）总人口 5992.9 万人，占全省的 82.8%。县域生产总值 16686.8 亿元，占全省生产总值的比重达 68.1%。生产总值达 100 亿元以上的县（市）有 58 个，比上年增加 14 个。其中，300 亿元以上的县（市）有 9 个，分别是迁安、武安、任丘、遵化、藁城、三河、迁西、辛集和滦县，比上年增加辛集和滦县 2 个。迁安市蝉联首位，生产总值突破 800 亿元，达 808.2 亿元。

（二）地方财政实力逐步增强

2011 年，县域实现地方财政一般预算收入 613.4 亿元，比上年增长 31.9%，增速高于全省平均水平 1.4 个百分点，占全省地方财政一般预算收入的 35.3%，比上年提高 0.4 个百分点。地方财政一般预算收入超 10 亿元的县（市）达 11 个，分别是三河市、迁安市、武安市、任丘市、霸州市、涿州市、遵化市、涉县、藁城市、香河县和磁县，比上年增加 4 个。地方财政一般预算收入最高的是三河市，突破 30 亿元，达 35.8 亿元；低于 1 亿元的县有 5 个，比上年减少 17 个。

（三）城乡居民生活水平不断提高

一是农民收入实现较快增长。2011 年，全省农村居民人均纯收入达 7119.69 元，较上年增长 19.5%。其中，有 63 个县（市）超过全省平均水平，8000 元以上的县达 32 个，比上年增加 20 个，迁安市农村居民人均纯收入达 12698 元，居全省首位。农村居民人均纯收入低于 3000 元的县仅有 4 个，比上年减少 4 个。

二是城镇在岗职工工资稳步提高。2011 年，全省县域城镇在岗职工年平均工资突破 3 万元，达 31415.6 元，比上年增长 13.3%，15 个县超 3.5 万元，比上年增加 8 个。

三是城乡居民储蓄存款持续增加。2011 年末全省县域城乡居民人均储蓄存款余额 17213.4 元，同比增长 15.6%。35 个县（市）城乡居民人均储蓄存款余额在 2 万元以上，比上年增加 11 个。

四是人民生活质量明显改善。移动电话用户和国际互联网用户数量与日俱增，民用汽车拥有量大幅增加。2011 年底，县域移动电话年末用户 3704.4 万户，同比增长 18%；互联网用户 446.1 万户，增长 25.9%；民用汽车拥有量 378.6 万辆，增长 32.8%。

（四）农业基础地位稳固

随着强农惠农政策力度的不断加大，县域农业农村发展形势持续向好，主要农产品产量平稳增长，农业产业化率不断提高，农业基础地位稳固。2011 年，县域粮食产量和蔬菜产量分别比上年增长 5.6%和 4.6%；肉类、奶类和禽蛋产量分别比上年增长 4.2%、5.3%和 2.5%；水产品产量比上年增长 0.2%；农业产业化经营率高于全省平均水平的县（市）达 54 个，比上年增加 1 个。其中，

18个县（市）农业产业化经营率达70%以上，比上年增加4个。

（五）县域经济发展活力全面提升

一是固定资产投资力度加大。2011年，全省县域实现全社会固定资产投资10247.4亿元，较上年增长30.9%，比全省增幅高6.7个百分点，占全省比重达62.5%，同比提高3.2个百分点。

二是消费品市场持续活跃。全省县域社会消费品零售总额5085.4亿元，同比增长16.1%，占全省社会消费品零售总额的63.3%。

三是经济外向度全面提升。全省县域出口总值126.4亿美元，同比增长34.7%，占全省出口总值比重为44.2%，比上年提高2.6个百分点。其中，38个县出口总额超1亿美元，比上年增加11个。县域当年实际使用外资22.1亿美元，比上年增长40.9%，增幅提高46.8个百分点，一举扭转县域使用外资下滑局面。

（六）县域社会事业全面进步

一是文化教育事业蓬勃发展。2011年，全省县域教育费用支出400.1亿元，比上年增长24.6%，增幅提高9.1个百分点；体育场馆199个，比上年增加23个；剧场、影剧院数191个，比上年增加11个。

二是县域医疗卫生条件不断改善。2011年，全省县域医疗卫生支出203.6亿元，比上年增长40.8%，增幅提高5.5个百分点；医院卫生院个数达2565个，床位数15.2万床，分别比上年增长0.9%和7.7%。

三是社会保障体系进一步完善。参加农村新型合作医疗人数保持稳定，参加农村社会养老保险人数占全省县域人口的34.8%，比上年提高19.5个百分点；参加城镇基本养老保险人数和参加城镇基本医疗保险人数分别比上年增长15.1%和56.2%；农村居民最低生活保障人数比上年增长7.3%。

四是县域环境整治力度加大。2011 年，环境污染治理完成投资额 125.5 亿元，比上年增长 9.9%；城镇生活污水处理率达 100%以上的县（市）有 40 个，比上年增加 15 个；工业废水排放量达标率达 100%的县（市）有 86 个，比上年增加 10 个。

二、制约因素

2011 年，全省县域经济发展取得长足进步，但与发达省份相比，仍有较大差距，县域整体竞争力较弱、第三产业发展滞后、经济发展不平衡日益突出等问题仍然制约着县域经济更好更快发展。

一是整体竞争力仍较弱。虽然我省县域经济总量稳步增加，但整体竞争力不容乐观。一是县域生产总值占全省比重呈下降趋势。2011 年县域生产总值占全省生产总值的比重比上年下降 0.8 个百分点，比 2007 年下降 4 个百分点。二是县域财力提升缓慢。从县均水平看，县均地方财政一般预算收入为 4.5 亿元，比上年增加 1.1 亿元；仅有 45 个县超过全省平均水平，占全省县域单位总数的 33%，与上年持平。从人均水平看，县域人均地方财政一般预算收入为 1023 元，超过县域平均水平的县仅有 40 个，占县域单位总数的 29%，比上年低 3 个百分点。

二是与经济发达省份差距仍较大。2011 年，河北县均生产总值为 122.7 亿元，分别相当于江苏、浙江、山东三省的 23.6%、43%和 43%。县均地方财政一般预算收入分别相当于江苏、浙江、山东三省的 11%、22%和 32%。人均地方财政收入分别相当于江苏、浙江、山东三省的 23.5%、28.6%和 54.5%，县均财力水平偏低，制约着县域经济加快发展。

在第十一届全国县域经济基本竞争力与科学发展评比中，河北省进入全国县域经济基本竞争力百强县（市）的数量仅有 3 个，分别是迁安市 24 位、武安市 51 位、三河市 81 位，比上年减少 1 个；

进入全国百强县（市）的数量降至第8位，排在河北前面的七个省份分别是：江苏（29个）、山东（26个）、浙江（24个）、辽宁（10个）、福建（8个）、河南（6个）、湖南（4个）。

三是第三产业发展滞后。第三产业是衡量一个城市或地区经济社会现代化程度的重要标志，是促进产业结构调整，经济发展方式转变的重要载体，第三产业的发展壮大对实现县域经济社会全面、协调、可持续发展有着积极意义。2011年，河北省县域经济一二三产业结构为15.8∶54.0∶30.2，与上年相比，一产比重下降0.5个百分点，二产比重上升1.3个百分点，三产比重下降0.8个百分点，与2009年相比，三产比重下降1.4个百分点，与全省11.9∶53.5∶34.6的产业结构相比，三产比重低于全省4.4个百分点。

四是经济发展不平衡日益突出。县域经济发展差距呈扩大趋势。2011年，人均生产总值最高县（市）是最低县（市）的15倍，相差10.4万元，比上年差距扩大1.2万元；城乡居民人均储蓄存款余额最高县（市）是最低县（市）的9倍，相差4.0万元，差距扩大0.2万元；人均社会消费品零售额最高县（市）是最低县（市）的14倍，差距扩大6倍；人均地方财政一般预算收入最高县（市）是最低县（市）的42倍，相差6229元，差距扩大1073元；农村居民人均纯收入最高县（市）是最低县（市）4.9倍，相差1万元，差距扩大1174元。县域经济发展的不平衡，影响了县域经济整体竞争力的进一步提高。

三、发展建议

第一，以现代农业为重点做强第一产业。贯彻“一产抓特色”经济发展战略，加快现代农业体系建设。转变农业发展方式，推进农业标准化生产，发展高产、优质、高效、生态、安全农业，提高农业综合生产能力和市场竞争力；加快特色农业发展，形成一县一品、一乡一品、区域特色鲜明的特色农业，做大做强畜牧、蔬菜、果品等优势特色产品；强化农业产业化经营，大力扶持产业化龙头企业，发挥龙头企业辐射带动作用，促进农业增效、农民增收。

第二，以新型工业化为重点做优第二产业。县域工业是县域经济的主体和重要推动力，坚持走新型工业化道路，以转方式调结构为主攻方向，以质量效益为核心，促进工业提质增效，培育壮大工业企业，加快工业转型升级和园区集约发展的步伐。

第三，以农村服务业为重点壮大第三产业。加快县域第三产业发展，提高第三产业在县域经济总量中的比重。大力发展现代服务业，特别是技术推广、销售、信息、金融等与本地居民生活和农业生产相关的服务业，大力发展社区服务业、现代物流业等技术含量高、发展前景广阔的新兴行业。

第四，加大县域民营经济发展扶持力度。民营经济是县域经济发展最活跃的细胞，是县域振兴的坚实基础。把发展民营经济作为发展县域经济的主要着力点，为民营经济发展创造一个平等、公平、稳定、有序的环境，广泛吸引省内外大型民营企业在县域投资；鼓励科学技术人员到县、乡（镇）投资创业；鼓励、吸引外出务工致富的农民工回乡创业；加强创业培训，优化创业环境。

第五，培育壮大县域特色产业向集群化发展。经济发达县（市）的经验表明，发展特色经济是成功之道。借鉴发达县（市）成功发展经验，立足本县资源、产业实际、交通区位等因素，突出地方特色，发挥比较优势，宜农则农、宜工则工、宜商则商、宜游则游，使特色经济产业化、规模化、品牌化，做大做强特色产业。政府从政策、资金、技术等方面加大支持力度，使特色产业向集群化方向发展，促进县域经济向集群型经济转型。

撰稿：孙玉梅

调整投资结构 提高投资效果

——河北省工业技术改造统计监测分析

今年以来，面对复杂严峻的国内外经济形势，全省各地各部门在省委、省政府的正确领导下，围绕稳中求进工作总基调，认真贯彻落实国家一系列宏观调控政策，把优化投资结构作为工作重点，把技术改造作为重要抓手，加大工业经济调节力度，保持合理的投资规模，全面落实各项既定政策措施，加快推进重点项目建设，实施了一大批重点工业技术改造项目，取得了显著成效。为监测投资结构调整的进程，我局开展了工业技术改造统计监测研究，建立了“河北省工业技术改造统计指标体系”，对工业技术改造状况进行了分层分级监测。结果显示，工业技术改造成效显著，综合水平提高，产业结构改善。下一步应抓住有利机遇，继续加强工业技术改造项目建设，优化工业投资结构，进一步提高投资效果，努力实现经济社会更好更快更大发展。

一、统计监测指标体系与评价方法的建立

2011年，省政府制定了《河北省人民政府关于加快推进工业企业技术改造工作的实施意见》，确定“十二五”期间工业技术改造的总体目标为：全省工业完成技术改造投资2.7万亿元以上，年均增长30%以上，占全省工业固定资产投资的比重由40%提高到60%以上。同时，省政府建立目标考核体系，对各设区市技术改造工作进行重点专项评估，并将评估考核结果纳入干部绩效考核。

围绕实施工业强省战略以及省政府提出的总体目标，我局及时

跟进开展了工业技术改造统计监测研究，制定了《河北省工业技术改造投资统计监测制度》和《河北省工业技术改造统计监测工作方案》，建立了“河北省工业技术改造统计监测指标体系”和评价方法，对全省、设区市及七个主要行业的工业技术改造状况进行分层分级监测。

（一）统计监测指标体系的构建

以科学发展为主题，以转变经济发展方式为主线，坚持加强技术改造投资与结构调整并重、改造提升传统产业与发展高新技术产业并重，加大技术改造投入力度，增加重点产业产品的竞争力，推动工业转型升级，建立河北省工业技术改造统计监测评价指标体系。

1. 设计原则。工业技术改造统计监测评价是一项复杂的系统工程，要以准确、及时的统计数据为基础，以经济统计理论和信息技术为支撑，运用科学的方法，并遵循以下主要原则：

（1）目的性。开展工业技术改造统计监测评价，是为了实施工业强省战略提供统计服务。因此，应充分考虑构成监测指标体系的每个方面、每项指标在体系中及对研究问题所发挥的作用，增强目的性。

（2）科学性。就是以经济统计理论为依据，以数学模型技术为手段，根据监测指标体系对工业技术改造综合发展水平进行科学地分析判断，为加快推进工业企业技术改造工作提供科学的参考依据。

（3）动态性。随着经济理论与统计实践的发展创新，以及体制改革、宏观调控、政策措施的变化，以发展的观点、开放的态度，及时调整和完善监测评价体系，增强评价对发展的适应性。

（4）可比性。监测指标体系中各项指标的口径、范围一致，较多地使用了比重、指数、平均数等相对数指标，避免由于区域总量和个数的较大差异带来的问题，增强监测评价的可比性。

(5) 可行性。在现有的统计资源条件下，根据研究的目的与需要，综合考虑了各项指标的代表性、数据来源及数据质量等因素，选择适用指标开展评价，便于具体操作和分析。

2. 体系构建。“河北省工业技术改造统计指标体系”由两级指标构成。一级指标有四个，分别为投资规模、投资结构、投资速度和投资效果。其中，“投资规模”包括项目平均规模和资金到位率两项指标，“投资结构”包括工业固定资产投资所占比重、工业技术改造投资所占比重、亿元以上项目投资所占比重、高新技术产业投资所占比重四项指标，“投资速度”由工业技术改造投资指数、亿元以上项目投资指数两项指标构成，“投资效果”由固定资产投资率、项目固定资产交付使用率、建设周期三项指标构成。

(1) 项目平均规模：是指工业技术改造项目计划总投资与项目个数的比值，反映项目平均规模。

(2) 资金到位率：是指工业技术改造投资本年资金来源除以工业技术改造完成投资，主要反映固定资产投资资金的筹集和落实情况。

(3) 工业固定资产投资所占比重：是指工业固定资产投资占全部固定资产投资的比重，反映工业固定资产投资所占的份额。

(4) 工业技术改造投资所占比重：是指工业技术改造投资占工业固定资产投资的比重，反映工业技术改造投资所占的份额。

(5) 亿元以上项目投资所占比重：是指工业技术改造亿元以上项目投资占工业亿元以上项目投资的比重，反映工业技术改造亿元以上项目投资所占的份额。

(6) 高新技术产业投资所占比重：是指工业技术改造高新技术产业投资占工业高新技术产业投资的比重，反映工业技术改造高新技术产业投资所占的份额。

（7）工业技术改造投资指数：是反映工业技术改造投资发展程度的相对指标，它是报告期发展水平相当于基期水平的相对数值，表示在这段对比时期内发展变化的方向和程度。

（8）亿元以上项目投资指数：是反映工业技术改造亿元以上项目投资发展程度的相对指标，它是报告期发展水平相当于基期水平的相对数值，表示在这段对比时期内发展变化的方向和程度。

（9）固定资产投资率：是指一定时期工业固定资产投资与同期规模以上工业增加值的比率，反映工业固定资产投资规模是否适当的指标，近似地反映固定资产投资宏观经济效果的变化趋势。

（10）固定资产交付使用率：是指一定时期工业技术改造项目新增固定资产与同期完成投资额的比率，是反映工业技术改造项目固定资产动用速度，衡量建设过程中宏观投资效果的综合指标。

（11）建设周期：是指报告期所有正式施工的工业技术改造项目全部建成平均需要的时间，是从宏观角度反映建设速度的指标。

（二）评价方法和模型

第一，根据一级指标、二级指标在工业技术改造统计监测评价体系中的作用和地位，按照指标包含的信息量、敏感性和独立性，采用德尔菲专家评估法，分别赋予适当的权重。

第二，对指标数据进行无量纲化处理，消除量纲影响。在进行指标数值的标准化处理前，要对逆指标进行取倒数转换，转为正指标。对设区市、七个工业主要行业数据无量纲化处理采用标准化的方法，对全省数据用基期值代替平均值进行标准化处理的方法。

第三，构建评价模型。采用层次分析与直接综合相结合的方法，分别构筑静态、动态综合指数集成模型，并计算静态、动态综合指数。即直接将经过标准化处理的指标数值用加权平均法计算综合指数，再按照各指数的高低排出监测对象的位次，从而进行综合比较和评价。

基本模型为：$Y=\sum Q_iX_i/\sum Q_i$

其中：Y表示综合评价指数，Q_i表示第i项指标的权重，X_i表示第i项指标经过标准化处理后的分值。

动态模型用于对全省工业技术改造水平进行动态监测和纵向比较，动态指数反映发展运行的态势，以全省2010年的基期值为100基准，大于100表示高于2010年基期水平，小于100表示低于2010年基期水平。

静态模型用于对各设区市、七个工业主要行业工业技术改造水平进行静态监测和横向比较，设区市、七个工业主要行业的静态指数分别反映各设区市、七个工业主要行业的工业技术改造综合水平及与全省平均水平的比较，分别以设区市、七个工业主要行业平均的综合水平为零基准，大于零表示高于平均水平，小于零表示低于平均水平。

第四，根据模型进行实际测算并分析。根据评价模型，整理相关统计资料，分别计算被监测对象有关指标分值，逐级加权集成工业技术改造综合指数，并对测算结果进行评价。

二、统计监测评价分析

（一）工业技术改造总体评价

按照监测指标体系及评价方法，以2010年为基期，我们对全省工业技术改造综合指数进行了测算。监测评价结果显示，2011年以来，全省工业技术改造综合指数呈逐月上升态势，受项目平均规模、亿元以上项目投资指数、工业技术改造投资指数等三项指标影响，2012年3月达最高值后略有波动，但各月工业技术改造综合指数仍高于2011年，继续呈现良好发展态势。表明全省工业技术改造工作取得成效，综合水平不断提高，结构继续调整改善。

(二) 工业技术改造统计监测评价结果

1. 综合发展水平提高，技术改造成效显著。2012年前7个月，全省工业技术改造综合指数为128.3，综合水平比2010年提高28.3%，提高幅度快于2011年1.4个百分点。支撑工业技术改造综合水平的四大要素“三升一降”。其中，投资规模水平比2010年提高52.7%，投资结构水平提高41.9%，投资速度水平提高60.2%，投资效果水平下降22.8%。从影响力看，四大要素的贡献率分别为37.3%、44.4%、42.5%和−24.2%。

从七个主要行业看，工业技术改造综合指数高低相差0.686个百分点。与全省平均水平比较，纺织服装业、石化工业技术改造综合指数高于全省平均水平，其他5个行业低于全省。

从11个设区市看，工业技术改造综合指数高低相差0.994个百分点。与全省平均水平比较，唐山、邯郸、承德、衡水、石家庄、沧州和秦皇岛7市工业技术改造综合指数高于全省平均水平，其他4市低于全省。

2. 项目规模不断扩大，资金到位略有回落。2012年前7个月，全省投资规模指数为152.7，投资规模水平同比提高52.7%。工业技术改造项目5463个，占在建工业施工项目的63.8%，项目平均规模达16570万元，比2010年增长1.1倍，比2011年增长59.8%。工业技术改造项目到位资金2996.9亿元，资金到位率为105.2%，比2010年减缓1.1个百分点，比2011年减缓3.4个百分点。

从七个主要行业投资规模指数看，食品工业、钢铁工业、装备制造业、石化工业投资规模指数高于全省，其他3个主要行业均低于全省。除纺织工业外，其他6个主要行业项目平均规模均在1亿元以上，钢铁工业居首位，平均规模达30346万元；除钢铁工业外，其他6个主要行业资金到位率均在100%以上，食品工业居首位，达112.8%。

从11个设区市投资规模指数看，衡水、沧州、唐山居全省前3位。衡水、沧州、唐山、秦皇岛、保定、邯郸和张家口7市投资规模指数高于全省，其他4市均低于全省。唐山、衡水、邯郸、保定4市项目平均规模均在2亿元以上，分别为34605万元、24836万元、20446万元和20378万元；除承德、唐山外，其他9市资金到位率均在100%以上，沧州、秦皇岛、衡水居全省前3位，分别为119.5%、112.7%和110.6%。

3. 结构调整成效明显，拉动支撑作用较强。2012年前7个月，全省投资结构指数为141.9，投资结构水平比2010年提高41.9%。工业固定资产投资所占比重为48.3%，工业技术改造投资所占比重为59.2%，亿元以上项目投资所占比重为53.3%，高新技术产业投资所占比重为51.4%，分别比2010年提高3.5、17.8、21.8和20.4个百分点，比2011年提高1.4、0.4、2.3和2.5个百分点。

从七个主要行业投资结构指数看，钢铁工业、纺织工业、石化工业投资结构指数高于全省，其他4个主要行业均低于全省。钢铁工业、纺织工业、石化工业技术改造投资所占比重在60%以上，分别为75.0%、67.5%和61.9%；钢铁工业亿元以上项目投资所占比重最高，达72.2%，医药工业最低，为48.3%；纺织工业、建材工业高新技术产业投资所占比重居前两位，分别为72.5%和63.9%。

从11个设区市投资结构指数看，衡水、秦皇岛、承德居全省前3位。衡水、秦皇岛、承德、邯郸、石家庄、沧州和唐山7市投资结构指数高于全省，其他4市均低于全省。衡水、沧州、邢台3市工业固定资产投资所占比重超过50%，分别为72.2%、68.2%和66.0%；石家庄、承德、唐山、秦皇岛、邯郸、衡水6市工业技术改造投资所占比重均在60%以上，分别为67.4%、65.3%、

65.1%、64.8%、62.6%和60.7%；秦皇岛、唐山、邯郸3市亿元以上项目投资所占比重均在60%以上，分别为80.4%、62.4%和60.9%；除廊坊外，其他10市高新技术产业投资所占比重均超过40%，秦皇岛位居榜首，达61.7%。

4. 工业投资增长快速，技术改造势头强劲。2012年前7个月，全省投资速度指数为160.2，投资速度水平比2010年提高60.2%。工业投资完成4810.9亿元，比上年同期增长30.5%，增速高于全省固定资产投资8.5个百分点。其中，工业技术改造投资完成2847.6亿元，同比增长55.8%，增速比2010年加快55.1个百分点；工业技术改造亿元以上项目投资完成1670.8亿元，增长1.1倍，增速比2010年加快84.1个百分点。

从七个主要行业投资速度指数看，石化工业、装备制造业、医药工业、纺织工业投资速度指数高于全省，其他3个主要行业均低于全省。石化工业、装备制造业技术改造投资指数居前两位，分别为180.3%和169.6%；石化工业、纺织工业、食品工业、装备制造业亿元以上项目投资成倍增长，分别增长2.1倍、1.5倍、1.3倍和1.3倍。

从11个设区市投资速度指数看，承德、唐山、衡水居全省前3位。承德、唐山、衡水、邯郸、廊坊和石家庄6市投资速度指数高于全省，其他5市均低于全省。唐山、衡水、廊坊3市工业固定资产投资增速居全省前3位，分别为48.3%、42.5%和40.3%；各市工业技术改造投资指数均在100%以上，其中，唐山、承德、邯郸居全省前3位，分别为198.8%、188.1%和177.2%；石家庄、承德、廊坊、衡水、邯郸、邢台、唐山7市工业技术改造亿元以上项目投资成倍增长，石家庄、承德、廊坊居全省前3位，分别增长2.2倍、2.1倍和2.1倍。

5. 投资效果显现不足，转化水平亟待加强。2012年前7个月，全省投资效果指数为77.2，投资效果水平比2010年下降22.8%。规模以上工业完成增加值6088.0亿元，比上年同期增长13%，增速比2011年回落3.1个百分点；固定资产投资率为79.0%，分别比2010年和2011年减缓1.8和8.5个百分点；固定资产交付使用率为57.0%，减缓25.3和19.0个百分点；建设周期为3.18年，分别比2010年和2011年加快1.13年和1.03年。

从七个主要行业投资效果指数看，纺织工业、建材工业、石化工业投资效果指数高于全省，其他4个主要行业均低于全省。钢铁工业、石化工业、纺织工业、食品工业固定资产投资率均低于100%，其中钢铁工业固定资产投资率最低，为25.1%；纺织工业、建材工业固定资产交付使用率均超过60%，分别为67.1%和64.8%；纺织工业、建材工业、食品工业、医药工业、和石化工业建设周期均低于全省，其中纺织工业建设周期仅为2.33年。

从11个设区市投资效果指数看，石家庄、廊坊、承德居前3位。石家庄、廊坊、承德、秦皇岛、邯郸和沧州6市投资效果指数高于全省，其他5市均低于全省。唐山、秦皇岛、石家庄、邯郸、廊坊、保定和承德7市固定资产投资率均低于100%，其中唐山、秦皇岛最低，分别为51.1%和55.8%；廊坊、承德、邯郸、沧州、秦皇岛5市固定资产交付使用率超过60%，分别为80.5%、73.2%、68.1%、66.9%和62.6%；石家庄、承德、廊坊、沧州和邯郸5市建设周期低于全省，分别为2.28年、2.71年、2.78年、3.01年和3.11年。

三、主要特点

（一）工业技术改造项目发展较快，投资总量、增速和比重均居全国前列

2012年前7个月，全省工业投资完成4810.9亿元，比上年同

期增长30.5%，占全省固定资产投资的48.3%，同比提高3.2个百分点，分别居全国第5位、13位、10位和5位；其中，工业技术改造投资完成2847.6亿元，同比增长55.8%，占工业固定资产投资的比重为59.2%，同比提高9.6个百分点，分别居全国第3位、4位、6位和1位。其中，工业改建和技术改造投资完成1092.1亿元，居全国第5位，同比增长78.9%，居全国第3位。工业投资特别是工业技术改造投资快速发展，对我省投资增长提供了有力支撑。工业技术改造是推动内涵式发展的重要抓手，是推动工业转型升级的有效途径。

（二）亿元以上工业项目快速增长，投资向大项目聚集

2012年前7个月，全省亿元以上工业项目2468个，完成投资3136.1亿元，计划总投资为13918.7万元，分别比上年同期增长15.1%、49.9%和31.7%。其中，亿元以上工业技术改造项目1216个，完成投资1670.8亿元，计划总投资为7102.9万元，同比分别增长53.1%、1.1倍和58.6%，占亿元以上工业项目的49.3%、53.3%和51.0%，同比分别提高12.2、14.7和8.7个百分点，对亿元以上工业项目投资的贡献率达82.8%，拉动亿元以上工业项目投资增长41.3个百分点。6月份，我省出台《关于做好当前经济工作努力保持经济平稳较快发展的意见》，明确要求全力抓好投资和项目建设，加快在建项目实施进度，以项目建设促进产业升级。

（三）高新技术产业投资快速增长，促进了产业结构的优化升级

2012年前7个月，全省高新技术产业投资完成970.1亿元，比上年同期增长28.7%，占全省固定资产投资的9.7%，同比提高0.5个百分点。其中，高新技术产业工业技术改造投资完成498.1亿元，增长67.8%，占高新技术产业投资的51.3%，同比提高12

个百分点。从行业看，汽车零部件及配件制造、风力发电、汽车整车制造分别完成投资139.9亿元、69.8亿元和50.8亿元，仅此三个行业对全省高新技术产业投资的贡献率达73.3%，拉动高新技术产业投资增长21个百分点。

全省不断加大产业结构调整步伐，支持战略性新兴产业加快发展。三一张家口风电技术有限公司风电叶片生产建设项目、保定英利有限公司多晶硅太阳能电池产业链项目、中航上大金属再生金属科技有限公司年产33万吨高温合金钛合金再生有色金属项目等一大批高新技术产业技术改造项目正在紧张的施工建设中。

（四）区域投资步伐加快，带动作用逐步彰显

2012年前7个月，沿海区域3市完成工业技术改造投资984.6亿元，比上年同期增长60.2%；其中，11个县（市、区）完成投资251.2亿元，增长72.0%，占沿海区域3市的25.5%，同比提高1.8个百分点。环首都绿色经济圈4市完成工业技术改造投资612.1亿元，同比增长48.9%；其中，14个县（市、区）完成投资129.8亿元，增长63.7%，占环首都绿色经济圈4市的21.2%，同比提高1.9个百分点。71个省级工业聚集区完成工业技术改造投资623.2亿元，增长94.1%，占全省工业聚集区投资的56.3%，同比提高14.4个百分点。当前，我省正处于加快区域经济发展的黄金期，京津冀区域经济一体化、首都经济圈纳入国家“十二五”规划，河北沿海地区发展规划上升为国家战略，都将为投资特别是重点项目建设提供新的助推力。

四、主要问题

（一）国内贷款到位资金大幅下降

2012年前7个月，全省工业项目到位资金5022.8亿元，其中工业技术改造项目到位资金2996.9亿元，分别比上年同期增长

13.5%和36.8%，资金到位率分别为104.4%和105.2%。与此相反，工业项目国内贷款到位资金303.0亿元，工业技术改造项目国内贷款到位资金163.4亿元，同比分别下降26.3%和15.9%，延续了去年下半年以来下降态势。与全国平均水平比较，我省分别比全国低40.0和24.3个百分点，居全国30位和26位。同时，我省建设项目应付工程款同比下降23.3%，而工业项目、工业技术改造项目应付工程款同比分别增长34.8%和65.5%，工业技术改造项目拖欠工程款现象较为严重。

当前，我省工业效益尚未扭转下降局面，部分企业生产经营困难，生产成本压力明显加大。国内贷款到位资金继续大幅下降，企业应付账款增加，将影响我省工业企业技术改造的步伐，也不利于产业结构调整和优化升级，应引起关注。

（二）亿元以上新开工项目低速增长

2012年前7个月，全省工业施工项目8434个，同比减少1131个，下降11.8%，降幅比全国平均水平扩大10.4个百分点，居全国第26位。亿元以上工业施工项目2468个，增长15.1%，比全国平均水平低11.3个百分点，居全国第23位。其中，亿元以上工业新开工项目821个，增长2.1%，比全国平均水平低40.3个百分点，居全国第28位。

目前，我省“投资拉动型”特征仍比较明显，投资对经济的拉动作用仍占主导地位，实现更好更快更大发展还需要靠投资项目的强力支撑。项目规模决定着发展速度，项目结构关系着发展质量，亿元以上工业新开工项目个数增速较慢，不利于工业投资的持续增长，乃至影响整体经济发展后劲。

（三）高耗能行业投资增长较快

2012年前7个月，全省六大高耗能行业在建项目2263个，完成投资1567.0亿元，同比增长24.6%，增速比全省固定资产投资快2.6个百分点，比全国平均水平快4.6个百分点。从六个高耗能行业看，黑色金属冶炼和压延加工业、化学原料和化学制品制造业、石油加工炼焦和核燃料加工业、有色金属冶炼和压延加工业投资增速分别高于全国平均水平18.4、12.0、36.5和47.5个百分点。在31个计划总投资20亿元以上高耗能行业项目中，有8个项目完成计划总投资的90%以上，这些项目的建成投产，将直接推动工业能耗总量的攀升，能耗上行压力将不断加大。

我省结构偏重，六大高耗能行业完成投资占全省固定资产投资的三成以上，完成增加值占规模以上工业增加值的半壁江山，经济发展对高耗能行业的依赖性依然较高。结构的优化程度决定着节能降耗的效果，结构不合理的状况如不尽快调整，不仅增加节能降耗的压力，也难以在转变经济发展方式上实现新突破。

五、对策建议

面临复杂经济形势，应认真贯彻落实省委、省政府决策部署，把握稳中求进的工作总基调，大力实施工业强省战略，加快调结构转方式步伐，保持工业平稳较快增长，为全省经济实现更好更快更大发展作出贡献。

（一）推进工业项目建设，增强经济发展后劲

紧紧抓住当前国家陆续启动一批重大项目的机遇，抓好对发展转型起关键作用的大项目、好项目的谋划和建设力度，力促项目早落实、早开工。落实好与百家央企签署的一批投资合作协议，按照责任分工，抓紧落实承诺事项，优化投资环境，制定配套政策，保障要素供给，确保合作项目快速推进。着力抓好沿海地区发展规划的落实，全力推进曹妃甸新区和渤海新区两大增长极建设，大力度推动港口、产业和城市互动发展。加快推进环首都绿色经济圈建设，做好与京津的政策对接、功能对接、产业对接和设施对接。

（二）加快结构调整步伐，推动产业优化升级

牢牢把握面临的战略机遇和政策机遇，优化投资结构，加快转变经济发展方式。加大传统产业改造提升力度，促进转型升级，积极发展壮大新能源、新材料等战略性新兴产业，加快培育新的增长点。狠抓《河北省人民政府办公厅关于支持工业发展提高经济效益的十条意见》落实，狠抓重点行业和大中型企业的生产和调度，从技改项目、投产达产的重点项目和民营经济中不断培育新增长点。促进钢铁、装备、建材等重点行业实施企业兼并重组和产业链整合，着力推动战略性新兴产业规模化，形成一批支撑我省未来发展具有国际竞争力的支柱产业。

（三）加大技术改造力度，拓宽项目融资渠道

按照省政府制定《河北省人民政府关于加快推进工业企业技术改造工作的实施意见》（冀政〔2011〕27 号），进一步加大政策的落实力度，为技术改造提供有力支撑。在努力争取国家和省资金支持的同时，鼓励多元化筹措技术改造资金，举办银企对接洽谈会，积极争取金融机构对重点产业项目给予信贷支持。严把项目审批关，防止高耗能项目借机上马，加强对高耗能行业、企业的调度指导，合理控制能耗总量。加快高耗能、高污染行业技术改造投入，强力推进节能减排和淘汰落后产能。引导企业加强经营管理，加大挖潜改造力度，努力降低成本，鼓励企业扩大产能，积极开拓国内外市场，尽快实现效益由降转增。

工业技术改造监测研究课题组　组　长：周运凯　张吉良
副组长：田英法
执　笔：王金锋
成　员：刘彩云　王金锋　殷　飞
周　云　马　前　王怡兰

妇女儿童事业快速发展
"和谐河北"进程稳步推进

——河北省2011年妇女儿童发展规划监测统计报告

男女平等是国家的基本国策，男女平等的实现程度是衡量社会文明进步的重要标志。保障妇女儿童权益、实现男女平等、促进妇女儿童事业全面发展，对建设经济强省、和谐河北具有十分重要的意义。2011年12月，河北省人民政府颁布《河北省妇女发展规划(2011～2020年)》和《河北省儿童发展规划（2011～2020年)》，根据新规划的目标和要求，省政府妇女儿童工作委员会办公室和省统计局联合制定了《河北省妇女儿童发展规划监测统计指标体系(2011～2020年)》，并对2011年度全省妇女儿童事业发展状况进行了监测统计。

一、妇女儿童发展规划目标进展情况

（一）妇女儿童卫生保健状况进一步改善

1. 婚前医学检查率回升。全省婚前医学检查率从2010年的8.12%上升为2011年的9.16%，其中城市为11.02%，比上年提高0.56个百分点；农村为7.91%，比上年提高1.24个百分点。

2. 孕产妇保健水平提高。2011年孕产妇产前检查率为95.27%，比上年提高0.6个百分点；孕产妇系统管理率为88.17%，提高0.85个百分点；孕产妇中、重度贫血患病率为2.62%，比上年降低0.03个百分点；孕产妇住院分娩率由2010年的99.28%上升为99.64%，其中城市为99.78%，农村99.57%，

农村高危孕产妇住院分娩率达到100%；孕产妇死亡率由2010年的28.20/10万人下降为25.01/10万人，其中城市为9.07/10万人，下降0.76/10万人，农村为28.27/10万人，下降3.69/10万人。

3. 儿童保健工作力度加大。2011年五岁以下儿童低体重率为2.68%，比上年下降0.27个百分点；五岁以下儿童中重度贫血患病率为1.89%，比上年下降0.71个百分点；七岁以下儿童保健管理率为91.68%，比上年提高1.38个百分点。在国家扩大免疫规划的疫苗接种率中，卡介苗、脊髓灰质炎疫苗、无细胞百白破三联制剂、麻疹疫苗、乙肝疫苗、A群流脑疫苗和麻腮风疫苗接种率均已达到99%以上，甲肝疫苗接种率为97.81%，乙脑疫苗接种率为98.90%，A+C群流脑疫苗接种率为98.33%，白百破疫苗接种率为97.72%。婴儿死亡率由2010年的11.02‰下降为10.09‰，其中城市5.71‰，下降0.08个千分点，农村10.98‰，下降1.11个千分点；5岁以下儿童死亡率由2010年的13.57‰下降为13.21‰，其中城市6.76‰，下降0.04个千分点，农村14.53‰，下降0.43个千分点。

（二）妇女儿童受教育水平提高

1. 义务教育全面普及。2011年，全省小学学龄儿童净入学率为99.9%，比上年提高0.1个百分点；小学五年巩固率为99.7%，提高0.3个百分点；初中学龄人口毛入学率为99.1%，其中男童为99.0%，女童为99.2%；初中三年巩固率为98.2%，比上年提高3.3个百分点。九年义务教育完成率达到95.3%。

2. 高等教育规模进一步扩大。2011年，全省高等教育毛入学率为29%，比上年提高4个百分点；高等学校普通本专科在校生数为116.2万人，比上年增加5.7万人，其中女生62.6万人，占比为53.9%，增加1.0万人；成人高等学校在校生数为26.0万人，比上年增加2.4万人，其中女生14.1万人，占比为54.2%，增加1.4万人。

3. 女性受教育权利得到进一步保障。2011年，全省6岁及以上人口平均受教育年限为8.8年，其中男性为9.05年，女性为8.06年，均比上年提升0.01年；成人识字率为96.14%，其中男性为98.04%，女性为94.16%；青壮年识字率为99.34%，其中男性为99.48%，女性为99.19%。

（三）广大妇女劳动权益得到基本保障

1. 妇女就业人数增加。2011年，全省从业人员共有3962.4万人，比上年增加97.3万人，其中女性1774.2万人，比上年增加43.6万人，女性占比为44.8%；城镇单位就业人员共有555.4万人，比上年增加35.8万人，其中女性206.3万人，比上年增加10.6万人，女性占比为37.1%。

2. 女性参保人员占比大幅提高。2011年，全省参加城镇基本养老保险的女性人数为437.9万人，比上年增加49.7万人，占比为41.3%，比上年提高2个百分点；参加失业保险的女性人数为181.4万人，增加25.4万人，占比为36.4%，提高4.8个百分点；参加工伤保险的女性人数为208.7万人，增加66.7万人，占比为32.6%，提高8.7个百分点。

3. 女职工劳动保护工作得到加强。2011年，全省妇女劳动合同签订率为94%，比上年提高1个百分点；执行《女职工劳动保护规定》的企事业单位比重为43.4%，提高1.3个百分点；执行《女职工禁忌劳动范围的规定》的企事业单位比重为42.2%，提高1.8个百分点。

（四）妇女参与决策与管理水平提高

1. 妇女在党委、人大、政府和政协部门中的配备增强。2011年省人大代表778人，其中女性175人，女代表占比为22.5%；

省政协委员780人，其中女性171人，女委员占比为21.9%。省级党委领导班子按要求配备了一名女性，地、县级党委领导班子中女干部配备率分别为100%、95.9%，比上年分别提高18.2和29.1个百分点；省、地级政府领导班子中女干部配备率均为100%，与上年持平；县级政府领导班子中女干部配备率为99.4%，比上年提高5.8个百分点。

2. 女性在企业决策和基层组织管理中的作用得到充分发挥。2011年，企业职工代表大会中女性代表比重为28.9%，比上年提高1.1个百分点；企业职工董事中女职工董事、企业职工监事中女职工监事所占比重分别为39.3%和43.3%，比上年分别提高4.9和3.9个百分点。在基层，村民委员会成员中女性比重为13.8%，村委会主任中女性比重为7.9%，居民委员会成员中女性比重为49.0%。

（五）妇女儿童的社会生活环境进一步改善

2011年，农村集中式供水受益率为77.8%，比上年提高6.9个百分点；农村安全饮水普及率为66.8%，提高6.9个百分点；城市污水处理率为86.0%，提高1.2个百分点；城市生活垃圾无害化处理率为80.0%，提高1.3个百分点；城市建成区绿化覆盖率为37%，提高3个百分点。

全省出版各类少儿图书2422.7万册，比上年增加347.2万册；出版少儿期刊1356万册，增加215.2万册；出版少儿音像制品22.9万张（盒），增加2.27万张（盒）；公共图书馆儿童专用座席为5706个，增加419个；未成年人参观博物馆人次达到1100万人次，增加200万人次。

（六）妇女儿童合法权益得到有效保障

2011年，全省共破获强奸案件1935起；破获组织、强迫、引诱、容留、介绍妇女卖淫案件209起；破获拐卖妇女案件1400起，解救被拐卖妇女1324人；破获拐卖儿童案件1417起，解救被拐卖儿童1246人。刑事罪犯中女性所占比重为4.5%，比上年下降1个百分点；未成年人刑事案件作案成员占全部刑事案件作案成员的比重为3.3%，比上年下降0.9个百分点。

全省被劳动监督部门查处23起使用童工案件，使用童工数为25人；少年法庭共有175个，未成年人犯罪率为1.10/万，比上年下降0.14个万分点；法律援助工作站点共有3100个，获得法律援助的妇女人数为8733人，比上年增加3324人；获得法律援助的未成年人人数为2742人，增加114人。

二、面临的挑战和问题

新规划实施伊始，各项目标取得了不小的进展，但在监测统计过程中，我们发现存在以下问题，有关部门应引起重视，采取有效措施，切实加以解决，以确保规划目标按时圆满完成。

（一）婚前医学检查率偏低，出生缺陷发生率偏高

婚前医学检查是从源头上预防和控制各种传染病、降低出生缺陷发生率的第一关。自从2003年10月1日国家实施新修改的《婚姻登记条例》，取消强制性婚检规定后，我省自觉进行婚前检查的人数大幅度减少，当年全省婚前医学检查率就由上年的88.1%降为44.1%，2004年降为1.9%。2011年，婚前医学检查率有所回升，全省、城市和农村分别为9.2%、11.0%和7.9%，比上年分别提高1.1、0.5和1.2个百分点，但与规划的目标要求仍有很大差距。婚检率的大幅下降导致出生缺陷发生率显著上升，2010年全省出生缺陷发生率为92.5/万，高出2000年6.4个万分点，没有达到终期目标（90/万）。2011年全省出生缺陷发生率为100.7/万，比上年又提高8.2个万分点。

（二）性病感染人数增加，防治形势不容乐观

性病感染者增速迅猛。2011 年全省性病年报告例数为 9878 例，比上年增加 3694 例，增长 59.7%；其中男性为 5627 例，比上年增加 2185 例，增长 63.5%；女性为 4251 例，比上年增加 1509 例，增长 55.0%。

（三）适龄残疾儿童毛入学率停滞不前，特殊教育在校学生数有所减少

2011 年，全省普通中小学残疾儿童在校生为 3213 人，比上年减少 842 人；适龄残疾儿童毛入学率为 95%，其中适龄残疾女童毛入学率为 89%，均与上年持平。特殊教育学校数为 148 个，比上年减少 1 个；特殊教育在校学生人数为 12566 人，其中女生 4581 人，比上年分别减少 563 人和 287 人。

（四）城镇登记女性失业人数增加，失业人员就业率偏低

全省妇女的就业权利得到基本保障，但就业稳定性不强，失业后再就业难度较大。省人力资源和社会保障厅数据显示，2011 年末全省城镇登记失业人数为 36.0 万人，比上年增加 0.9 万人，其中男性 19.0 万人，增加 0.7 万人，女性 17.0 万人，增加 0.2 万人；城镇登记失业人员就业率为 53.7%，其中男性为 63.4%，女性为 42%，女性比男性低 21.4 个百分点。

三、几点建议

（一）推行免费婚检制度，完善出生缺陷防治体系

一是进一步加强婚前、孕前健康知识宣传力度，让新婚夫妇充分认识到婚前检查的重要性和必要性；二是借鉴秦皇岛等市的成功经验，在全省推广政府买单、免费婚检；三是强化孕前、孕产期膳食与营养指导，健全产前筛查和诊断规范，提高新生儿疾病筛查和诊疗水平；四是改善农村妇幼卫生基础设施，加强对妇女常见疾病

的预防和控制，进一步提高孕产妇住院分娩率，切实保障孕产妇安全分娩。

（二）加强性病防治宣传，防止性病进一步蔓延

一是采取制作户外宣传广告牌、刷写宣传标语、图片展览、组织文艺演出等群众喜闻乐见的形式，有针对性地开展防治性病宣传和反歧视教育；二是对广大农民工普及性病预防知识，广泛推广使用安全套；三是积极开展婚前和孕前性病咨询活动，免费进行婚前性病筛查检测，进一步强化母婴交叉传染阻断措施。

（三）促进特殊教育发展，保障残疾儿童接受教育

一是加大对特殊教育学校的投入，扩大教育规模，改善办学条件，为残疾儿童提供更加良好的学习和康复环境；二是进一步完善残疾儿童随班就读制度，扩大普通学校特教班规模；三是号召残疾儿童父母或其监护人依法保障适龄残疾儿童接受并完成义务教育，同时相应教育机构对特殊教育对象要因材施教，尽力满足不同学生的特殊需要，不得开除或变相开除；四是支持有条件的儿童福利机构举办特殊教育班或特殊教育学校。

（四）拓展失业妇女就业渠道，提高失业妇女就业率

一是加大执法检查力度，依法查处用人单位和人力资源市场中的性别歧视行为；二是除国家规定的不适合女性的工种或岗位外，任何单位在录用、聘用人员时不得以性别或变相以性别为由拒绝录用、聘用妇女或提高对妇女的录用、聘用标准，不得在劳动合同中限制或变相限制妇女结婚、生育；三是各级劳动部门要加强对广大失业妇女的培训指导，提高其综合素质，增强择业竞争力；四是大力推进第三产业发展，为失业妇女创造更多的就业机会和岗位。

撰稿：李树奇

统计资料

2012年全省分季度主要宏观经济指标数据

指标	单位	一季度		上半年		前三季度		全年	
		绝对值	增长(%)	绝对值	增长(%)	绝对值	增长(%)	绝对值	增长(%)
地区生产总值	亿元	4920.0	9.7	12219.2	9.5	19581.9	9.3	26575.0	9.6
#第一产业增加值	亿元	534.6	4.1	1236.6	4.2	2611.0	4.0	3186.7	4.0
第二产业增加值	亿元	2869.3	11.9	6868.9	11.2	10539.5	11.2	14001.0	11.5
第三产业增加值	亿元	1516.1	7.6	4113.7	8.4	4631.4	8.1	9387.3	8.4
农林牧渔总产值	亿元	876.5	3.9	2104.2	4.2	4349.7	4.1	5340.1	4.1
规模以上工业增加值	亿元	2340.4	13.5	5145.9	13.0	8068.9	12.6	11069.6	13.4
规模以上工业利润总额	亿元	330.6	−11.7	870.5	−7.1	1414.7	−2.8	2296.9	5.3
固定资产投资(不含农户)	亿元	2186.8	23.2	7955.1	22.5	13944.7	21.4	19104.6	21.1
亿元以上项目投资	亿元	1250.9	51.5	4385.8	46.0	7723.9	41.1	10634.0	37.8
房地产开发投资	亿元	412.0	−3.6	1370.9	−4.3	2286.8	−2.1	3086.5	1.0
社会消费品零售总额	亿元	2090.0	15.5	4139.5	15.2	6365.2	15.0	9154.0	15.5
进出口总值	亿美元	121.9	−1.4	253.5	−0.6	380.0	−3.7	505.5	−5.7
#出口总值	亿美元	68.7	13.6	146.7	8.9	222.9	6.1	296.0	3.6

2012年全省分季度主要宏观经济指标数据(续)

指标	单位	一季度		上半年		前三季度		全年	
		绝对值	增长(%)	绝对值	增长(%)	绝对值	增长(%)	绝对值	增长(%)
实际利用外资	亿美元	10.5	14.2	31.9	21.3	43.3	18.3	60.3	14.7
#外商直接投资	亿美元	10.5	28.4	30.8	32.5	42.0	29.8	58.0	24.0
全部财政收入	亿元	970.1	13.6	1956.1	15.2	2699.8	13.6	3479.3	15.3
#公共财政预算收入	亿元	570.8	15.5	1153.0	18.1	1610.6	18.2	2084.2	19.9
公共财政预算支出	亿元	774.3	41.8	1780.6	11.6	2672.3	16.1	4018.9	13.6
金融机构月末存款余额	亿元	31412.2	1846.5	32704.3	3138.7	3424.7	3859.1	34013.0	4447.4
金融机构年末贷款余额	亿元	18932.4	780.8	19798.9	1647.3	20439.7	2288.1	20850.9	2699.3
居民消费价格指数	上年=100	104.2	4.2	103.4	3.4	102.8	2.8	102.6	2.6
工业生产者出厂价格指数	上年=100	97.9	−2.1	96.9	−3.1	95.2	−4.8	94.7	−5.3
工业生产者购进价格指数	上年=100	100.1	0.1	98.4	−1.6	96.7	−3.3	96.2	−3.8
城镇居民人均可支配收入	元	5208.7	13.8	10232.0	12.4	15308.0	12.7	20543.0	12.3
农民人均纯收入	元	2426.0	18.2	4909.0	17.0	7431.0	16.4	8081.0	13.5

注:①金融机构月末存、贷款余额增长为比年初增加数。

②农民人均纯收入一季度、上半年和前三季度数据为农民人均现金收入。